Der Grundrechte-Report dokumentiert seit 1997 als Teil einer zivilgesellschaftlichen Öffentlichkeit die Lage der Bürger- und Menschenrechte in Deutschland. Das Hauptaugenmerk richtet sich dabei jedes Jahr auf die staatlichen Institutionen, von denen die größten Gefährdungen der Grundrechte, der Demokratie und der Rechtsstaatlichkeit ausgehen.

Im Mittelpunkt der 29. Ausgabe des Reports stehen Einschränkungen der Meinungs- und Versammlungsfreiheit sowie Grundrechtseingriffe in den Bereichen Migration und Asyl. Darüber hinaus werden zahlreiche weitere Themen behandelt, darunter der Umgang mit der Klimakrise, Überwachungsmaßnahmen und der begrenzte Mieter*innenschutz.

Herausgegeben wird der Grundrechte-Report von zehn Bürgerrechtsorganisationen. Informationen über die Herausgeber*innen, die Autor*innen und die Redaktion finden sich im Anhang des Buches.

Weitere Informationen finden Sie auf www.fischerverlage.de

Peter von Auer / Charlotte Ellinghaus /
Rolf Gössner / Martin Heiming / Max Putzer /
Britta Rabe / Rainer Rehak / John Philipp Thurn /
Marie Volkmann / Rosemarie Will (Hrsg.)

Grundrechte-Report 2025

Zur Lage der Bürger- und Menschenrechte in Deutschland

Ein Projekt der Humanistischen Union, des Komitees für
Grundrechte und Demokratie, des Bundesarbeitskreises Kritischer
Juragruppen, von Pro Asyl, des Republikanischen Anwältinnen-
und Anwältevereins, der Vereinigung Demokratischer Juristinnen
und Juristen, der Internationalen Liga für Menschenrechte, der
Neuen Richter*innenvereinigung, des Forums InformatikerInnen
für Frieden und gesellschaftliche Verantwortung sowie der
Gesellschaft für Freiheitsrechte

FISCHER
TASCHENBUCH

Redaktion: Peter von Auer, Nina Diarra, Charlotte Ellinghaus, Andreas Engelmann, Johannes Feest, Claus Förster, Fabian Georgi, Franziska Görlitz, Martin Heiming, Athena Möller, Max Putzer, Britta Rabe, Rainer Rehak, John Philipp Thurn, Marie Volkmann, Rosemarie Will

Gerhart Baum (28.10.1932 – 15.2.2025) gewidmet

Originalausgabe
Erschienen bei FISCHER Taschenbuch

© 2025 S. Fischer Verlag GmbH, Hedderichstr. 114,
60596 Frankfurt am Main
Die Nutzung unserer Werke für Text- und Data-Mining
im Sinne von § 44b UrhG behalten wir uns explizit vor.
Satz: Dörlemann Satz, Lemförde
Druck und Bindung: GGP Media GmbH, Pößneck
ISBN 978-3-596-71238-0

Kontaktadresse nach EU-Produktsicherheitsverordnung:
produktsicherheit@fischerverlage.de

Inhalt

Jeder hat das Recht auf Leben und körperliche Unversehrtheit. Die Freiheit der Person ist unverletzlich. (Artikel 2 Absatz 2)

Niemand darf wegen seines Geschlechtes, seiner Abstammung, seiner Rasse, seiner Sprache, seiner Heimat und Herkunft, seines Glaubens, seiner religiösen oder politischen Anschauungen benachteiligt oder bevorzugt werden. Niemand darf wegen seiner Behinderung benachteiligt werden. (Artikel 3 Absatz 3)

Die Freiheit des Glaubens, des Gewissens und die Freiheit des religiösen und weltanschaulichen Bekenntnisses sind unverletzlich. (Artikel 4 Absatz 1)

Jeder hat das Recht, seine Meinung in Wort, Schrift und Bild frei zu äußern und zu verbreiten und sich aus allgemein zugänglichen Quellen ungehindert zu unterrichten. Die Pressefreiheit und die Freiheit der Berichterstattung durch Rundfunk und Film werden gewährleistet. Eine Zensur findet nicht statt. (Artikel 5 Absatz 1)

Kunst und Wissenschaft, Forschung und Lehre sind frei. Die Freiheit der Lehre entbindet nicht von der Treue zur Verfassung. (Artikel 5 Absatz 3).

Ehe und Familie stehen unter dem besonderen Schutze der staatlichen Ordnung. (Artikel 6 Absatz 1)

Alle Deutschen haben das Recht, sich ohne Anmeldung oder Erlaubnis friedlich und ohne Waffen zu versammeln. (Artikel 8 Absatz 1)

Alle Deutschen haben das Recht, Beruf, Arbeitsplatz und Ausbildungsstätte frei zu wählen. Die Berufsausübung kann durch Gesetz oder auf Grund eines Gesetzes geregelt werden. (Artikel 12 Absatz 1)

Zwangsarbeit ist nur bei einer gerichtlich angeordneten Freiheitsentziehung zulässig. (Artikel 12 Absatz 3)

Die Wohnung ist unverletzlich. (Artikel 13 Absatz 1)

Das Eigentum und das Erbrecht werden gewährleistet. Inhalt und Schranken werden durch die Gesetze bestimmt. Eigentum verpflichtet. Sein Gebrauch soll zugleich dem Wohle der Allgemeinheit dienen.
(Artikel 14 Absatz 1 und 2)

Politisch Verfolgte genießen Asylrecht.
(Artikel 16a Absatz 1)

Wird jemand durch die öffentliche Gewalt in seinen Rechten verletzt, so steht ihm der Rechtsweg offen.
(Artikel 19 Absatz 4)

Die Bundesrepublik ist ein demokratischer und sozialer Bundesstaat. (Artikel 20 Absatz 1)

Die Gesetzgebung ist an die verfassungsmäßige Ordnung, die vollziehende Gewalt und die Rechtsprechung sind an Gesetz und Recht gebunden. (Artikel 20 Absatz 3)

Der Staat schützt auch in Verantwortung für die künftigen Generationen die natürlichen Lebensgrundlagen und die Tiere im Rahmen der verfassungsmäßigen Ordnung durch die Gesetzgebung und nach Maßgabe von Gesetz und Recht durch die vollziehende Gewalt und die Rechtsprechung. (Artikel 20 a)

Die allgemeinen Regeln des Völkerrechtes sind Bestandteil des Bundesrechtes. Sie gehen den Gesetzen vor und erzeugen Rechte und Pflichten unmittelbar für die Bewohner des Bundesgebietes. (Artikel 25)

Die Abgeordneten des Deutschen Bundestages werden in allgemeiner, unmittelbarer, freier, gleicher und geheimer Wahl gewählt. Sie sind Vertreter des ganzen Volkes, an Aufträge und Weisungen nicht gebunden und nur ihrem Gewissen unterworfen. (Artikel 38 Absatz 1)

Ausnahmegerichte sind unzulässig. Niemand darf seinem gesetzlichen Richter entzogen werden. (Artikel 101 Absatz 1)

Die Freiheit der Person kann nur auf Grund eines förmlichen Gesetzes und nur unter Beachtung der darin vorgeschriebenen Formen beschränkt werden. Festgehaltene Personen dürfen weder seelisch noch körperlich mißhandelt werden. (Artikel 104 Absatz 1)

Anhang

Vorwort der Herausgeber*innen

Wir stehen in Deutschland an einem Punkt, an dem es nicht mehr ausreicht, auf einzelne Bedrohungen von Grundrechten hinzuweisen. Die Ausübung ziviler Freiheiten wird offensiv und mit bislang nie dagewesener Intensität behindert oder verboten. So knüpft der Staat entgegen der im Grundgesetz garantierten Meinungsneutralität die Ausübung von bürgerlichen Rechten zunehmend an bestimmte Überzeugungen. Im Versammlungsrecht, beim Umgang mit Meinungsäußerungen oder im Staatsangehörigkeitsrecht: Illiberales Staatshandeln richtet sich nicht mehr nur gegen rechtswidrige oder auch – was problematisch genug wäre – radikale Formen des Freiheitsgebrauchs, sondern immer stärker gegen bestimmte Meinungsinhalte.

Im Mai 2024 wurde ein Kongress in Berlin nach wenigen Minuten geräumt, ohne dass es seitens der Teilnehmenden zu rechtswidrigen Handlungen gekommen wäre. Die Polizei hatte folgsam die Anweisung des Regierenden Bürgermeisters ausgeführt, die Veranstaltung auf jeden Fall zu verhindern. In einem derartigen politischen Klima wundert es nicht, dass auf Berliner Straßen auch die Brutalität der Polizei gegenüber Demonstrierenden wächst.

Die neue Gesinnungskontrolle trifft Marginalisierte und Migrant*innen besonders. In Bayern wurde einem palästinensischen Syrer die Einbürgerung verweigert, weil er sich nicht der deutschen »Staatsräson« unterwerfen wollte. Insbesondere unter diesem Begriff maßt sich die Bundesregierung an, für alle Staatsbürger*innen verbindliche Auffassungen festzulegen und die bürgerlichen Freiheiten einzuschränken. In einer Demokratie bestimmen wechselnde Mehrheiten über Zusammensetzung und politische Ausrichtung der Regierung, während die Verfassung nicht zuletzt grundlegende Entscheidungen zum Schutz von Minderheiten trifft. In diesem Gefüge kann die »Staatsräson« kein rechtliches Konstrukt sein. In ihr kommt eine kritiklose Unterstützung Israels und seiner Sicherheitsinteressen zum Ausdruck, die rein politischer Natur ist. Ihr eine gesetzesdurchbrechende Wirkung zuzusprechen oder sie als in der Verfassung verankert anzusehen, ist mit dem Grundgesetz unvereinbar.

Politiker*innen nutzen, etwa durch automatisiertes Anzeigen von Banalitäten wie Beleidigungen, Ermittlungsressourcen, die an anderer Stelle fehlen. Wegen eines eher harmlosen Internetposts rückt die Polizei aus, während Betroffene von psychischer Gewalt auf den digitalen Plattformen der sich wie Könige aufführenden Multimilliardäre kaum staatlichen Schutz erwarten können.

Der Ton ist rau wie lange nicht mehr. Gegenüber Minderheiten und Migrant*innen fallen die letzten Hemmungen. Geflüchtete werden durch die Einführung einer Bezahlkarte gegängelt, ohne dass überhaupt nachgewiesen worden ist, dass sie erhaltene Leistungen in nennenswertem Umfang in ihre Herkunftsländer überweisen. Gleichzeitig sind sie von teils massiven Kürzungen betroffen; sogenannte Dublin-Geflüchtete haben gar keinen Anspruch mehr auf Leistungen. Der Familiennachzug zu subsidiär Schutzberechtigten ist im Bundestagswahlkampf ins Zentrum einer verbal entgleisenden Migrationsdebatte gerückt, in der sich die politischen Kontrahent*innen mit Forderungen nach Einschränkung und Abschaffung von grundrechtlichen Freiheiten Schutzsuchender gegenseitig zu überbieten versuchten. Die Rede von »Remigration«, die nach Bekanntwerden des sogenannten Geheimtreffens von Potsdam Anfang 2024 noch einen Schock auslöste, ist mittlerweile Normalität geworden. Menschen auf der Flucht tauchen in der politischen Debatte kaum noch als Individuen mit unveräußerlichen Rechten auf, sondern meistens als eine Belastung, der es mit Erniedrigung, Zurückweisung, Inhaftierung und Vertreibung zu begegnen gilt. Im Zuge dieser Entmenschlichung wird nicht einmal mehr der Schein gewahrt, dass der Staat von der gleichen unantastbaren Würde aller Menschen ausgeht. Die Kürzung von Sozialleistungen für Menschen mit temporärem Aufenthaltsstatus, der weitere Abbau des individuellen Rechts auf Asyl und Flüchtlingsschutz im Zuge der Reform des Gemeinsamen Europäischen Asylsystems (GEAS) und die Ausweitung der Abschiebungshaft sind nur einige der Maßnahmen, über die wir in diesem Jahr berichten. Das Attentat von Solingen wurde zur Verabschiedung eines rassistischen und autoritären »Sicherheitspakets« missbraucht, das gefühlte Sicherheitslücken mit rechtsstaatswidrigen Maßnahmen zu schließen versucht. Gewaltverbrechen wie in Mannheim oder Magdeburg werden hetzerisch instrumentalisiert, während die häufigen Tötungen von Frauen durch ihre männlichen (Ex-) Partner in Deutschland kaum öffentliche Aufmerksamkeit erhalten, solange die Täter nur weiß gelesen und nicht muslimischen Glaubens sind.

Zur neuen Härte passt die Rekordzahl an Personen, die in einem Jahr nach polizeilichen Maßnahmen ums Leben kamen. Oft handelt es sich dabei um Menschen, die sich in psychischen Ausnahmesituationen befanden. Für sie ist die Polizei, die oft zu ihrer Hilfe gerufen wird, kein Schutz, sondern eine Gefahr. Dass gleichzeitig schockierende Fälle von Folter im bayerischen Justizvollzug ans Licht kommen, zeigt, wie unverhohlen Staatsdienende ihre Bindung an Gesetz und Verfassung teils ignorieren. Einen Höhepunkt erreichte die Rechtsverweigerung, als die Behörden der Länder Berlin und Bayern einen nächtlichen Helikopterflug nutzten, um zu verhindern, dass sich eine antifaschistische Aktivistin rechtlich gegen die Auslieferung nach Ungarn wehren konnte. Als das Bundesverfassungsgericht am nächsten Morgen die Überstellung vorläufig untersagte, hatten die Behörden bereits Tatsachen geschaffen.

Die zu beobachtende Militarisierung von Gesellschaft und Außenpolitik schränkt nicht zuletzt die Wissenschaftsfreiheit ein. Schulen und Hochschulen in Bayern werden seit 2024 von Gesetzes wegen zu einer Zusammenarbeit mit der Bundeswehr gedrängt. Von einem »Freiraum Universität« kann keine Rede mehr sein, seit bei inneruniversitären Auseinandersetzungen immer häufiger die Polizei herbeigeordert wird. In unseren Berichtzeitraum fällt auch der Versuch der ehemaligen Bundesbildungsministerin Bettina Stark-Watzinger, die Mittelvergabe zur Wissenschaftsförderung an politische Gefälligkeiten zu knüpfen. Das zeigt, wie sehr staatliche Repräsentant*innen mittlerweile bereit sind, offen und ohne Scham den Kern grundrechtlicher Gewährleistungen zu missachten.

Im Abstammungsrecht oder bei Fragen der körperlichen

Selbstbestimmung und der Abtreibung, wo viele auf rechtliche Verbesserungen gehofft hatten, ging es 2024 kaum voran. Gar keinen Schritt nach vorn gab es beim Thema Wohnen: Mieter*innen erfahren keinen Schutz vor explodierenden Mieten in Städten, denn die vereinbarte Fortsetzung der Mietpreisbremse brachte die »Fortschrittskoalition« nicht zustande. Im gleichen Zeitraum entschied das Bundesverfassungsgericht zum BAFöG, dass die Förderung nicht existenzsichernd sein müsse, weil Studierende stattdessen auch arbeiten könnten. Es steht zu befürchten, dass angesichts der angespannten Haushaltslage und des Diktats der Schuldenbremse bald der große Angriff auf den verbleibenden Sozialstaat beginnt.

In den enger werdenden Freiheitsräumen einer autoritär-populistischen Wende ist es nun an uns, umso konsequenter für die Bewahrung und Ausweitung von Grund- und Menschenrechten zu kämpfen. Es gilt nichts anderes als das, was die Holocaustüberlebende Esther Bejarano über den Kampf der Zivilgesellschaft gegen Nazis gesagt hat: Auf den Staat können wir uns dabei nicht verlassen.

Artikel 1 (1) **Die Würde des Menschen ist unantastbar.**

Andrea Kothen

Bezahlkarte für Geflüchtete
Elektronische Repression ohne jeglichen Nutzen

Ende 2023 vereinbarten die Ministerpräsident:innen der Bundesländer, an schutzsuchende Menschen Bezahlkarten statt Bargeld auszugeben. Dies ist eine der Maßnahmen, mit denen die Zahl der Geflüchteten »deutlich und nachhaltig« gesenkt werden soll, wie es im Beschluss vom 6. November 2023 heißt. Wie schon in den 1990er und 2000er Jahren, als es statt finanzieller Unterstützung nur Essenspakete, Einkaufsgutscheine oder Chipkarten gab, setzt die deutsche Politik damit wieder auf Abschreckung durch Restriktionen bei staatlichen Sozialleistungen.

Die Bezahlkarte ist eine Debit-Guthabenkarte mit stark eingeschränkten Zahlungsfunktionen. 14 der 16 Bundesländer verabredeten ein gemeinsames Bezahlkartenmodell. Bayern, Hamburg und einzelne Kommunen starteten schon ab Ende 2023 unterschiedliche Pilotprojekte. Im Frühjahr 2024 wurde die Bezahlkarte von der Ampel-Regierung im Asylbewerberleistungsgesetz (AsylbLG) bundesgesetzlich verankert. Nun wird sie nach und nach umgesetzt.

Vielfältige Alltagsprobleme

Von Beginn an zeigte sich sehr schnell: Die Bezahlkarte bedeutet wegen ihrer eingeschränkten Einsatzmöglichkeit für die Betroffenen vor allem Aufwand, verursacht beträchtliche technische Umsetzungsprobleme und, entgegen der Behauptung der Bundesregierung, eine erhebliche Mehrarbeit für die Verwaltung. Die Einschränkungen beginnen bei der Bargeldobergrenze: Maximal 50 Euro soll, so will es die Mehrzahl der Bundesländer, eine erwachsene Person abheben können. Wegen des knappen Bargelds ist das Bezahlen auf Flohmärkten, im Landbus oder in der Schule damit häufig nicht (mehr) möglich, da dort die Bezahlkarte nicht verwendet werden kann. Kleinere Geschäfte nehmen sie wegen der damit verbundenen Händlerkosten oft nicht an, bisweilen funktioniert die Karte an der Kasse aufgrund eines technischen Fehlers nicht. In manchen Landkreisen ist die Karte regional beschränkt und so für einen Besuch in anderen Postleitzahlenbezirken nicht »freigeschaltet«. Überweisungen und Lastschriftverfahren sind mit der überwiegend eingesetzten Karte (bislang) nicht möglich. Vertragsabschlüsse, Gebühren- oder Ratenzahlungen – etwa an eine Anwältin oder den Sportverein – sind so nicht machbar. In Bundesländern wie Bayern, die eine eigene Bezahlkarte einsetzen, können einzelne Überweisungen auf Antrag von der Sozialbehörde zugelassen werden, was aber nicht nur einen immensen Aufwand darstellt, sondern auch datenschutzrechtlich hochproblematisch ist.

Wegen dieser Probleme gibt es eine wachsende Zahl von engagierten Ehrenamtlichen, die Geflüchtete durch Tauschgeschäfte und Bargeld mit dem Nötigsten versorgen. Auch diese vor allem symbolische Solidarität gab es schon in den 1990er und 2000er Jahren. Sie bewies einen langen Atem und war politisch letztlich erfolgreich.

Mit der Bezahlkarte wird den Betroffenen gezielt die Freiheit genommen, eigenverantwortlich und ungehindert ihre Bedarfe zu decken. So bricht das System mit dem ersten Gebot der Verfassung, der Wahrung der Menschenwürde. Das Recht auf ein menschenwürdiges Existenzminimum gilt für alle Menschen, auch für Geflüchtete. 2012 stellte das Bundesverfassungsgericht erstmals fest (Urteil vom 18.7.2012, Az. 1 BvL 10/10 und 1 BvL 2/11): »Die in Art. 1 Abs. 1 Grundgesetz garantierte Menschenwürde ist migrationspolitisch nicht zu relativieren.« Zudem dürfe der Gesetzgeber »bei der konkreten Ausgestaltung existenzsichernder Leistungen nicht pauschal nach dem Aufenthaltsstatus differenzieren«. Beides ist hier aber der Fall.

Eine faktenarme Debatte

Der Einführung der Karte vorausgegangen waren monatelange öffentliche Angriffe gegen die Versorgung Geflüchteter. Die Falschbehauptung von CDU-Chef Friedrich Merz im September 2023 über ihre angebliche zahnärztliche Vorzugsbehandlung war der Höhepunkt einer faktenarmen Debatte. Um die »Zuwanderung einzudämmen«, so der bayerische Ministerpräsident Markus Söder (CSU), müsse man die »finanziellen Anreize« deutlich senken. Ins gleiche Horn stießen etwa Bundesjustizminister Marco Buschmann und Bundesfinanzminister Christian Lindner (beide FDP). Auch wurde ohne Evidenz behauptet, Bezahlkarten würden Auslandsüberweisungen an Verwandte oder an »Schlepper« verhindern.

Bis heute wurde keine dieser Behauptungen durch Fakten oder auch nur nachvollziehbare Anhaltspunkte untermauert. Im Gegenteil: Die Argumente renommierter Wissenschaftler:innen und die Einwände von Menschenrechtler:innen gegen die Einführung der Bezahlkarte wurden in der aufgeheizten Debatte nicht zur Kenntnis genommen. Dazu gehört etwa die Erkenntnis, dass Menschen, die vor Krieg, Gewalt oder existenzieller Not fliehen, sich von sozialpolitischer Gängelung nicht abschrecken lassen; dass sie sich ihren Zufluchtsort nicht nach Höhe oder Form der Sozialleistungen aussuchen (können); dass es keine belastbaren Hinweise auf relevante Geldströme in die Herkunftsländer von Asylsuchenden gibt; dass die Sozialleistungen für Asylsuchende gar nicht hoch genug sind, um relevante Summen an die Familie zu schicken; oder dass die Bezahlkarte negative Auswirkungen auf Integration und Teilhabe der Geflüchteten haben kann (siehe DIW-Studie 2024).

Sozialstaat in Gefahr

Mehr noch als alle substanzlosen Argumente für die Bezahlkarte muss die Ignoranz erschrecken, mit der die Verantwortlichen alle verfassungsrechtlichen Bedenken schlicht übergangen haben. Schon das erklärte Motiv der Abschreckung von Geflüchteten macht die Bezahlkarte mutmaßlich verfassungswidrig. Überdies liegt eine Ungleichbehandlung gegenüber anderen Leistungsempfänger:innen vor.

PRO ASYL und die Gesellschaft für Freiheitsrechte (GFF) erstritten 2024 in sozialgerichtlichen Eilverfahren in Hamburg, Nürnberg und Chemnitz erste Entscheidungen gegen die pauschalen Bargeldobergrenzen. Etwa das Sozialgericht Nürnberg kritisierte, dass die zuständige Behörde gesetzeswidrig keine einzelfallbezogene Ermessensentscheidung getroffen hatte (Beschluss vom 30.7.2024, Az. S 11 AY 15/24 ER). Nach den Eilverfahren sind inzwischen auch die ersten regulären Klagen an den Sozialgerichten anhängig.

Die Bezahlkarte war 2024 nicht die einzige verfassungsrechtlich problematische Verschärfung der sozialen Lage Geflüchteter. Die Zeit, in der geflüchtete Menschen mit den reduzierten Grundleistungen des AsylbLG, vor allem mit Beschränkungen bei der Gesundheitsversorgung leben müssen, wurde Anfang 2024 von 18 auf 36 Monate verdoppelt (siehe Lena Frerichs/Sarah Lincoln in diesem Band). Im Oktober 2024 wurde die völlige Streichung der Sozialleistungen für Geflüchtete während des Asyl-Zuständigkeitsverfahrens in Gesetzesform gegossen. Auch diese Verschärfungen wurden gegen alle Vernunft, gegen das Verfassungsrecht und auch gegen die Einwände von Zivilgesellschaft, Expert:innen und Wissenschaft beschlossen. Es sind also Demokratinnen und Demokraten, die Grundprinzipien unserer Demokratie und Verfassung in Frage stellen. Es bleibt zu hoffen, dass Gerichte, grundgesetztreue Politiker:innen und eine aktive Zivilgesellschaft dem Spuk bald ein Ende bereiten.

Literatur

Pro Asyl: So läuft das nicht: Die lange Liste der Probleme mit der Bezahlkarte, 9.10.2024, www.proasyl.de/news/so-laeuft-das-nicht-die-lange-liste-der-probleme-mit-der-bezahlkarte/.

Gesellschaft für Freiheitsrechte: Mit der Bezahlkarte unter das Existenzminimum, 2024 www.freiheitsrechte.org/themen/gleiche-rechte-und-soziale-teilhabe/bezahlkarte.

Brücker, Herbert: Wissenschaftliche Einschätzung der Bezahlkarte für Geflüchtete, DeZIM-Institut, Stellungnahme v. 8.4.2024.

Artikel 2 (1) **Jeder hat das Recht auf die freie Entfaltung seiner Persönlichkeit.**

Anna Luczak

Verfassungsrechtliche Grenzen der polizeilichen Überwachung

Im Jahr 2024 haben Verfassungsgerichte erneut Polizeigesetze teilweise für verfassungswidrig erklärt. Während der sächsische Verfassungsgerichtshof (SächsVerfGH) in seinem Urteil vom 25. Januar 2024 (Az. Vf. 91-II-19) über verschiedene heimliche Maßnahmen und die Speicherung von Daten zum Zweck der Gefahrenabwehr nach dem sächsischen Polizeivollzugsdienstgesetz (SächsPVDG) entschieden hat, war das Bundesverfassungsgericht (BVerfG) vorrangig in Bezug auf die Speicherung von Daten nach dem Bundeskriminalamtgesetz (BKAG) angerufen worden. Insoweit stellt das Urteil des BVerfG vom 1. Oktober 2024 (Az. 1 BvR 1160/19) eine Ergänzung seines Urteils zu den Befugnisnormen für heimliche Maßnahmen im BKAG aus dem Jahr 2016 (Az. 1 BvR 966/09 u. a.) dar.

Der verfassungsrechtliche Maßstab, an dem beides – heimliche Überwachung und Speicherung gewonnener Daten – gemessen wird, ist das Grundrecht auf informationelle Selbstbestimmung nach Artikel 2 Absatz 1 in Verbindung mit Artikel 1 Absatz 1 GG. Nach der Grundsatzentscheidung des BVerfG zum Recht auf informationelle Selbstbestimmung von 1983 (BVerfGE 65, 1; bekannt als »Volkszählungsurteil«) schützt dieses Grundrecht bereits davor, dass Bürger*innen in ihrem Verhalten von der Sorge getrieben werden, dass sie von staatlicher Seite beobachtet werden. Es soll nicht so weit kommen, dass Bürger*innen nicht mehr wissen können, wer was wann und bei welcher Gelegenheit über sie weiß. Denn eine solche

Unsicherheit kann dazu führen, dass Bürger*innen sich nicht mehr frei verhalten.

Das Polizeirecht, mit dem sich die Verfassungsgerichte im Jahr 2024 beschäftigt haben, stellt dieses Freiheitsrecht in Frage. Denn beides, die Ausweitung heimlicher Befugnisse im Polizeirecht und die Speicherung heimlich oder offen erhobener Daten in polizeilichen Datenbanken, geht damit einher, dass Unklarheit darüber herrscht, was der Staat wann über eine*n Bürger*in weiß.

Heimliche Maßnahmen

Das BVerfG hatte – nachdem es in seiner Entscheidung zum BKAG aus dem Jahr 2016 bereits eine Vielzahl heimlicher Maßnahmen für verfassungswidrig erklärt hatte – aktuell nur noch über die heimliche Überwachung eines bestimmten Personenkreises zu entscheiden: die sogenannten Kontaktpersonen. Das sind Personen, gegen die selbst kein Verdacht terroristischer Aktivitäten besteht, die aber in einem Näheverhältnis zu einer Person stehen, bei der dies der Fall ist – Personen wie die Rechtsanwältinnen, die die Verfassungsbeschwerde erhoben hatten, weil sie Mandate im Bereich von Terrorismusverdachtsfällen führen. Auf solche Kontaktpersonen konnten Verdeckte Ermittler oder Vertrauenspersonen angesetzt werden, sie konnten über 24 Stunden ohne Unterbrechung oder an mehr als zwei Tagen observiert werden, und es konnten GPS-Geräte oder Mikrophone in ihren Fahrzeugen oder Kameras gegenüber ihren Haustüren angebracht werden. Das BVerfG hat nun entschieden, dass die Regelung in der bestehenden Form nicht verhältnismäßig und daher verfassungswidrig ist.

Der SächsVerfGH hatte sich hingegen mit einer Vielzahl von heimlichen Maßnahmen zu beschäftigen, die in dem 2020 in Kraft getretenen Landespolizeigesetz geregelt sind. Der sächsische Gesetzgeber hatte den Versuch unternommen, angelehnt an das BKAG in der Fassung von 2008 und an die erste Entscheidung des BVerfG zu diesem Themenkomplex, verfassungskonforme Regelungen zu heimlichen Maßnahmen bereits im Vorfeld einer konkreten Gefahr, bei einer sogenannten konkretisierten Gefahr, zu schaffen. Das BVerfG hatte dieses neue Konzept einer »konkretisierten Gefahr« eingeführt, um Fälle zu erfassen, in denen sich der Verdacht verdichtet, dass Personen Taten im Bereich des Terrorismus planen, ohne dass sich schon konkret abzeichnet, was wann wo passieren soll. Der sächsische Gesetzgeber war bei seiner Adaption dieses Grundgedankens aber zu weit gegangen, was der SächsVerfGH nun festgestellt hat. Denn in das Gesetz waren als Taten, deren nur »konkretisierte« Planung als Anlass für den Einsatz von heimlichen Überwachungsmethoden ausreichen sollte, solche Delikte aufgenommen worden, die selbst das Vorfeld einer konkreten Aktion betreffen. Dadurch war sozusagen das Vorfeld des Vorfelds einer realen Gefahr einbezogen worden. Dies bedeutet eine zu starke Verlagerung in das Gefahrenvorfeld. Daher entschied der SächsVerfGH: Die Abwehr von strafbaren Vorbereitungshandlungen und bloßen Rechtsgutsgefährdungen kann tiefgreifende Eingriffe in Grundrechte nicht rechtfertigen.

Der SächsVerfGH und das BVerfG sprechen in ihren Entscheidungen das Problem an, dass es nur ausnahmsweise zu Benachrichtigungen über bereits stattgefundene Maßnahmen und damit auch nur selten zu einer nachträglichen gerichtlichen Überprüfung von deren Rechtmäßigkeit kommt. Beide Gerichte haben jedoch leider darauf verzichtet, eine gesetzliche Verschärfung der Benachrichtigungspflichten zu fordern.

Datenspeicherung

Der SächsVerfGH kritisiert an den Regelungen zur Datenspeicherung durch Polizeibehörden bedauerlicherweise nur die mangelnde Bestimmtheit der Vorschriften über die im Rahmen strafrechtlicher Ermittlungen gewonnenen und anschließend zu speichernden Daten. Das BVerfG holt weiter aus: In dem Urteil stellt es erstmals ausführlich dar, was eine Speicherung von Daten zu einem intensiven Eingriff in das Grundrecht auf informationelle Selbstbestimmung macht und welche Vorgaben sich daraus für eine verfassungsgemäße Begrenzung von Speicherungen auf einen verhältnismäßigen Umfang ergeben. In Bezug auf die Eingriffsintensität wird klargestellt, dass es nicht nur um die Art der gespeicherten Daten (privat oder öffentlich) und die Art der Datenerhebung (im Rahmen heimlicher oder offener Maßnahmen) geht, sondern auch um die Art der Speicherung, also darum, wie der Zugriff auf die Daten geregelt und wie groß dabei die Missbrauchsgefahr ist.

Sowohl die Speicherungsdauer als auch die Vorgaben für eine zulässige Speicherung müssen laut dem BVerfG klar geregelt werden: Die Speicherung soll nur zulässig sein, wenn anhand bestimmter Kriterien die »negative Prognose« gestellt werden kann, dass die Kenntnis der Daten in der Zukunft für die Gefahrenabwehr erforderlich sein wird. Es muss dabei unterschiedlich bewertet werden, ob jemand nur verdächtigt oder verurteilt wurde, ob der Betroffene Kenntnis von der Speicherung hat und wie groß die Gefahr ist, dass theoretisch anhand der Daten ein umfassendes Persönlichkeitsbild erstellt werden kann.

Ausgeweitete Überwachung braucht Löschungsoptionen

Nicht nur die Gesetze, die Gegenstand der Verfassungsgerichtsentscheidungen waren, sondern auch alle anderen Polizeigesetze müssen nun an diese Vorgaben angepasst werden. Die Urteile reihen sich ein in mehrere Entscheidungen in den letzten Jahren, mit denen novellierte Polizeigesetze teilweise für verfassungswidrig erklärt wurden, weil die jeweiligen Landesgesetzgeber bei der Ausweitung der Befugnisse insbesondere zur heimlichen Überwachung zu weit gegangen waren. Wenn Verfassungsgerichte Grenzen aufzeigen, wird im nächsten Gesetzentwurf regelmäßig bis zu dieser Grenze gegangen, womöglich darüber hinaus – und nicht immer wird das »darüber hinaus« dann erneut verfassungsrechtlich überprüft. In diesem Umfeld gewinnt der zweite Teil der aktuellen Entscheidung des BVerfG an Bedeutung, der sich mit der Speicherung der durch Überwachung gewonnenen Daten befasst. Damit die ausgeweiteten Überwachungsbefugnisse nicht dazu führen, dass Bürger*innen sich nicht mehr frei verhalten, weil sie befürchten, dass der Staat zu viel über sie weiß, ist es umso wichtiger, dass Möglichkeiten zur Löschung gewonnener Daten gegeben sind.

Literatur

Golla, Sebastian J.: Aufräumen im Datenhaus. Die polizeiliche Datenspeicherung nach BVerfG, BKAG II, Verfassungsblog v. 1.10.2024.

Rainer Rehak / Andreas Engelmann

Persönlichkeitsgefährdung nachverhandelt
Wie die Nutzung von KI zur biometrischen Strafverfolgung in den AI Act kam

Als weltweit erste Regulierung von künstlicher Intelligenz (KI) und maschinellem Lernen bezeichnet die Europäische Union (EU) ihre neue Verordnung, den AI Act. Darin werden KI-Anwendungen klassifiziert und je nach Risikointensität unterschiedlich stark reguliert, teilweise sogar ganz ausgeschlossen. Als im Dezember 2023 eine Einigung zwischen Europäischem Rat, Kommission und Parlament auf einen Verordnungstext erreicht werden konnte, war unter den generell ausgeschlossenen Anwendungsfeldern für KI-Technologien auch die Sammlung und biometrische Auswertung von Daten aus dem Internet und aus Videoüberwachung im öffentlichen Raum vorgesehen (dazu Hartmut Aden, Grundrechte-Report 2024). Eine Besonderheit der Gesetzgebung der Europäischen Union liegt darin, dass Gesetzestexte – nach einer vorläufigen Einigung – weiterverhandelt werden können. So kam es, dass das Verbot von KI-Anwendungen bei der biometrischen Gesichtserkennung zur Strafverfolgung im öffentlichen Raum wieder entfiel, wofür sich der Rat und in ihm auch die Bundesregierung eingesetzt hatten. Damit enthält der AI Act eine grundrechtlich bedenkliche Schutzlücke. Das Aufreißen der Lücke wird einerseits der besonderen Gefährdung nicht gerecht, die durch automatisierte Gesichtserkennung für das Recht auf Anonymität, Datenschutz und den Schutz der Persönlichkeit entsteht. Andererseits ist die Verwendung von KI-Technologien durch die Nationalstaaten zur Strafverfolgung wegen der umfassenden staatlichen Ressourcen ein besonderes Problem. Neben großen Unternehmen sind Staaten die wirkmächtigsten Gefährder von Grund- und Menschenrechten.

Die Gefahr liegt in der Technologie

Videoüberwachung ist schon an sich ein Eingriff in Grundrechte, da personenbezogene Daten systematisch erhoben und verarbeitet werden. Problematisch dabei ist, dass die Betroffenen bei dieser Art von Überwachung nicht mitwirken müssen und in der Regel nicht einmal Kenntnis davon haben. Zudem liegt bei der Videoüberwachung die für Datenverarbeitung übliche Machtasymmetrie zwischen überwachtem Individuum und überwachender Organisation vor. Mit klassischer Videoüberwachung entstehen Bilddaten, die bei Bedarf herangezogen und manuell ausgewertet werden müssen. Bei biometrischer Videoüberwachung und der biometrischen Auswertung existierender Bilddaten entstehen zusätzlich Daten über individuelle Gesichter – also über Personen zu bestimmten Zeiten an bestimmten Orten – und damit potenziell ableitbar persönliche Bewegungsdaten oder Gruppenzugehörigkeiten, weswegen ein weit tieferer Eingriff vorliegt, der einer intensiveren Rechtfertigung – also in der Sache: besserer Gründe – bedarf.

Das Beispiel biometrischer Videoüberwachung öffentlicher Plätze, auf denen politische Demonstrationen stattfinden, verdeutlicht, wie schnell auf diese Weise etwa Anwesenheitslisten, Bewegungsprofile oder Verhaltensmuster erstellt werden können. Wenn nun noch Überwachungsautomatisierung durch KI-basierte Methoden hinzukommt, ist einer Massenüberwachung unter Zuhilfenahme weiterer Datenquellen Tür und Tor geöffnet. Und das ist nur der gegenwärtige Stand der Technik, denn Emotionserkennung oder Analyse der Körpersprache sind längst Gegenstand der KI-Forschung und in absehbarer Zeit einsatzbereit. Aufgrund dieser Gefahren sollte die Verwendung von künstlicher Intelligenz bei der biometrischen Gesichtserkennung im Verhandlungstext ausgeschlossen werden.

Erst auf besonderen Druck des Rates wurden Ausnahmen des Verbots in den AI Act hineinverhandelt.

Die öffentliche Hand als Freund und Gefährder

Die besondere Behandlung öffentlicher Einrichtungen ist für die Regulierungsweise der EU nicht untypisch. Bereits in der Datenschutzgrundverordnung waren Hoheitsträgern – vornehmlich bei der Strafverfolgung – Privilegien eingeräumt worden. Das ist einerseits wenig überraschend, sind es doch die Nationalstaaten selbst, die über Rat und Kommission einen ganz erheblichen Einfluss auf die europäische Gesetzgebung haben. Es ist andererseits aber grundrechtsgefährdend, weil staatliche Behörden durch ihre beispiellose Infrastruktur wie kaum eine zweite Einrichtung in der Lage sind, Daten zu sammeln und auszuwerten und damit Grundrechte und Grundfreiheiten zu gefährden.

Die europäische Gesetzgebung entfernt sich hier von einer liberalen Staatsauffassung, nach der Individuen und zivilgesellschaftliche Gruppen insbesondere vor den Hoheitsträgern zu schützen sind. Wird das Interesse der Individuen mit dem Interesse ihrer Staaten in eins gesetzt, verschwindet das Schutzbedürfnis der Einzelnen gegenüber dem Staat und das Interesse an einem störungsfreien Funktionieren der staatlichen Autorität in allen Lebensbereichen beginnt zu überwiegen. Es scheint dann so, als stünden einer effizienten Ausübung hoheitlicher Macht die Grundrechte wie der Persönlichkeitsschutz der Einzelnen oder der Datenschutz nur im Wege.

Repression und technischer Fortschritt

Technischer Fortschritt wird heute kaum mehr mit der Möglichkeit für größere Freiheitsspielräume verbunden, sondern vorrangig als Mittel für effektivere Repressionen genutzt. Ganz abgesehen von der damit verbundenen illiberalen Entwicklungsrichtung wird dabei der Nutzen der Technologie gerade im Sicherheitskontext maßlos überschätzt. So kamen beim Biometrie-Testversuch »Sicherheitsbahnhof Berlin Südkreuz« zur

Erprobung von automatisierter Videoüberwachung im Jahr 2017 in Berlin auf jede korrekte Zuordnung einer Person hunderte Fehlalarme (dazu Katharina Ruhwedel, Grundrechte-Report 2018). Die bisherigen Systeme verstärken zudem gesellschaftliche Diskriminierungen. So werden Menschen, die nicht der weißen Mehrheitsgesellschaft angehören, weniger zuverlässig erkannt, was technisch bedingte Diskriminierung nach sich zieht. Entgegen der Erzählung einer »objektiven« Technologie sind alle Menschen in Gefahr, grundlos sicherheitsbehördlich behandelt zu werden. Die Eingriffsintensität dieser Technologien ist daher hoch und im Detail nicht abschätzbar. Bei der nachträglichen Aufhebung des gänzlichen Nutzungsverbots haben offenbar die schillernden Versprechen mehr Gehör gefunden als die grundrechtsrisikobewussten Stimmen. In der Folge wird der Konformitätsdruck in der Öffentlichkeit weiter steigen.

Neue und automatisierte Überwachungstechnologien verleiten nach wie vor zu der Hoffnung, komplexe soziale Probleme durch Technik einzuhegen. Doch selbst wenn die Technologien perfekt funktionieren würden – was sie nicht tun –, ist ihr Einsatz im sensiblen Bereich der hoheitlichen Gewaltausübung abzulehnen. Es ist Ausdruck einer Krise liberaler Gesellschaften, dass die Lösung vermeintlicher oder realer Probleme nur über staatliche Repression vorgestellt werden kann, die zunehmend auch mit informationstechnischen Mitteln ausgeübt wird. Die Möglichkeiten zur Auswertung biometrischer Daten aus dem Internet im AI Act sind im sogenannten Sicherheitspaket der Bundesregierung vom Oktober 2024 sofort aufgegriffen worden. Es lässt sich deshalb nur mit einem müden Lächeln an den Koalitionsvertrag der gescheiterten Regierung erinnern, in dem es hieß: »Den Einsatz von biometrischer Erfassung zu Überwachungszwecken lehnen wir ab. Das Recht auf Anonymität sowohl im öffentlichen Raum als auch im Internet ist zu gewährleisten.« (Koalitionsvertrag 2021–2025, S. 86). Da eine grundrechtsfreundliche Regierung absehbar nicht zu erwarten ist, wird es an der Zivilgesellschaft liegen, vehement daran zu erinnern, dass ein funktionierender Sozialstaat die bessere Sicherheitspolitik ist.

Literatur

Aden, Hartmut: Künstliche Intelligenz menschenrechtlich einhegen, in: Grundrechte-Report 2024, S. 41 ff.

Kees, Benjamin J.: Algorithmisches Panopticon: Identifikation gesellschaftlicher Probleme automatisierter Videoüberwachung, Münster 2015, www.algoropticon.de.

Forum InformatikerInnen für Frieden und gesellschaftliche Verantwortung: Verfälschte Studie zur Tauglichkeit grundrechtswidriger Techniken, Pressemitteilung vom 1. 8. 2017.

Laura Anna Klein

Chance vertan
Schwangerschaftsabbruch außerhalb des Strafrechts regeln

Wer in Deutschland eine ungewollte Schwangerschaft beendet, sieht sich weiterhin mit dem Strafrecht konfrontiert (§§ 218 ff. des Strafgesetzbuchs [StGB]). Im April 2024 hat die von der Ampelkoalition einberufene Kommission zur reproduktiven Selbstbestimmung und Fortpflanzungsmedizin eine Abkehr von der gegenwärtigen strafrechtlichen Regelung des Schwangerschaftsabbruchs empfohlen: Anders als bislang sei der Abbruch in der Frühphase rechtmäßig zu stellen. Für die mittlere Phase der Schwangerschaft (13. bis 24. Woche), also zwischen dem Ende der frühen Schwangerschaftswochen und der Lebensfähigkeit des Foetus ex utero, stehe dem Gesetzgeber ein weiter Spielraum zu, wie er den grundrechtlichen Güterkonflikt auflöse und bis zu welchem Zeitpunkt er den Abbruch als rechtmäßig ansehe. Die Beratungspflicht samt der Wartezeit für die ungewollt Schwangere dürfe, müsse aber nicht bestehen bleiben. Dem Bericht der Kommission folgte ein zivilgesellschaftlicher und fraktionsübergreifender Gesetzentwurf. Die parlamentarische Debatte im Dezember 2024 verlief trotz des moderaten Reformvorschlags erwartbar emotional und kontrovers. Manche haben die strafrechtliche Regelung des Abbruchs als breit akzeptierten gesellschaftlichen Kompromiss verteidigt. Eine Forsa-Umfrage vom November 2024 zeigt jedoch im Gegenteil, dass inzwischen eine Mehrheit der Gesellschaft eine Reform der §§ 218 ff. StGB fordert. Zudem ist das Recht auf Zugang zu einem sicheren und legalen Schwangerschaftsabbruch eine zentrale grund- und menschenrechtliche Garantie, die nicht zuletzt angesichts autoritär-populistischer Entwicklungen abgesichert werden sollte.

Status quo: Schwangerschaftsabbruch als Tötungsdelikt

Der Schwangerschaftsabbruch ist im StGB im Abschnitt »Straftaten gegen das Leben« geregelt. Wer in den ersten zwölf Wochen einen Abbruch vornehmen lässt, muss sich vorher beraten lassen und drei Tage mit dem Eingriff warten (§ 218a Absatz 1 StGB). Der Abbruch ist dann »rechtswidrig, aber straffrei«. Diese als juristisch inkonsistent und widersprüchlich kritisierte Konstruktion geht auf die Vorgaben des Bundesverfassungsgerichts (Urteil vom 28. 5. 1993, Az. 2 BvF 2/90 u. a.) zurück, wonach ein Abbruch grundsätzlich strafrechtliches Unrecht darstelle und eine schwangere Person eine Rechtspflicht habe, das Kind auszutragen (»Austragungspflicht«). Weil es sich um eine rechtswidrige Tat handelt, haben Betroffene die Kosten – je nach Methode etwa zwischen 300 und 700 Euro – nach dieser sogenannten Beratungsregelung, also in 96 Prozent der Fälle, grundsätzlich selbst zu tragen. Bereits gegenwärtig rechtmäßig und für ungewollt Schwangere kostenfrei ist der Abbruch dagegen, wenn medizinische Gründe bestehen (§ 218a Absatz 2 StGB) oder die Schwangerschaft auf eine Sexualstraftat zurückgeht (§ 218a Absatz 3 StGB).

Grund- und Menschenrechte der ungewollt Schwangeren

Die strafrechtliche Regelung des Abbruchs wird den Grund- und Menschenrechten der ungewollt Schwangeren nicht gerecht. Die Freiheit, eine Schwangerschaft zu beenden, steht unter dem Schutz des allgemeinen Persönlichkeitsrechts (Artikel 2 Absatz 1 in Verbindung mit Artikel 1 Absatz 1 GG), genauer in dessen Ausprägung als Recht auf reproduktive Selbstbestimmung sowie als Recht auf Leben und körperliche Unversehrtheit (Artikel 2 Absatz 2 Satz 1 GG). Diese Grundrechtspositionen der ungewollt Schwangeren bestehen unabhängig von der weiterhin umstrittenen Frage der verfassungsrechtlichen Position des Embryos bzw. Fötus und müssen mit dieser in Einklang gebracht werden.

Auf internationaler Ebene hat sich ein ganzer Katalog reproduktiver Rechte entwickelt, zu denen auch das Recht auf sicheren und legalen Schwangerschaftsabbruch zählt. Dieser Katalog stützt sich auf unterschiedliche Menschenrechtsabkommen, wie die UN-Frauenrechtskonvention (Artikel 2, 4, 12, 16), den UN-Sozialpakt (Artikel 12), den UN-Zivilpakt (Artikel 3, 6, 7, 17, 23 und 26) und die UN-Behindertenrechtskonvention (Artikel 12, 23), die alle von Deutschland ratifiziert wurden. Nach den UN-Fachausschüssen dieser Abkommen und den Leitlinien der Weltgesundheitsorganisation sollten Schwangerschaftsabbrüche vollständig entkriminalisiert, die Beratungspflicht wie die Wartefrist abgeschafft und die Kosten für alle Abbrüche übernommen werden. Außerdem stellt nach dem UN-Frauenrechtsausschuss eine Kriminalisierung des Schwangerschaftsabbruchs sowie die ärztliche Verweigerung oder Verzögerung eines sicheren Abbruchs eine Form geschlechtsspezifischer Gewalt dar, weil von einer solchen Regelung ganz überwiegend Frauen betroffen sind.

Reformdebatte im Jahr 2024 – eine verpasste Chance

Im Anschluss an den Kommissionsbericht wurden 2024 unterschiedlich weitreichende Reformvorschläge unterbreitet. Im Oktober schlug zunächst ein zivilgesellschaftliches Bündnis vor, Abbrüche bis einschließlich der 22. Woche nach der Empfängnis rechtmäßig zu stellen. Beratungspflicht und Wartefrist sollten abgeschafft und durch ein Recht auf ergebnisoffene Beratung ersetzt werden. Im November brachte dann eine fraktionsübergreifende Gruppe von Abgeordneten einen Gesetzentwurf in den Bundestag ein. Regelungsort zur Durchführung eines rechtmäßigen Abbruchs sollte nicht mehr das Strafgesetzbuch, sondern das Schwangerschaftskonfliktgesetz sein. Ein Abbruch sollte bis zum Ende der zwölften Schwangerschaftswoche grundsätzlich rechtmäßig sein. Die dreitägige Wartefrist soll abgeschafft, die Beratungspflicht aber beibehalten werden. Sofern die Schwangerschaft auf eine Sexualstraftat zurückgeht, sollte es wie bisher keine verpflichtende Beratung geben. In diesen Fällen sollte die Frist aber auf 15 Wochen erhöht werden, um Fälle nicht erkannter Schwangerschaft zu erfassen. Daneben sollte – wie bereits nach geltender Rechtslage – ein rechtmäßiger Abbruch der Schwangerschaft nach medizinischer Indikation bis zum Beginn der Geburt treten. Die gesetzlichen Krankenkassen sollten die Kosten für alle rechtmäßigen Abbrüche einkommensunabhängig tragen.

Sofern eine Reform der §§ 218 ff. StGB mit dem Argument abgelehnt wurde, dass die gegenwärtige Regelung eine breit akzeptierte gesellschaftliche Kompromisslösung darstelle, die man besser nicht aufkündigen solle, kann das nicht überzeugen. Schon der Blick auf die innerdeutsche Geschichte verrät, dass in der DDR bereits seit Anfang der 1970er Jahre eine liberale Fristenlösung bestand. Weil ostdeutsche Frauen diese Errungenschaft behalten wollten, sah der Einigungsvertrag eine neue gesamtdeutsche Regelung vor. Nach mühsamen Debatten einigte man sich dann 1992 auf eine Regelung, die einen »nicht rechtswidrigen« Abbruch binnen zwölf Wochen – nach Beratungspflicht und Wartefrist – vorsah, dessen Kosten von den Krankenkassen übernommen werden sollten. Das BVerfG hat diese im Bundestag und damit gesellschaftlich ausgehandelte Kompromissregelung dann 1993 in einer embryozentrierten, paternalistischen und moralisierenden Entscheidung kassiert und den Gesetzgeber zu den heutigen restriktiveren Vorschriften verpflichtet.

Zudem handelt es sich bei der deutschen strafrechtlichen Regelung samt den genannten Zugangshürden im Vergleich zu anderen Ländern tatsächlich um ein eher restriktives Regelungsmodell. Es zielt darauf ab, die gesellschaftliche Tabuisierung des Schwangerschaftsabbruchs und die Stigmatisierung von ungewollt Schwangeren sowie der Ärzteschaft, die Abtreibungen vornimmt, aufrechtzuerhalten. Dies führt zu Schwierigkeiten bei der Informationsbeschaffung vor einem Abbruch, zu regionalen Versorgungslücken und zu einer unzureichenden Wissensvermittlung in der medizinischen Aus- und Weiterbildung. Für ungewollt Schwangere und das medizinische Personal hat es folglich reale Auswirkungen, ob der Schwangerschaftsabbruch grundsätzlich strafrechtliches Unrecht darstellt oder nicht. Die Grund- und Menschenrechte fordern deshalb eine Regelung des Abbruchs außerhalb des Strafrechts und die praktische Sicherstellung der Gesundheitsversorgungslage für ungewollt Schwangere.

Literatur

Bericht der Kommission zur reproduktiven Selbstbestimmung und Fortpflanzungsmedizin, www.bundesgesundheitsministerium. de/presse/pressemitteilungen/kommissionsbericht-reproduktive-selbstbestimmung-pm-15-04-24.html.
Klein, Laura Anna: Reproduktive Freiheiten, Tübingen 2023.
Altunjan, Tanja/Steinl, Leonie: Das Abtreibungsstrafrecht auf dem verfassungsrechtlichen Prüfstand, in: Grundrechte-Report 2023, S. 23 ff.

Anna Magdalena Busl

Ausreiseverbot für eine Friedensdelegation nach Südkurdistan

»Jeder hat das Recht, jedes Land, einschließlich seines eigenen, zu verlassen und in sein Land zurückzukehren.« – Was Artikel 13 der Allgemeinen Erklärung der Menschenrechte so einfach ausdrückt, ist in der Praxis mit nicht wenigen Einschränkungen verbunden: Es beginnt mit dem ganz faktischen *Können*, und damit zunächst mit den materiellen Mitteln zur Ausreise. Es ist auch nicht selten eine Frage der dafür nötigen Papiere, etwa eines Passes. Und es ist eine Frage des *Dürfens*. Die Geschichte von Ausreiseverboten, erst recht dann, wenn das Recht längst ersetzt ist durch die Gewalt, ist lang. Anna Seghers Roman »Transit« beschreibt einen kleinen Teil der Gesetze und Anordnungen, die das Verlassen eines Staatsgebiets untersagen.

Etwa 20 Personen, die im Juni 2021 im Rahmen einer Friedensdelegation nach Erbil, der Hauptstadt der Autonomen Region Kurdistan reisen wollten, hatten die Mittel, sie hatten auch Pässe, die anerkannt waren. Nicht anerkannt war ihr Vorhaben: Die »Delegation für Frieden und Freiheit in Kurdistan« wollte sich ein Bild vor Ort verschaffen und die völkerrechtswidrigen Angriffe durch den NATO-Mitgliedstaat Türkei dokumentieren, um hierzulande darauf aufmerksam zu machen. Der Mehrheit von ihnen, u.a. einer Teilnehmerin aus Hamburg, wurde die Ausreise untersagt. Sie konnte nicht fliegen. In ihren Pass wurde eine 30-tägige Ausreiseuntersagung für den Irak eingetragen. Ihre Klage auf Feststellung der Rechtswidrigkeit der Ausreiseuntersagung vor dem Verwaltungsgericht war im August 2024 erfolgreich (VG Köln, Urteil vom 28.8.2024, Az. 10 K 3329/24).

Politisch unbequeme Ausreisen

In der Bundesrepublik nehmen Ausreiseverbote für deutsche Staatsbürger*innen seit Jahren wieder zu, nicht ab. Gab es 2018 lediglich drei Ausreiseverbote durch die Bundespolizei, so stieg die Zahl auf 66 im Jahr 2022, und dabei sind die Ausreiseverbote durch Landesbehörden noch nicht inbegriffen. »Ihrem persönlichen Recht auf Ausreisefreiheit [...] steht das Interesse der Bundesrepublik Deutschland an seiner inneren und äußeren Sicherheit sowie das internationale Ansehen der Bundesrepublik Deutschland gegenüber« – lautet dann die Begründung. Die bekannteren Fälle werden publik. So derjenige der 24 Personen, die an einer Demonstration zum Gedenken an drei getötete Kurd*innen in Paris im Januar 2023 teilnehmen wollten. Oder der des Bundesvorsitzenden der Vereinigung der Verfolgten des Naziregimes – Bund der Antifaschist*innen (VVN-BdA), der im Februar 2023 nach Sofia reisen wollte, um am Protest gegen den alljährlichen faschistischen »Lukov-Marsch« teilzunehmen. Oder eben der Fall der bereits genannten Gruppe, die 2021 nach Südkurdistan reisen wollte.

Statt in das Flugzeug zu steigen, wurden die Delegationsmitglieder am Flughafen Düsseldorf von der Bundespolizei festgehalten. Begründung? Ihre Reise in den Nordirak würde »erhebliche Belange der Bundesrepublik Deutschland gefährden« gemäß § 10 Absatz 1, Satz 2, Fall 1 i. V. m. § 7 Absatz 1, Nr. 1 Passgesetz (PassG). Mit ihrer Reise würden sie die als terroristisch eingestufte Arbeiterpartei Kurdistans (PKK) unterstützen wollen, indem sie ihrem Aufruf, als »lebende Schutzschilde« zu fungieren, Folge leisten wollten. Durch die Teilnahme deutscher Staatsangehöriger an Aktionen der PKK oder die passive Unterstützung von Aktionen der PKK »gegen die Sicherheitskräfte des NATO-Partners Türkei« würden erhebliche Belange der Bundesrepublik Deutschland in der Beziehung zur Türkei berührt. Tatsächliche Anhaltspunkte dafür? Fehlanzeige!

Gründe dafür gab es nicht ansatzweise: In seinem Urteil vom August 2024 stellt das VG Köln fest, dass die Ausreiseuntersagung rechtswidrig war. Die Voraussetzungen des § 10 Absatz 1, Satz 2, Fall 1 i. V. m. § 7 Absatz 1, Nr. 1 PassG für die Ausreiseuntersagung haben nicht vorgelegen. Insbesondere habe es gerade keine tatsächlichen Anhaltspunkte dafür gegeben, dass die Klägerin sich der Aktion »Menschliche Schutzschilde« habe anschließen wollen. Hierfür konnte die Bundespolizei weder damals noch im Klageverfahren Fakten nennen.

Mehr als einen angeblich zeitgleichen Aufruf der PKK und den Umstand, dass der eine oder andere aus der Gruppe der Friedensdelegation bereits »im Zusammenhang mit der PKK« polizeilich in Erscheinung getreten sei, hatte die Bundespolizei nicht aufzubieten. Ebenso wenig konnte die Beklagte substantiieren, welche und wie viele der Mitglieder der Delegation aufgrund welcher konkreten Anhaltspunkte in der Vergangenheit behördenbekannt gewesen und welche Delegationsmitglieder allein durch eine Gruppenzugehörigkeit in Verdacht geraten seien. Erst recht konnten keine Anhaltspunkte dafür genannt werden, warum die Klägerin selbst die PKK unterstützt habe.

Die Klägerin selbst hatte 2021 bei der Anhörung am Flughafen keine Angaben gemacht – das grundlegende Recht einer jeden Person, die von den Behörden mit einem Sachverhalt konfrontiert wird, der in ihre Rechte eingreift. Das VG Köln erteilte jedoch der negativen Bewertung dieses Umstands durch die Bundespolizei eine Absage. Keine Angaben zu machen, stellt keinen belastbaren Anhaltspunkt dar. Die gerichtliche Entscheidung stellt sich damit deutlich gegen das offensichtlich rechtswidrige Vorgehen der Bundespolizei, gegen diesen massiven Eingriff in die Rechte der Delegationsteilnehmer*innen, die ihre Reise nicht durchführen konnten.

Es wurden Fakten geschaffen

So erfreulich dies ist – es bleibt die Tatsache, dass die Delegationsreise nicht stattfinden konnte, obwohl es keine rechtliche Grundlage für die Versagung der Ausreise gab. Der faktischen Macht ihrer Verweigerung war im Moment der geplanten Ausreise nicht beizukommen, der Flug konnte nicht angetreten werden, weil die Teilnehmer*innen bis zum Abflug keinen Rechtsschutz erlangen konnten. Damit unterblieb auch die von der Delegation mit der Reise bezweckte Aufklärung über völkerrechtswidriges Agieren eines NATO-Mitgliedstaats, der Türkei, das – auch – mit Waffenlieferungen aus Deutschland erfolgt. Staatliche Behörden haben Macht. Wenn staatliche Behörden aber die Chuzpe haben, schwere Eingriffe in Grundrechte vorzunehmen, ohne hierfür auch nur ansatzweise rechtliche Gründe zu liefern, dann erschreckt dieser offene Verstoß gegen die Verfassung besonders.

Zugleich wirft das Verhalten der Bundespolizei die weitreichendere Frage auf, ob es nicht im Kern um die hinter ihrem Vorgehen stehende gesetzliche Grundlage in § 7 Absatz 1, Nr. 1 PassG gehen müsste: Dass die Regelungen im PassG mit dem Grundgesetz vereinbar sind, stellte das Bundesverfassungsgericht (BVerfG) in seinem berühmten Elfes-Urteil aus dem Jahr

1957 fest. Es war – das kann man ohne Umschweife sagen –, von politischem Willen geprägt:

Wilhelm Elfes, einem Pazifisten, war die Verlängerung seines Passes versagt worden. Er hatte an einem internationalen Friedenskongress in Wien teilgenommen, auf dem eine »gesamtdeutsche Erklärung« verlesen worden war, und wollte an weiteren Kongressen teilnehmen. Schon in diesem Urteil wurde die Verfassungsmäßigkeit der Generalklausel aus dem PassG diskutiert, nach der »sonstige erhebliche Belange« ausreichend sein sollen, um einen derart gravierenden Eingriff in die Bewegungsfreiheit, in die Ausreisefreiheit als Ausdruck der allgemeinen Handlungsfreiheit geschützt durch Artikel 2 Absatz 1 GG, zu rechtfertigen. Das BVerfG entschied damals, dies sei verfassungsgemäß, weil es sich um einen unbestimmten Rechtsbegriff handele, dessen Anwendung in vollem Umfang durch die Verwaltungsgerichte überprüft werden könne. Er müsse so ausgelegt werden, dass er nur ebenso erhebliche Sachverhalte umfasse wie die Gefährdung der inneren und äußeren Sicherheit.

Ein Fall wie der hier vorliegende aber zeigt einmal mehr: Eine unscharfe Bestimmung, die derart weitreichende Einschränkungen von Grundrechten ermöglicht, öffnet die Tore für die Versagung von Grundfreiheiten – auch oder gerade dann, wenn politisch Unliebsames verhindert werden soll. Dies effektiv auszuschließen, muss heißen, es grundsätzlich unmöglich zu machen: Eine vage Generalklausel darf nicht die Grundlage für die Versagung von Grundfreiheiten sein.

Literatur

Antwort der Bundesregierung auf die Kleine Anfrage der Fraktion DIE LINKE. – Drucksache 19/31225 08.07.2021 – Ausreiseverweigerung für eine Friedensdelegation am Düsseldorfer Flughafen.

> Artikel 2 (2) **Jeder hat das Recht auf Leben und körperliche Unversehrtheit. Die Freiheit der Person ist unverletzlich.**

Britta Rabe

Notwehr zählt immer
Tödliche Polizeigewalt und kein Ende

Am Landgericht (LG) Dortmund fiel am 12. Dezember 2024 ein fatales Urteil in einem Strafprozess gegen fünf Polizist*innen, die sich im Zusammenhang mit dem Tod eines jungen Geflüchteten aus Senegal hatten verantworten müssen: Mouhamed Lamine Dramé war am Nachmittag des 8. August 2022 in der Dortmunder Nordstadt in einem Polizeieinsatz durch fünf Schüsse aus einer Maschinenpistole getötet worden. Zuvor hatte er im Hof einer Jugendhilfeeinrichtung gekauert und sich ein Messer gegen den Bauch gerichtet. Da er bereits zuvor Suizidabsichten geäußert hatte und nun auf keinerlei Ansprache von Mitarbeitenden der Einrichtung reagierte, hatten diese ratlos die Polizei zu Hilfe gerufen.

Tödliche Eskalation mit Hilfe von Polizeiwaffen

Obwohl Mouhamed D. nach nur kurzer Ansprache durch einen Polizeibeamten reglos am selben Ort verharrte und nicht reagierte, entschied sich der Einsatzleiter für die Eskalation der Situation. Er befahl: »Vorrücken und einpfeffern, das volle Programm. Die ganze Flasche.« Das von einer der angeklagten Polizist*innen gesprühte Pfefferspray traf Mouhamed D. am Kopf. Er richtete sich auf und bewegte sich ein paar Schritte auf die wenige Meter vor ihm stehenden bewaffneten Beamt*innen zu, das Messer hielt er noch in der Hand. Da setzten zwei Beamte ohne Ankündigung Taser gegen ihn ein und 0,7 Sekunden später trafen ihn fünf Schüsse aus einer Maschinenpistole, einer davon tödlich.

Zwischen dem Notruf bei der Polizei und Mouhameds Tod vergingen nur 20 Minuten. Das Gericht stellte zwar in seiner Urteilsbegründung fest, dass keine Gefahr von Mouhamed D. ausgegangen sei, sondern er lediglich dem Pfefferspray hatte entfliehen wollen. Allerdings hätten sich die vier Beamt*innen subjektiv fälschlich in einer Gefahrensituation gesehen, es bestehe ein »Erlaubnistatbestandsirrtum«. Der Schütze mit der Maschinenpistole wurde daher von der Anklage wegen Totschlags (§ 212 Absatz 1 Strafgesetzbuch [StGB]) freigesprochen, ebenso wie die drei Beamt*innen, die Pfefferspray und Taser eingesetzt hatten, vom Vorwurf der gefährlichen Körperverletzung im Amt (§§ 340 Absatz 1, 224 Absatz 1 StGB). Der Einsatzleiter, der der Anstiftung zu Straftaten angeklagt gewesen war (§ 26 StGB), war nach dem LG ebenfalls freizusprechen: Da seine Untergebenen keine Straftaten begangen hätten, habe er auch zu keiner angestiftet. Fahrlässigkeit sah das Gericht bei den Polizist*innen sämtlich als nicht gegeben (LG Dortmund, Urteil vom 12. 12. 2024, Az. 39 Ks 6/23). Strafrechtlich mag die Begründung vielleicht konsequent sein, allerdings ist sie grundrechtlich fatal, bestätigt sie doch die Praxis tödlicher Polizeigewalt.

Die Staatsanwaltschaft (StA), die für den Einsatzleiter eine Freiheitsstrafe von zehn Monaten, ausgesetzt zur Bewährung, plus eine Zahlung von 5000 Euro an eine soziale Einrichtung gefordert hatte, legte Revision gegen das Urteil ein, ebenso legte die Nebenklage Revision ein. Die StA hatte dem Einsatzleiter vorgeworfen, das Vorgehen falsch geplant und tödlich eskaliert zu haben. Sie stimmte aber mit dem Gericht darin überein, dass die Polizist*innen sich fälschlich in einer Notwehrlage wähnten und daher Taser und Maschinenpistole rechtmäßig gegen Mouhamed D. eingesetzt hätten.

Kein Einzelfall

Der gewaltsame Tod von Mouhamed D. durch die Polizei ist kein Einzelfall. Allein in Deutschland wurden seit dem Todestag von Mouhamed D. weitere 38 durch Taser und Schusswaffeneinsatz der Polizei verursachte Todesfälle bekannt. Durch Polizeihand Getötete befinden sich mehrheitlich in psychischen oder sozialen Notlagen, sie sind außerdem häufig von Rassismus betroffen. Zugleich müssen sich Polizist*innen fast nie für die tödlichen Konsequenzen ihrer Gewalteinsätze verantworten: Üblich ist die Einstellung der strafrechtlichen Ermittlungen. In den Begründungen lautet es dann regelmäßig, die betreffenden Beamt*innen hätten in Notwehr und damit rechtmäßig gehandelt.

Das ebenfalls 2024 gesprochene Urteil in einem Prozess gegen Polizist*innen in Mannheim wegen tödlicher Polizeigewalt (LG Mannheim, 01. 03. 2024, Az. 1 Ks 304 Js 13846/22) bestätigt dieses Muster: Dort waren zwei Polizisten für den gewaltsamen Tod des 47-jährigen Ante P. angeklagt. Ein Beamter hatte am 2. Mai 2022 Pfefferspray gegen ihn eingesetzt und mehrfach mit der Faust gegen den Kopf des am Boden Liegenden geschlagen. Sein Kollege übte zeitweise Druck auf den Rücken von Ante P. aus. Kurz nach den Schlägen gegen seinen Kopf bewegte sich der Mann nicht mehr, minutenlang erhielt er keine Hilfe. Laut rechtsmedizinischem Gutachten war er erstickt, der Verteidigung zufolge sei er aufgrund seiner schlechten körperlichen Konstitution verstorben.

Zuvor hatte Ante P. seinen behandelnden Arzt am Zentralinstitut für Seelische Gesundheit aufgesucht, er lebte mit einer psychischen Erkrankung und an jenem Tag ging es ihm nicht gut. Da er nicht in der Klinik bleiben wollte, bat sein Arzt die Polizei um Unterstützung, es liege Eigengefährdung vor und eine stationäre Aufnahme sei notwendig. Arzt und Polizei folgten Ante P. zunächst durch die Innenstadt, sie sprachen mit ihm, die Situation war entspannt. Je näher die beiden Beamten ihm aber körperlich kamen, umso aufgeregter wurde er und versuchte, sie abzuschütteln.

Das Mannheimer Gericht beurteilte das tödliche Vorgehen

der beiden Polizisten als rechtmäßig, da sie verpflichtet gewesen seien, Ante P. wegen akuter Eigengefährdung gegen dessen Willen in die Klinik zu bringen. Der Pfeffersprayeinsatz gegen ihn wurde mit Notwehr gerechtfertigt. Lediglich die vier Faustschläge wurden als nicht angemessen beurteilt und der Beamte wegen Körperverletzung im Amt gemäß § 340 Absatz 1 StGB zu einer Geldstrafe von 120 Tagessätzen à 50 Euro verurteilt. Der andere Beamte wurde vom Vorwurf der fahrlässigen Tötung durch Unterlassen freigesprochen: Er hatte seinen Kollegen nicht zurückgehalten und Ante P. knapp sechs Minuten gefesselt in Bauchlage liegen lassen, auch als dieser sich nicht mehr bewegte. Der Freispruch wurde vom Bundesgerichtshof bestätigt, das Verfahren gegen den verurteilten Beamten an das LG zurückverwiesen (Urteil vom 17.10.2024, Az. 1 StR 285/24).

Signal mit tödlichen Konsequenzen

Die Urteile von Dortmund und Mannheim werden die Praxis tödlicher Polizeigewalt nicht ändern, im Gegenteil: Sie signalisieren, polizeilicher Waffengebrauch und Gewalteinsatz gegen Menschen in Krisensituationen seien alternativlos. Indes werden mit jedem neuen Todesfall durch die Polizei Forderungen von Hinterbliebenen und der Zivilgesellschaft lauter, Kriseninterventionsteams als Alternative zum klassischen Polizeieinsatz zu senden. Menschen in psychischen Ausnahmesituationen brauchen kein bewaffnetes Gegenüber, sondern professionelle und empathische Unterstützung (dazu Michèle Winkler, Grundrechte-Report 2023).

Das polizeiliche Narrativ der Notwehr, demzufolge die getötete Person als bedrohlich wahrgenommen worden sei bzw. vor sich selbst geschützt werden müsse, erfährt weiterhin eine breite Akzeptanz. Weder vor Gericht noch medial wird thematisiert, wie eng diese Deutungen mit gesellschaftlicher Ungleichheit und Machtverhältnissen verschränkt sind, etwa mit institutionellem Rassismus. Die Urteile von Dortmund und Mannheim zeigen, dass mit dem Fokus von Strafprozessen allein auf individuelles Verhalten die strukturellen Bedingungen von Polizeigewalt nicht angesprochen und damit auch nicht verändert werden können. Dem Schutz des Rechts auf Leben und körperliche Unversehrtheit aus Artikel 2 Absatz 2 GG wird damit nicht nachgekommen.

Die Prozesse waren dennoch immens wichtig, denn dank der kritischen Begleitungen der Hauptverhandlungen durch die »Initiative 2. Mai Mannheim« und den »Solidaritätskreis Mouhamed Lamine Dramé Dortmund« sowie weitere zivilgesellschaftliche Akteur*innen haben beide Fälle große öffentliche Wahrnehmung erfahren und tödliche Polizeigewalt verstärkt auf die öffentliche Agenda gesetzt. Die Forderungen von Hinterbliebenen nach Verantwortungsübernahme und nach einem Ende tödlicher Polizeigewalt bleiben indes weiter unerfüllt.

Literatur

Bürgerrechte & Polizei/CILIP: Polizeiliche Todesschüsse, https://polizeischuesse.cilip.de.

Abdul-Rahman, Laila/Espín Grau, Hannah/Klaus, Luise/Singelnstein, Tobias: Gewalt im Amt. Übermäßige polizeiliche Gewaltanwendung und ihre Aufarbeitung, Frankfurt/New York 2023.

Thomas Galli

Misshandlung Gefangener in der JVA Augsburg-Gablingen und mangelnde Aufsicht durch das Justizministerium

In der Justizvollzugsanstalt (JVA) Augsburg-Gablingen wurden Gefangene regelmäßig, teilweise nackt, in sogenannte besonders gesicherte Hafträume (bgH) eingesperrt. Diese Unterbringung dauerte in einigen Fällen länger als drei Wochen und häufig mehr als zehn Tage. Dabei sollen die Gefangenen zu wenig Nahrung und oft auch keine Matratze bekommen haben. Nach einem Besuch der Kommission der Nationalen

Stelle zur Verhütung von Folter in der JVA, bei dem die Inspekteur*innen ungewöhnlich lange warten mussten, hieß es in einer anonymen Anzeige von JVA-Bediensteten an das Justizministerium Bayern, die Wartezeit sei genutzt worden, um die bgH vor der Kontrolle mit Unterwäsche, Matratzen und Kissen auszustatten: Dinge, die den Gefangenen dort üblicherweise vorenthalten würden.

Das Justizministerium hatte auf zahlreiche Beschwerden von Betroffenen und einer ehemaligen Anstaltsärztin über eine derartige Behandlung Inhaftierter lange nicht ausreichend reagiert. Der Justizminister beteuerte, über diese Beschwerden nicht informiert worden zu sein. Inzwischen besteht der Verdacht, dass JVA-Angestellte belastende Unterlagen geschreddert haben. Auch wurde ein Schreiben publik, mit dem das Ministerium die Antifolterkommission rügte, weil diese ihren Kontrollbesuch in der JVA Gablingen nicht vorher angekündigt hatte. Gegen die Anstaltsleiterin – die überhaupt nur sporadisch in der JVA anwesend gewesen sein soll –, ihre Stellvertreterin und weitere Beamt*innen laufen Strafverfahren, die Leiterin wurde vorläufig vom Dienst freigestellt.

Besonders gesicherte Hafträume: Schutzmaßnahme, nicht Sanktion

Ein bgH ohne gefährdende Gegenstände (vulgo »Beruhigungszelle« oder »Gummizelle«) ist meist nur mit einer Matratze und einer Abortvorrichtung ausgestattet, ansonsten aber völlig kahl, um eine Selbstverletzung der in der Regel auch nur mit einer für eine Strangulierung ungeeigneten Papierunterhose bekleideten Gefangenen zu verhindern. Häufig sind diese teils fensterlosen Hafträume kameraüberwacht. Anordnen dürfen eine solche Unterbringung die Anstaltsleitung und speziell ermächtigte Bedienstete. In Bayern muss das Ministerium zudem über die Unterbringung eines Inhaftierten im bgH informiert werden, wenn sie länger als drei Tage andauert.

Nach Artikel 96 des Bayerischen Strafvollzugsgesetzes darf eine Unterbringung angeordnet werden, wenn erhöhte Fluchtgefahr besteht; des Weiteren bei Gefahr von Gewalttätigkeiten gegen Personen oder Sachen sowie bei Gefahr des Selbstmords oder der Selbstverletzung oder wenn die Gefahr einer Befreiung oder einer erheblichen Störung der Anstaltsordnung anders nicht vermieden werden kann.

Wenn man so will, ist die Unterbringung in einem bgH der tiefste legal mögliche Eingriff in Grundrechte der Gefangenen. Die Grenze zur Folter liegt in diesem Bereich besonders nah. In der JVA Gablingen sollen Inhaftierte so untergebracht worden sein, ohne dass die gesetzlichen Voraussetzungen dafür erfüllt waren – und unter Bedingungen, die eklatant gegen Grund- und Menschenrechte verstoßen.

2023 gab es in der JVA offenbar 126 Fälle von Unterbringungen in solchen Hafträumen. Mit der reinen Anzahl der Unterbringungen nimmt die JVA allerdings keine Ausnahmestellung ein. Mindestens 7275-mal mussten Gefangene 2023 in ganz Deutschland in bgH. An der Spitze liegt dabei die JVA Bremen mit 362 Unterbringungen. Es ist allerdings nicht bekannt, wie lange bundesweit die jeweiligen Unterbringungen angedauert haben; eine zeitliche Obergrenze existiert nicht.

Verletzung der Menschenwürde

Zweifelsohne können Grundrechte wie das auf Freiheit oder auch auf körperliche Unversehrtheit gemäß Artikel 2 Absatz 2 GG bei einer Unterbringung im bgH verletzt sein, wenn die gesetzlichen Voraussetzungen nicht erfüllt sind. Insbesondere darf diese Art der Unterbringung nicht zur Disziplinierung bzw. Bestrafung Inhaftierter oder gar dazu missbraucht werden, Gefangene zu »brechen«.

Der Einsatz von Videotechnologie in solchen Hafträumen bedeutet außerdem einen erheblichen Eingriff in das informationelle Selbstbestimmungsrecht und das Persönlichkeitsrecht des Gefangenen nach Artikel 2 Absatz 1 in Verbindung mit Artikel 1 Absatz 1 GG. Die Notwendigkeit der Videoüberwachung muss daher in jedem Einzelfall gesondert begründet werden. Den Gefangenen muss ein Zugang zu Sanitäreinrichtungen ermöglicht werden, der die grundrechtlich geschützte Intimsphäre wahrt. Dies kann u. a. durch die elektronische

Verpixelung bestimmter Zellenbereiche erreicht werden. Wenn in extremen Ausnahmefällen auch der Sanitärbereich einsichtig sein soll, ist die Notwendigkeit gesondert zu begründen.

Nackt oder mit Papierunterhose?

Nicht vertretbar ist es, Inhaftierte in diesen Haftträumen grundsätzlich gänzlich nackt unterzubringen. Papierunterwäsche ist vielmehr das absolute Minimum. Auch das Europäische Komitee zur Verhütung von Folter und unmenschlicher oder erniedrigender Behandlung oder Strafe (CPT) bezeichnet in seinen Jahresberichten z. B. über Österreich oder Belgien die Praxis, Gefangene nackt in Beobachtungszellen unterzubringen, als inakzeptable und erniedrigende Behandlung.

Der staatlichen Gewalt ist nach Artikel 1 Absatz 1 GG jede Behandlung verboten, die die Achtung des Wertes vermissen lässt, der jedem Menschen unabhängig von seiner gesellschaftlichen Stellung, seinen Verdiensten oder der Schuld, die er auf sich geladen hat, allein aufgrund seines Personseins zukommt. Der völlige Entzug der Kleidung stellt daher grundsätzlich eine unmenschliche und erniedrigende Behandlung und einen Verstoß gegen Artikel 2 Absatz 1 in Verbindung mit Artikel 1 Absatz 1 GG und Artikel 3 Europäische Menschenrechtskonvention dar.

Die Erheblichkeit des Eingriffs in Grundrechte erfordert es, Gefangenen grundsätzlich unmittelbar mit der Entkleidung Ersatzkleidung aus schnell reißendem Material zur Verfügung zu stellen, um ein Mindestmaß an Intimsphäre zu bewahren und sie nicht zum bloßen Objekt des Strafvollzuges zu degradieren. Eine in Gablingen als Argument vorgebrachte mögliche Suizidgefahr durch Schlucken der Papierunterhose dürfte – wenn überhaupt – nur in seltensten Ausnahmefällen begründbar sein. Bloße Ordnungsbelange wie etwa die Sorge, dass die inhaftierte Person mit der zur Verfügung gestellten Papierbekleidung ihren Forderungen durch Verstopfen der Toilette zusätzlich Ausdruck verleihen könnte, müssen hinter dem Schutz des die Würde des Menschen berührenden Intimbereichs zurückstehen. Gleiches gilt für den Entzug von Matratzen: Psychisch erkrankte Gefangene nackt auf dem Zellenboden schlafen zu lassen, erinnert an das Gefangenenlager Guantanamo. Das darf in Deutschland nicht vorkommen.

Aufklärung und grundlegende Änderungen

Selbstredend muss aufgeklärt werden, inwiefern sich einzelne Verantwortliche in der JVA Gablingen oder auch in anderen Anstalten durch rechtswidrige Unterbringung in bgH strafbar gemacht haben. Noch wichtiger sind strukturelle Reformen. Zu denken wäre etwa an eine deutliche personelle Verstärkung der Nationalen Stelle zur Verhütung von Folter, an gesetzliche Mindeststandards für die Ausstattung von bgH und einen Richtervorbehalt. Auch mehr psychiatrisches Fachpersonal in den Anstalten und eine Höchstunterbringungsdauer, nach der eine gefangene Person in ein psychiatrisches Krankenhaus verlegt werden muss, wären sinnvoll.

Vor allem müssen die im Raum stehenden Vorwürfe Anlass sein, die Methode Haft als solches auf den Prüfstand zu stellen. Menschen zur Strafe in geschlossene Anstalten mit engsten Verhältnissen zu sperren und sie dabei von ihrem sozialen Umfeld zu isolieren, provoziert Konflikte und psychische Krisen, denen in der Eigenlogik der Gefängnisse dann nicht selten auf brutale und entwürdigende Art begegnet wird. Zu denken wäre u. a. an die Ausweitung des offenen Vollzuges, der es den Straffälligen ermöglicht, etwa den Kontakt zu ihren Familien aufrechtzuerhalten.

Literatur

Frey, Christoph/Sabinsky-Wolf, Holger: Häftlinge saßen in der JVA Gablingen bis zu 24 Tage im Kellerloch, in: Augsburger Allgemeine Zeitung v. 20.12.2024.

Winter, Sabrina/Stukenberg, Timo/Wehrmeyer, Stefan: So oft müssen Gefangene in Deutschland in den »Bunker«, FragDenStaat v. 18.11.2024, https://fragdenstaat.de/t/1085.

Goerdeler, Jochen: § 78 Landesrecht, in: Feest, Johannes/Lesting, Wolfgang/Lindemann, Michael (Hrsg.), Strafvollzugsgesetze. Kommentar, 8. Auflage 2022.

Artikel 3 (3) **Niemand darf wegen seines Geschlechtes, seiner Abstammung, seiner Rasse, seiner Sprache, seiner Heimat und Herkunft, seines Glaubens, seiner religiösen oder politischen Anschauungen benachteiligt oder bevorzugt werden. Niemand darf wegen seiner Behinderung benachteiligt werden.**

Johannes Siegel

Racial Profiling jetzt auch mit Durchsuchung
Wie eine Änderung des Waffengesetzes zu Diskriminierungen führen wird

Nach dem Messeranschlag in Solingen vom 23. August 2024 mit drei Todesopfern wollte die Bundesregierung rasch reagieren und schnürte das sogenannte Sicherheitspaket. Dieses stellte ein Bündel an Gesetzesänderungen in Form von zwei getrennten Gesetzesentwürfen dar. Der erste Gesetzesentwurf, die Verbesserung der Inneren Sicherheit und des Asylsystems, ist am 31. 10. 2024 in Kraft getreten. Er beinhaltet auch eine Verschärfung des Waffenrechts. Ein derart rascher Gesetzgebungsprozess ist außergewöhnlich und lässt sich aus dem politischen Druck nach »Solingen« erklären. Der zweite Entwurf, das Gesetz zur Verbesserung der Terrorismusbekämpfung, wurde im Bundesrat abgelehnt.

Diskriminierung und Waffenrecht

Auf den ersten Blick erscheint eine Änderung des Waffengesetzes nicht weiter erwähnenswert. Nur wenige Menschen in Deutschland haben Waffen. Waffen sind gefährlich. Die Verschärfung des Waffenrechts klingt plausibel. Was hat das aber mit Diskriminierungen, Racial Profiling und einer Gefährdung der Grundrechte von Menschen zu tun, die keine Waffen haben?

Hierfür wurde § 5 Waffengesetz geändert. Das ist grundrechtlich zunächst nicht besonders problematisch. Problematisch ist jedoch die Reform der sogenannten Waffenverbotszonen und der Kontrollbefugnisse in diesen Zonen. Schon vor der Änderung war es verboten, bei öffentlichen Veranstaltungen Waffen mit sich zu führen. Das wurde nun in § 42 Waffengesetz allgemein auf Messer jeglicher Art erweitert, wenngleich Ausnahmen bestehen, wie beispielsweise für Gewerbetreibende oder in Restaurants. Zusätzlich wurde die Befugnis zur Schaffung der Waffenverbotszonen reformiert. Behörden können jetzt per Rechtsverordnung einfacher bestimmte öffentliche Räume zu Waffenverbotszonen erklären.

Die Anforderungen dafür sind verhältnismäßig gering. Es reicht beispielsweise aus, dass es sich um eine öffentliche Straße oder einen Platz handelt, wo mit Menschenansammlungen zu rechnen ist und Tatsachen die Annahme rechtfertigen, dass eine Verbotszone zur Abwehr von Gefahren für die öffentliche Sicherheit erforderlich sei. Räumlich kann das jeder öffentliche Raum sein, an dem Menschen zusammenkommen. Ob die Einrichtung einer Zone als »erforderlich« gilt, entscheidet die zuständige Behörde.

Orientiert am Racial Profiling?

Ganz neu ist § 42 c Waffengesetz: die besondere Kontrollbefugnis. Sie hat zwei Besonderheiten. Erstens müssen die Personen, die kontrolliert werden, dafür selbst keinen Anlass geben: Es reicht aus, wenn sie sich innerhalb der Waffenverbotszone aufhalten. Man spricht daher von anlasslosen Kontrollen. Diese Art von Polizeibefugnissen ist für sich bereits hoch umstritten. Zweitens, und das ist gänzlich neu, kann im Zuge einer solchen Kontrolle auch eine Durchsuchung der Person erfolgen.

Der Aufbau dieser Kontrollnorm ist identisch mit dem umstrittenen § 22 Absatz 1a Bundespolizeigesetz, der stets im Zusammenhang mit Racial Profiling auffällt. Unter Racial Profiling werden Kontrollen verstanden, bei denen sich der

Verdacht oder Kontrollgrund aus rassifizierten oder ethni-
sierten Merkmalen wie Hautfarbe, Haarfarbe oder vermeintlicher Herkunft und Religionszugehörigkeit der kontrollierten
Person ableitet. Diese Merkmale werden zum Kontrollgrund.
Nach § 22 Absatz 1a Bundespolizeigesetz können Personen
kurzzeitig angehalten, befragt, mitgeführte Gegenstände in Au-
genschein genommen sowie die Person selbst durchsucht werden. Diese Befugnisse sind jedoch im Sinne einer Reihenfolge
zu verstehen, so dass erst nach einer Befragung und aufgrund
dieser, sofern erforderlich, weitere Maßnahmen folgen dürfen.
Die Bundespolizei hat schon mehrfach vor Gericht verloren,
da sie vergleichbare Befugnisse rechtswidrig angewandt hat
und direkt, ohne vorher zu befragen, zu weiteren Maßnahmen übergegangen ist (Verwaltungsgericht Köln, Urteil vom
13.06.2013, Az. 20 K 4683/12). Polizeibehörden versuchten in
diesen Fällen jeweils, ihre Kompetenzen auch über die Grenze
der Rechtmäßigkeit hinaus auszureizen, um Personen einfacher
und umfassender kontrollieren zu können. Es spricht daher
vieles dafür, dass mit einer allgemeinen Zunahme von Durchsuchungen, auch durch Landespolizeien, zu rechnen ist. Die
Rechtmäßigkeit dürfte im Einzelfall auf äußerst wackeligen
Füßen stehen. Zudem erfolgen die Kontrollen im öffentlichen
Raum, zum Beispiel an einem belebten Platz, werden auch für
Passant*innen wahrnehmbar sein und somit einen besonders
erniedrigenden Charakter haben.

Eine Last, die nicht alle zu tragen haben

Das Argument für solche Kontrollen ist stets, dass sie nur von
kurzer Dauer seien und alle treffen könnten. Das sei ein kleines
Opfer, das alle für mehr Sicherheit zu erbringen hätten. Doch
diese Kontrollmaßnahmen treffen eben nicht alle Personen: Sie
treffen solche Menschen, denen die Polizei zuschreibt, sie seien
gefährlich oder kriminell. In der Gesetzesbegründung zum Sicherheitspaket steht ausdrücklich, dass damit islamistischer Terrorismus bekämpft werden soll. Doch wie erkennt die Polizei
einen »Terroristen«? Wie wird entschieden, dass gerade diese
Person kontrolliert wird? Bei einem konkreten Verdacht, einer

konkreten Fahndung oder einer Gefahr kann schon lange auf andere Kontrollbefugnisse zurückgegriffen werden. Die neuen Befugnisse im Waffengesetz dienen der Kontrolle von Personen, die keinen Anlass zur Kontrolle gegeben haben. Racial Profiling ist wie bei anlasslosen Identitätskontrollen die Folge. Kontrollen erfolgen oft anhand von Stereotypen. Racial Profiling wurde bereits vielfach als empirische Realität festgestellt.

Das neue Waffengesetz intensiviert diese Praxis, indem es sie auf Durchsuchungen von Personen ausweitet. Diese Problematik war bei der Formulierung des Entwurfs bekannt. Daher wurde direkt im Anschluss an die Kontrollbefugnis der Polizei ein Zusatz eingefügt, wonach Kontrollen nicht an die durch die Verfassung geschützten Diskriminierungskategorien gemäß Artikel 3 Absatz 3 Satz 1 GG anknüpfen dürfen, es sei denn, dafür liegt ein sachlicher Grund vor. Der verfassungsrechtliche Diskriminierungsschutz wurde in Reaktion auf den Nationalsozialismus geschaffen und soll gerade auch Minderheiten schützen. Daher ist er besonders streng und lässt diese Ausnahme nicht zu. Einhellige Meinung in der Rechtsprechung und der Rechtswissenschaft zum Diskriminierungsschutz nach Artikel 3 Absatz 3 Satz 1 GG ist, dass eine Ungleichbehandlung bezüglich dieser Diskriminierungskategorien allenfalls dann möglich ist, wenn sie zum Schutz eines *anderen* Verfassungsgutes erfolgt und vorher eine Abwägung zwischen *beiden* Verfassungsgütern erfolgt ist. Dieser Maßstab ist streng, da stets mit der Verfassung selbst begründet werden muss, warum eine Ungleichbehandlung gerechtfertigt sein soll. Bei Ungleichbehandlungen wegen der Hautfarbe sind keine Rechtfertigungsgründe vorstellbar. Das verschleiert das Waffengesetz, wenn dort nur von »sachlichen Gründen« die Rede ist.

Im neuen Waffengesetz hat der Bundestag somit eine Befugnis zur anlasslosen Durchsuchung erlassen. Eine Befugnis, die ein enormes Diskriminierungspotenzial hat. Eine Befugnis, deren bekanntes diskriminierendes Potenzial mit einer offen systemwidrigen beziehungsweise verfassungswidrigen Rechtfertigungsklausel eingehegt werden soll. Das wird nicht funktionieren und ist eine Gefahr für die Grundrechte.

Literatur

Müller, Maximilian / Wittlif, Alex: Racial Profiling bei Polizeikontrollen, Sachverständigenrat für Integration und Migration, SVR-Policy-Brief 2023–3.

Antidiskriminierungsstelle des Bundes: Diskriminierung in Deutschland. Fünfter Gemeinsamer Bericht der Antidiskriminierungsstelle des Bundes, 2024.

Siegel, Johannes: Mit heißer Nadel gestricktes Polizeirecht, Verfassungsblog v. 20.9.2024.

Nina Diarra

Mutter, Vater, Kind?

Stillstand im Abstammungsrecht

Im November 2024 entschied der Europäische Gerichtshof für Menschenrechte (EGMR) im Fall R.F. und andere gegen Deutschland, dass die Bundesrepublik das Recht auf Achtung des Privat- und Familienlebens nicht verletze, indem sie die Mutter eines Kindes nicht als solche anerkannte. Beschwert hatte sich eine Familie, in der zwei Frauen durch reziproke In-vitro-Fertilisation 2013 in Köln ein Kind zur Welt gebracht haben. Das bedeutet, dass eine Mutter genetisch mit dem Kind verwandt ist und die andere das Kind ausgetragen hat. Bei der Geburt wurde die Mutter, die das Kind ausgetragen hat, als Elternteil im Geburtenregister und der Geburtsurkunde eingetragen, die andere nicht. Der Grund dafür ist, dass nach dem deutschen Abstammungsrecht grundsätzlich nur die das Kind gebärende Frau rechtlich gesehen Mutter wird. So ist die eine Beschwerdeführerin als Mutter vom Staat anerkannt worden. Ihre eingetragene Lebenspartnerin, die die Eizelle zur Kindeszeugung beigetragen hat, ist vom Standesamt und den deutschen Gerichten nicht als Mutter anerkannt worden, sondern wurde auf den Adoptionsweg verwiesen.

Wie hat eine Familie auszusehen?

Durch das Abstammungsrecht sollen Kinder schnell und durch leicht zu ermittelnde Tatsachen ihren Eltern zugeordnet werden. Bei verheirateten verschiedengeschlechtlichen Paaren wird deshalb der Ehemann nach § 1592 Nr. 1 des Bürgerlichen Gesetzbuches (BGB) als Vater anerkannt. Dies gilt auch bei der Zeugung des Kindes durch einen anderen Mann. Vor dem EGMR argumentierte die Bundesregierung, im Regelfall sei der nach dieser Vorschrift anerkannte Vater mit dem biologischen Vater identisch. Auch ein Mann, der seine Vaterschaft nach § 1592 Nr. 2 BGB anerkennt, sei oftmals der biologische Vater des Kindes. Bei einem gleichgeschlechtlichen Paar sei davon aber gerade nicht auszugehen, weshalb die Regelung keine Diskriminierung von Zwei-Mütter-Familien darstelle.

Die Beschwerdeführer:innen, beide Mütter und das Kind, beriefen sich hingegen auf Artikel 8 der Europäischen Menschenrechtskonvention (EMRK). Dort ist das Recht auf die Achtung des Privat- und Familienlebens geregelt. Weiterhin rügten sie eine Verletzung von Artikel 14 EMRK, nach dem der Genuss der anerkannten Freiheiten der Konvention ohne Diskriminierung zu gewährleisten ist. Gegen eine Familie, die Verletzungen derselben Artikel rügte, entschied der EGMR 2013 in dem ähnlich gelagerten Fall Boeckel und Gessner-Boeckel gegen Deutschland. Darin wies der Gerichtshof die Beschwerde des gleichgeschlechtlichen Paares zurück, weil die Vertragsstaaten einen Ermessensspielraum (*margin of appreciation*) bei der Angleichung von eingetragenen Lebenspartnerschaften an Ehen hätten und weil § 1592 BGB auf der Vermutung basiere, der Ehemann sei Vater des Kindes. Deshalb sei die Situation zu Zwei-Mutter-Familien nicht in erheblichem Maße vergleichbar.

Im aktuellen Fall ist jedoch neu, dass das Kind durch reziproke In-vitro-Fertilisation gezeugt wurde. Der EGMR begründet seine Entscheidung nun auch damit, dass die Übertragung einer Eizelle einer Frau in eine andere Empfängerin nach dem deutschen Embryonenschutzgesetz verboten ist, ebenso wie die Entnahme der Eizelle zu diesem Zweck. Die beiden beteiligten Frauen machen sich dadurch allerdings nicht strafbar. Das Gesetz soll unter anderem vor der fremdnützigen Verwendung von Embryonen schützen und die Ausbeutung von Eizellspenderinnen verhindern. Diese Gefahr besteht aber von vornherein nicht bei verheirateten Frauen, die gemeinsam ein Kind zeugen wollen. Das Embryonenschutzgesetz wird daher zu Recht als antiquiert kritisiert.

Eine absurde Ungleichbehandlung

Nach § 1592 BGB kann der Mann Vater werden, der mit der Mutter verheiratet ist, die Vaterschaft anerkennt oder eine genetische Abstammung nachweist. Für die rechtliche Anerkennung des zweiten Elternteils in einer Zwei-Mütter-Familie reichen bis jetzt jedoch weder eine Ehe noch eine Anerkennung des Kindes noch eine nachgewiesene genetische Verbindung. Selbst bei einer in eingetragener Lebenspartnerschaft lebenden Familie, deren Wunschkind genetisch mit der zweiten Mutter verwandt ist, wird diese nicht als Elternteil in Geburtsurkunde und Geburtenregister eingetragen. Gleiches gilt für Elternteile mit dem Geschlechtseintrag »divers« oder ohne Geschlechtseintrag.

Der Verweis auf die Stiefkindadoption ist nicht ausreichend, er macht die Diskriminierung gerade nicht ungeschehen. Die Adoption eines Kindes kostet nicht nur Geld und Nerven, sondern auch Zeit. Bis zum Abschluss des Adoptionsverfahrens ist das Kind nur durch die rechtliche Verbindung mit lediglich einem Elternteil abgesichert, denn bei einer Zeugung durch künstliche Befruchtung mit ärztlicher Unterstützung kann der Samenspender nach § 1600d Absatz 4 BGB nicht rechtlicher Vater werden. In vielen Zwei-Mütter-Familien, ebenso wie bei den Beschwerdeführer:innen, hat das Kind so rechtlich zunächst nur einen Elternteil. An diese rechtliche Stellung sind sorge- und unterhaltsrechtliche Konsequenzen geknüpft. Stirbt die adoptierende Mutter oder löst sich die Ehe vor erfolgreicher Adoption, so kann die Mutterschaft nicht mehr anerkannt werden. Bei einem Tod der anerkannten Mutter hat das Kind zunächst keinen rechtlichen Elternteil mehr. Auch kann die andere Mutter das Kind nicht analog § 1594 Nr. 4 BGB bereits vor der Geburt anerkennen, um diese Schwebezeit zu vermeiden. Eine Adoption durch die zweite Mutter ist nur dann nicht notwendig, wenn das Kind in einem Land geboren ist, in dem die Mit-Mutterschaft gesetzlich geregelt ist. Dann ist auch in Deutschland nach den Regeln des internationalen Privatrechts eine Eintragung beider Mütter im Geburtenregister möglich.

Auch das Bundesverfassungsgericht (BVerfG) schützt gleichgeschlechtliche Eltern bis jetzt nicht ausreichend. Vor der Beschwerde zum EGMR hatte sich das Paar bereits zweimal an das BVerfG gewandt. Die beiden Verfassungsbeschwerden der Familie wurden im November 2014 und Februar 2016 ohne Begründung nicht zur Entscheidung angenommen. Nach deutschem Recht sind jedoch die Mütter nach Artikel 3 Absatz 3 GG vor einer Diskriminierung wegen des Geschlechts geschützt. Sexuelle Identität oder Orientierung sind im Grundgesetz zwar nicht separat als geschützte Kategorien aufgeführt, die Eltern werden allerdings schon dadurch schlechter gestellt, dass sie beide weiblich sind und als Eltern anerkannt werden wollen. Das Kind hat weiterhin ein Recht auf die staatliche Gewährleistung der elterlichen Pflege und Erziehung aus Artikel 2 Absatz 1 in Verbindung mit Artikel 6 Absatz 2 Satz 1 GG. Auch für das Kind sind Gleichheitsrechte betroffen – im Gegensatz zu Kindern, die mit Hilfe von Samenspendern in verschiedengeschlechtliche Ehen hineingeboren werden, hat es nur einen rechtlichen Elternteil.

Mal wieder vor Gericht

Eine weitere Gelegenheit, diese Ungleichheit zu revidieren, wird das BVerfG in mehreren anhängigen Verfahren haben. Möglicherweise sieht das Gericht bei gleichgeschlechtlichen Paaren, die verheiratet sind, nun eine bessere Vergleichbarkeit mit verschiedengeschlechtlichen Ehepaaren als bei Paaren in eingetragener Lebenspartnerschaft. Bereits 2017 veröffentlichte das Bundesministerium für Justiz und Verbraucherschutz einen Bericht, in dem unter anderem die Gleichstellung von Zwei-Mütter-Familien durch die Erweiterung des § 1592 BGB um das Konzept der Mit-Mutterschaft empfohlen wurde.

Dennoch wurde der Paragraph seitdem nicht geändert. Trotz eines Diskussionsentwurfs zur Reform des Abstammungsrechts, der vom Bundesministerium der Justiz 2024 veröffentlicht wurde, bleibt angesichts des anhaltenden Rechtsrucks zu bezweifeln, dass sich eine kommende Regierung dem Thema widmen wird.

Festzuhalten bleibt: Das Geschlecht des zweiten Elternteils ist für die Zuordnung des Kindes zu seinen Bezugspersonen unerheblich. Es ist an der Zeit, queere Familienkonzepte tatsächlich gleich zu berechtigen, das heißt, die Grundrechte der Eltern und der Kinder in der Gesetzgebung und Gesetzesanwendung zu achten. Wenn der Gesetzgeber dies nicht anstößt, dann hoffentlich das Gericht.

Literatur

Chebout, Lucy: Stiefmütterliche Behandlung, Verfassungsblog v. 19.11.2024.

Peters, Anne/Altwicker, Tilmann: Das Diskriminierungsverbot, in: Dörr, Oliver/Grote, Rainer/Marauhn, Thilo (Hrsg.), EMRK/GG Konkordanzkommentar, 3. Auflage 2022, Kapitel 21.

Claus Förster

Zwangsbehandlung wird ausgeweitet

Bundesverfassungsgericht weicht Krankenhausvorbehalt auf

Das Bundesverfassungsgericht (BVerfG) hat am 26. November 2024 entschieden, dass der Krankenhausvorbehalt für die Zwangsbehandlung verfassungswidrig und neu zu regeln sei. Der Krankenhausvorbehalt für eine Zwangsbehandlung verletze die Pflicht des Staates zum Schutz des Lebens und der körperlichen Unversehrtheit aus Artikel 2 Absatz 2 Satz 1 GG, wenn die Behandlung genauso gut außerhalb eines Krankenhauses geleistet werden könne. Diese Ausweitung von Zwang, die vor allem Menschen mit seelischen Behinderungen betrifft, die unter Betreuung stehen, verletzt jedoch das Selbstbestimmungsrecht der Betroffenen und steht im Gegensatz zu der Pflicht aus Artikel 12 Absatz 4 des Übereinkommens über die Rechte von Menschen mit Behinderungen (Behindertenrechtskonvention [BRK]), das auch Menschen mit seelischer Beeinträchtigung schützt. Nach der BRK muss bei Eingriffen in die Rechts- und Handlungsfähigkeit der Wille der Betroffenen geachtet werden. Damit ist es unvereinbar, eine Behandlungsmethode auszudehnen, die den tatsächlichen Willen der Betroffenen durch einen »fiktiven« Willen ersetzt, der am Ende durch Ärzt*innen und Gericht definiert wird.

Wann es auf den Willen der Betroffenen nicht ankommen soll

Das deutsche Recht kennt zwei Typen von Regelungen, nach denen Menschen in einer psychischen Krise gegen ihren Willen untergebracht und behandelt werden können. Erstens in den Ländergesetzen über Maßnahmen bei psychischen Krankheiten (PsychKG). Diese Vorschriften sollen dem Schutz der öffentlichen Sicherheit dienen und setzen eine gegenwärtige Gefahr für bedeutende Rechtsgüter von Dritten oder der Betroffenen voraus. Dem Schutzzweck der Abwehr einer akuten Gefahr entsprechend kommt es nicht auf den Willen der Betroffenen an. Zweitens gibt es die ärztliche Zwangsbehandlung nach § 1832 des Bürgerlichen Gesetzbuchs (BGB). Mit ihr sollen die Betroffenen selbst geschützt werden. Hier ist die Eingriffsschwelle niedriger als nach den PsychKG, eine gegenwärtige Gefahr für die Betroffenen oder Dritte ist nicht notwendig. Es genügt ein »drohender, erheblicher gesundheitlicher Schaden«.

Bei einer ärztlichen Zwangsmaßnahme soll nach § 1832 BGB der entgegenstehende »natürliche Wille« der Betroffenen durch eine von dem Betreuungsgericht genehmigte Einwilligung der Betreuer*in überwunden werden können. Dafür war es nach der Ausgestaltung im Gesetz erforderlich, dass die Behandlung in einem Krankenhaus stattfindet. Andernfalls könne die Zwangsbehandlung nicht gegen den Willen der Betroffenen genehmigt werden. Damit war ein Schutz für die Betroffenen bezweckt. Denn das Krankenhaus darf sich nicht auf die einmal erteilte Genehmigung verlassen, sondern ist verpflichtet, jederzeit zu überprüfen, ob die Voraussetzungen für die Zwangsbehandlung weiterhin vorliegen.

Zwangsbehandlung wird ausgeweitet

Mit einer knappen Mehrheit von fünf zu drei Stimmen und bei einem Sondervotum des Richters Heinrich Amadeus Wolff entschied das BVerfG nun, dass eine Begrenzung der ärztlichen Zwangsmaßnahme im Rahmen von § 1832 BGB auf einen stationären Krankenhausaufenthalt verfassungswidrig sei. Eine Ausnahme von der Krankenhauspflicht sei geboten, wenn bei einer Einzelfallbetrachtung die stationäre Behandlung zu einer »erheblichen körperlichen Beeinträchtigung« führe, die Einrichtung, in der sich die Betroffenen befinden, »Krankenhausstandards nahezu erreicht«, eine dortige Durchführung der Maßnahme die Betroffenen weniger stark beeinträchtige und keine anderen grundrechtlich geschützten Positionen mit vergleichbarem Gewicht bedroht seien.

Diese Ausweitung ist jedoch kein Schutz der Betroffenen, sondern verletzt ihr Recht auf körperliche und seelische Unversehrtheit aus Artikel 2 Absatz 2 GG. Wie Wolff in seinem Sondervotum erkannte, gebietet das Grundgesetz, Menschen auch in extremen Krisensituationen vor Zwang zu schützen. Hatte die Mehrheit der Richter*innen argumentiert, die Aufhebung der Krankenhauspflicht vermeide in bestimmten Konstellationen mit der Einweisung ins Krankenhaus verbundene unverhältnismäßige Härten, so erkannte Wolff zutreffend, dass ohne die verlangte Ausweitung überhaupt kein Eingriff in die Rechte der Betroffenen mehr vorliege. Die Zwangsbehandlung, die den Eingriff darstellen würde, kann dann gar nicht erst angeordnet werden, weil ihre gesetzlichen Voraussetzungen nicht vorliegen. Eine Schutzpflicht des Staates, Zwangsmaßnahmen gegen den Willen der Betroffenen zu ermöglichen, besteht aber nicht.

Das Erleben von Zwang und Gewalt schafft ein Ohnmachtsgefühl und nicht selten auch eine Traumatisierung. Wenn Betroffene Gefahr laufen, in ihrem Rückzugsraum, der eigenen Wohnung, gegen ihren Willen behandelt zu werden, wird Vertrauen zerstört, das eine Voraussetzung für die Genesung ist. Betroffene leben häufig in Einrichtungen, in denen sie mit Angeboten der psychosozialen Versorgung unterstützt werden. Diese Einrichtung ist daher für die Betroffenen zugleich auch Wohnung. Die Schutzpflicht des Staates gebietet es vielmehr, zunächst Unterstützung anzubieten, die auf Freiwilligkeit der Behandlung basiert. Sowohl Betroffenenorganisationen als auch Psychiater*innen und andere Fachkräfte fordern deshalb die Abschaffung von Zwangsmaßnahmen. Das ist möglich, wenn Menschen in Krisensituationen die Unterstützung erhalten, die einer modernen Psychiatrie entspricht. Der Ausschuss der Vereinten Nationen zur Überwachung der BRK hat denn auch die »Abschaffung aller Formen von ersetzenden Entscheidungen durch ein System der unterstützten Entscheidungsfindung« empfohlen (siehe Claus Förster, Grundrechte-Report 2024).

Missachtung des Partizipationsgebots der BRK

Kritikwürdig ist auch die mangelhafte Beteiligung der Betroffenen und ihrer Verbände. Nach Artikel 4 Absatz 3 BRK müssen Staaten bei Fragen, die Menschen mit Behinderungen betreffen, enge Konsultationen mit den sie vertretenden Organisationen führen. Die Frage der Zwangsbehandlung betrifft Menschen, die infolge einer psychosozialen Behinderung einer Behandlung ausgesetzt sind. Das Gericht ist dieser Verpflichtung nicht nachgekommen und hat die Rechte der Betroffenen nicht hinreichend gewürdigt. Das BVerfG hat zwar verschiedene Fachverbände um Stellungnahme gebeten. Bezeichnend war jedoch, dass darunter keine Organisation von Psychiatrieerfahrenen und Betroffenen war. Unter den zur Stellungnahme aufgeforderten Vereinen waren zwar auch solche, bei denen

Betroffene mitwirken, aber keine einzige reine Betroffenenorganisation. Hier kommt ein paternalistisches Verständnis zum Ausdruck: Wenn es um Psychiatrie geht, haben andere zu sprechen und die Betroffenen zu schweigen.

Verschiedene Organisationen haben unaufgefordert Stellungnahmen eingereicht. Dabei haben sie auch den Umstand kritisiert, dass Betroffenenorganisationen nicht um Stellungnahme gebeten wurden. Die Chance, seinen Fehler zu korrigieren, indem es die übergangenen Organisationen zumindest in der mündlichen Verhandlung anhört, hat das Gericht verpasst.

Vor den Auswirkungen dieser Rechtsprechung können sich Menschen schützen, indem sie eine ambulante Zwangsbehandlung nach § 1832 Absatz 1 BGB in einer Patientenverfügung ausschließen. Möglich sind dann aber weiterhin die Zwangsmaßnahmen nach dem Gefahrenabwehrrecht der Länder. Eine Lösung des Problems stellt das aber nicht dar. Denn es wird immer Menschen geben, die keine Patientenverfügung verfassen, weil sie es vor Eintritt der Krisensituation nicht für notwendig halten.

Bundestag und Bundesrat wurden zur Neuregelung bis Ende 2026 verpflichtet. Zu befürchten ist, dass eine Gesetzesnovelle verabschiedet wird, die in der praktischen Anwendung dazu führen wird, dass Zwangsbehandlungen in ambulanten Einrichtungen durchgeführt werden, die die Betroffenen nicht weniger, sondern mehr belasten, oder – um mit den Worten des BVerfG zu sprechen – bei denen »Beeinträchtigungen der körperlichen Unversehrtheit oder einer anderen grundrechtlich geschützten Position mit vergleichbarem Gewicht drohen«. Das würde zwar den Vorgaben des BVerfG widersprechen. Aber wenn ein Gesetz erst einmal da ist, gibt es eine Dynamik, es auch anzuwenden.

Literatur

Förster, Claus: Vereinte Nationen zutiefst besorgt über die Situation von Behinderten in Deutschland, in: Grundrechte-Report 2024, S. 86 ff.

Zu Artikeln 14 und 15 – Freiheit und Sicherheit der Person und

Freiheit von Folter oder grausamer, unmenschlicher oder erniedrigender Behandlung oder Strafe, Parallelbericht des Bündnisses deutscher Nichtregierungsorganisationen, https://menschenrechte-in-aktion.de/parallelberichte-2023/#14.

Gegen die Ausweitung des Zwangs: Stellungnahme zu außerstationären ärztlichen Zwangsmaßnahmen, https://seeletrifftwelt.de/wp-content/uploads/2024/04/Stellungnahme_KK-und-LS_zu-1-Bvl-1_24.pdf.

> Artikel 4 (1) **Die Freiheit des Glaubens, des Gewissens und die Freiheit des religiösen und weltanschaulichen Bekenntnisses sind unverletzlich.**

Kirsten Wiese

Kreuze in bayerischen Amtsstuben sind nicht neutral

Das Bundesverwaltungsgericht (BVerwG) entschied im Dezember 2023, dass das Aufhängen von Kreuzen in bayerischen Behörden nicht der staatlichen Pflicht zu religiös-weltanschaulicher Neutralität widerspreche (Urteile vom 19.12.2023, Az. 10 C 3.22 und 10 C 5.22; Beschluss vom 9.6.2023, Az. 10 B 13.22). Seit 2018 hängen in Bayerns Behörden wieder Kreuze. Sie verletzen jedoch – entgegen der Ansicht des BVerwG – die negative Religionsfreiheit aus Artikel 4 GG: Diese verbietet dem Staat sowohl, sich offensiv mit dem christlichen Glauben zu identifizieren, als auch Bürger*innen bei Amtshandlungen einem christlichen Glaubensbekenntnis auszusetzen.

Das Kreuz kehrt zurück

2018 initiierte Ministerpräsident Markus Söder den Kreuzerlass der bayerischen Landesregierung: »Im Eingangsbereich eines jeden Dienstgebäudes ist als Ausdruck der geschichtlichen und kulturellen Prägung Bayerns gut sichtbar ein Kreuz anzubringen.« So steht es seither in der Allgemeinen Geschäftsordnung für die Behörden des Freistaates Bayern (AGO). Formell gilt die Regelung nur für Landesbehörden. Doch die AGO empfiehlt, dass sich auch Gemeinden, Landkreise und andere juristische Personen des öffentlichen Rechts an diese Geschäftsordnung halten.

Die AGO ist eine Verwaltungsvorschrift, mithin kein Gesetz. Anders als Gesetzen wird Verwaltungsvorschriften nur in Ausnahmefällen eine Außenwirkung zugesprochen, weil sie verwaltungsinternes Handeln regeln. Der Rechtsschutz gegen Verwaltungsvorschriften ist deshalb schwierig.

Kreuze in Amtstuben verletzen die negative Religionsfreiheit

Der Bund für Geistesfreiheit (bfg) Bayern und der Bund für Geistesfreiheit München sowie 25 Einzelpersonen klagten zunächst vor dem Verwaltungsgericht (VG) München sowohl gegen die AGO als auch gegen die aufgehängten Kreuze. Der bfg München und der bfg Bayern sind Weltanschauungsgemeinschaften, die sich für eine Trennung von Staat und Kirche einsetzen und in Bayern als Körperschaften des öffentlichen Rechts ansässig sind. Die Kläger*innen machten geltend, dass sie durch die Kreuze und die Verwaltungsvorschrift in ihrer negativen Religionsfreiheit aus Artikel 4 GG sowie in ihrem Recht auf Schutz vor Diskriminierung aufgrund des Glaubens aus Artikel 3 Absatz 3 Satz 1 GG verletzt würden.

Das VG München sah in der Kreuz-Verwaltungsvorschrift eine Regelung mit Außenwirkung, die unmittelbar in die Religionsfreiheit eingreife und nicht im Einklang mit der staatlichen Neutralität stehe. Die Klage gegen die Kreuze selbst hielt das VG München dagegen für unzulässig, weil nicht konkret genug aufgezeigt worden sei, um welche Kreuze es ging (Beschluss v. 27.05.2020, Az. M 30 K 18.4955; Urteil vom 17.09.2020, Az. M 30 K 20.2325).

Der Verwaltungsgerichtshof (VGH) Bayern entschied 2022 (Urteil vom 1.6.2022, Az. 5 N 20.1331 und 5 B 22.674), dass die Kreuze zwar gegen die staatliche Pflicht zur religiös-weltanschaulichen Neutralität verstoßen. Das Kreuz sei nämlich nicht nur ein Zeichen der geschichtlichen und kulturellen Prägung Bayerns, sondern auch ein christliches Symbol. Dieses Neutralitätsgebot sei aber durch die Weltanschauungsgemeinschaften nicht einklagbar. Die Religionsfreiheit sei dagegen nicht verletzt, weil die Kreuze in den Eingangsbereichen der Dienstgebäude nicht missionierend und indoktrinierend wirken würden.

Ebenso wies der VGH 2020 die gegen die Kreuze erhobene Popularklage ab (Entscheidung vom 3. 4. 2020, Az.: Vf. 8-VII-18). Popularklagen seien nur gegen Rechtsvorschriften zulässig, die mit unmittelbarer Außenwirkung Rechte und Pflichten begründen, ändern oder aufheben würden. Dagegen seien Verwaltungsvorschriften ausschließlich für die betroffenen Behörden bindend.

Vor dem BVerwG war nur die Revision des bfg Bayern zulässig. Das oberste Verwaltungsgericht hielt die Klage aber für unbegründet: Die Weltanschauungsfreiheit schütze den Bund für Geistesfreiheit nicht vor einer Konfrontation mit den Kreuzen. Zugleich sei das grundrechtliche Diskriminierungsverbot wegen des Glaubens gemäß Artikel 3 Absatz 3 Satz 1 GG in Verbindung mit dem verfassungsrechtlichen Grundsatz der weltanschaulich-religiösen Neutralität des Staates nicht verletzt. Danach dürfe der Staat zwar nicht bestimmte Glaubensgemeinschaften privilegieren. Durch die Anbringung der Kreuze würden aber weder christliche Kirchen bevorzugt, noch würde sich der Freistaat mit christlichen Glaubenssätzen identifizieren. Vielmehr sei das Kreuz Ausdruck der kulturellen Prägung Bayerns. Damit stehe es der Offenheit des Staates gegenüber anderen Religionen und Weltanschauungen nicht im Weg.

Bleibt es beim Kruzifix-Beschluss?

Der bfg Bayern erhob im März 2024 Verfassungsbeschwerde gegen die bayerischen Kreuze beim Bundesverfassungsgericht (BVerfG). Das BVerfG muss die Verwaltungspraxis zunächst an seinem Kruzifix-Beschluss von 1995 (Az. 1 BvR 1087/91) messen. Damals entschied das BVerfG, dass ein Schüler davor geschützt sei, unter dem Kruzifix im Klassenraum zu lernen. Die Ausstattung eines Gebäudes mit einem Kreuz werde bis heute als gesteigertes Bekenntnis des Besitzers zum christlichen Glauben verstanden. Eine Privilegierung des Christentums aber dürfe es – so das BVerfG auch 2015 in der Entscheidung zum Kopftuch von Lehrerinnen – nicht geben (Beschluss vom 27.1.2015, Az. 1 BvR 471/10, 1 BvR 1181/10). Als Heimstatt aller Bürger*innen sei der Staat zu religiös-weltanschaulicher Neutralität insbesondere in der formalisierten, durch detaillierte Prozessordnungen gekennzeichneten Situation vor Gericht verpflichtet – so entschied das BVerfG 2020 zur Rechtsreferendarin mit Kopftuch (Beschluss vom 14.1.2020, Az. 2 BvR 1333/17).

Aus diesen Maßstäben muss das BVerfG die Verfassungswidrigkeit der bayerischen Kreuze ableiten: Indem der bayerische Staat seinen Behörden für alle sichtbare Kreuze verordnet, erweckt er zumindest den Anschein einer Nähe zum Christentum und einer Distanz zu anderen Religionen, Weltanschauungen und Kulturen. Selbst wenn das Christentum Teil der bayerischen Kultur sein sollte, betont die Landesregierung mit dem Kreuz als ursprünglich christlichem Symbol ausschließlich den christlichen Aspekt dieser Kultur. Damit nimmt sie in Kauf, dass Anders- und Nichtgläubige sich im Land weniger willkommen fühlen. Das aber widerspricht dem Gleichbehandlungsgrundsatz gegenüber allen Religionen und Weltanschauungen. Die Verwaltung ist ebenso wie die Gerichte bis ins Kleinste durchformalisiert; das Kreuz in der Amtsstube aber erweckt den Anschein behördlicher Parteilichkeit und widerspricht dem Grundsatz des unparteiischen Verwaltungsverfahrens.

Der bfg Bayern fordert nun, statt des Kreuzes den Text von Artikel 1 Absatz 1 GG »Die Würde des Menschen ist unantastbar. Sie zu achten und zu schützen, ist Verpflichtung aller staatlichen Gewalt« in Behörden und öffentlichen Einrichtungen anzubringen. Sichtbar daran zu erinnern, dass im Zentrum jeglichen Verwaltungshandelns der Mensch als Subjekt steht, wäre jedenfalls ein zulässiger Schmuck in bayerischen Behörden. Ob es in den Behörden einer solchen Ermahnung bedarf, kann am besten von den Behördenleitungen entschieden werden. Unzulässig ist jedenfalls das Aufhängen eines Kreuzes!

Literatur

Institut für Weltanschauungsrecht: Kreuz in Amtsräumen, 2017, https://weltanschauungsrecht.de/Kreuz-in-Amtsraeumen.

Jacobs, Christina / Middeler, Maike: Jede hat ihr Kreuz zu tragen: Zum bayerischen Kreuzerlass-Urteil des BVerwG vom 19. 12. 2023, Verfassungsblog v. 22. 12. 2023.

Tischbirek, Alexander: Wo ein Kläger, da kein Richter? Zu den »Kreuzerlass«-Urteilen des Bayerischen Verwaltungsgerichtshofes, Verfassungsblog v. 7. 9. 2022.

> Artikel 5 (1) **Jeder hat das Recht, seine Meinung in Wort, Schrift und Bild frei zu äußern und zu verbreiten und sich aus allgemein zugänglichen Quellen ungehindert zu unterrichten. Die Pressefreiheit und die Freiheit der Berichterstattung durch Rundfunk und Film werden gewährleistet. Eine Zensur findet nicht statt.**

Tim Wihl

Zur Antisemitismus-Resolution des Deutschen Bundestags

Der Bundestag hat im November 2024 mit übergroßer Mehrheit – bei Ablehnung durch die Partei Bündnis Sahra Wagenknecht (BSW) und Enthaltung der Linken, aber mit Zustimmung der AfD – seine rechtlich unverbindliche Resolution »Nie wieder ist jetzt – Jüdisches Leben in Deutschland schützen, bewahren und stärken« als (späte) Reaktion auf den Hamas-Überfall vom 7. Oktober 2023 beschlossen. Es irritiert, dass in dieser Frage eine »Einigkeit« herrscht, die Resolutionen zu queeren Rechten oder zu Antirassismus mutmaßlich nicht erzeugt hätten. Es befremdet, dass gerade die AfD eine frühe Befürworterin war – eine Partei, die mit der Erinnerungspolitik und dem Gedenken an den Holocaust radikal abschließen möchte.

Man stolpert, wenn als besonders »erschreckend« der Antisemitismus gewertet wird, »der auf Zuwanderung aus den Ländern Nordafrikas und des Nahen und Mittleren Ostens basiert«. Jetzt versteht die Leserin schon besser, warum die AfD so begeistert »antisemitismuskritisch« ist. Sündenböcke zu benennen, ist schließlich ihr autoritäres Geschäft. Steckt die AfD auch hinter dem Verschweigen des antisemitischen

Anschlags von Halle 2019 oder dem der antisemitischen Flugblätter des jungen Hubert Aiwanger? Kaum, denn sie wurde an der Redaktion der Resolution nicht beteiligt. Enthusiastisch dürfte die AfD trotzdem die ausführliche »Würdigung« der ihr verhassten, weil antitotalitären Zivilgesellschaft, der Kunst und der Wissenschaft samt dem ausführlichen unverbindlichen Maßnahmenkatalog aufgenommen haben: Vorgeschlagen werden unter anderem »haushaltsrechtliche Regelungen«, »haushälterische Regelungen«, »Codes of Conduct«, »Awarenessstrategien«, »Sensibilisierungsmaßnahmen« und »Sensibilisierungsstrategien«. Gehört doch die Suche nach kosmopolitischen Verschwörungen gegen die Nation zum Kerngeschäft der Antisemit:innen aller Nationen. Dies scheint den demokratischen Fraktionen des Bundestags entgangen zu sein.

Schließlich dürfte die AfD ihre Freude an der effektiven Aufforderung zur Unterstützung der israelischen Regierung in den Territorialkonflikten des Nahen Ostens haben. Denn die teils rechtsextreme Regierung Netanjahu gehört für die Parteimehrheit zu den ideologischen Bündnispartner:innen einer globalen »Achse der Rechten« von Trump über Meloni bis zu Orbán und Putin – wogegen viele Israelis selbst protestieren.

Eine oktroyierte Definition

Die israelische Regierung zählt auch zu den wesentlichen Unterstützer:innen der IHRA (International Holocaust Remembrance Alliance)-Arbeitsdefinition von Antisemitismus, die in der Resolution mehrfach hervorgehoben wird. Sie soll für alle staatlichen (und geförderten!) Stellen so verbindlich wie möglich werden. Diese Arbeitsdefinition ist eine wissenschaftliche Verlegenheitslösung, die kontrovers geblieben ist (vgl. Peter Ullrich/John Philipp Thurn, Grundrechte-Report 2021). Antisemitismus ist zu facettenreich, um ihn einfach juristisch festzunageln. Es sei denn, es ginge um Evidenz: Nicht wenige Fälle werden nach sämtlichen vorgeschlagenen Definitionen als antisemitisch zu werten sein. Es ist daher begründungsbedürftig, warum der Bundestag sich nicht auf Evidenzfälle konzentriert, sondern sich gegen die hoch kontroversen Randfälle (»Israelbezug«) in die Bresche wirft, über die sowohl wissenschaftlich als auch aus der jüdischen Betroffenenperspektive kaum Einigkeit zu erzielen ist. Rechtsstaatlich liegt hier neben der antizivilgesellschaftlichen Stoßrichtung ein Zentralproblem der Resolution, das mit der politisch spalterischen und »migrationskritischen« Tendenz des Textes korrespondiert.

Wohl auch deshalb weiß der Bundestag nicht, ob das Geforderte juristisch funktionieren wird. Vielleicht »haushälterisch«, ganz formal-gesetzlich? Eventuell auf der Basis der »freiheitlichen demokratischen Grundordnung«, der überlegalen Legitimitätsressource der Bundesrepublik schlechthin? Oder womöglich doch nur mit »Awareness« und unverbindlichen Verhaltenskodizes? Über die vielfach in der Rechtswissenschaft formulierten harten Einwände (Bestimmtheitsgrundsatz, politische Meinungsfreiheit laut Grundgesetz und Europäischer Menschenrechtskonvention, Wissenschaftsfreiheit, Kunstfreiheit – die alle auch in der Förderpraxis zu wahren sind) setzt er sich hinweg, im inkonsequenten Geiste der erneuerten »Staatsräson«, der das geltende Verfassungs- und Völkerrecht zur Nebensache wird. Die Ausschöpfung repressiver Möglichkeiten dürfte das Letzte sein, wozu eine aufgeklärte Antisemitismuskritik im Geiste des Antiautoritarismus je geraten hätte.

Kontinuität von Terror

Lieber schweigt sich der Bundestag darüber aus, dass es das Versagen des Staates selbst ist, wenn sich Jüdinnen und Juden in verschiedenen Hinsichten nicht sicher fühlen. Solches Versagen gegenüber dem deutschen Terror kann sich auch gegen andere Innen- und »Außenseiter« und (eingebildete) Unruhestifter:innen, trans- und queere Menschen, Linke, Türk:innen, Kurd:innen, Boatpeople etc. richten. Der Bundestag schweigt auch – jenseits der in der Resolution erwähnten Selbstverständlichkeit des israelischen Selbstverteidigungsrechts im Gefolge des Hamas-Massakers – über seine im Laufe des Jahres 2024 juristisch und moralisch immer schwerer aufrechtzuerhaltende Unterstützung des israelischen Krieges im Gazastreifen. Wenn er aber den Antisemitismus mit dem Nahostkonflikt derart eng verknüpft, begibt er sich selbst ins Handgemenge und muss sich dann auch vor völkerrechtlicher und politischer Einseitigkeit hüten. Amnesty International und Human Rights Watch bezeichnen den Gazakrieg mittlerweile als Völkermord, wofür auch der Internationale Gerichtshof Indizien gesehen hat, während der Internationale Strafgerichtshof zu dem womöglich noch besser begründbaren Vorwurf der Kriegsverbrechen und Verbrechen gegen die Menschlichkeit neigt.

Was die juristischen Zweifel angeht, beginnen und enden diese aber nicht beim Völkerrecht und Völkerstrafrecht. Denn es ist weit mehr als schlechter Stil, wenn der Bundestag den größten Nachholbedarf im Migrationsrecht sowie bei der Ausschöpfung förderrechtlicher und repressiver Mittel gegen Kunst, Hochschulen und Zivilgesellschaft verortet. Wichtiger wäre es, den Antisemitismus im Antidiskriminierungsrecht und im Strafrecht mit seinen Eigenheiten ernst zu nehmen und seine Zurückdrängung rechtsstaatlich solide – ohne politische Diskriminierung – zu verankern, im Sinne von Adornos Einsicht, dass gegen Antisemitismus *in letzter Instanz* (!) nur Autorität hilft. Es muss aber eine verfassungsmäßige Autorität sein.

Verteidigung des Universalismus

Demgegenüber scheint es antisemitisch (und rassistisch), für die verdächtigte Kunstwelt einen jüdisch-israelischen Regisseur und seinen palästinensischen Kollegen bei der Preisverleihung der Berlinale implizit hervorzuheben, während ein Alexander Gauland (»Vogelschiss«) nirgends auftaucht. Es ist rational gar nicht mehr zu erklären, wie ein beträchtlicher Teil der Jüdinnen und Juden weltweit, die die israelische Politik teils heftig kritisieren, ausgerechnet in Deutschland – dem Land der Täter – selbst in die Nähe des Antisemitismus gerückt werden. Nicht nur geschichtsvergessen, sondern auch seinerseits antisemitisch wäre es, Jüdinnen und Juden mit dem israelischen Staat und seiner in Teilen völkerrechtswidrigen Politik zu identifizieren. Zu Netanjahu, zum militärischen Besatzungsrecht in den palästinensischen Gebieten oder zur demokratischen Einstaatenlösung, wie etwa von Omri Boehm im Einklang mit einer jahrhundertealten universalistischen jüdischen Denktradition vorgeschlagen, darf sich jeder Mensch selbstverständlich unabhängig von Identität, Religion und Herkunft seine eigene Meinung bilden. Auch das bedeutet eine antisemitismuskritisch aufgeklärte Meinungsfreiheit, geschützt von Artikel 5 Absatz 1 Satz 1 GG.

Literatur

Ighreiz, Ali/Kantelhardt, Svenja/Schayani, Kilian/Selinger, Joschka: Resolution auf Kosten der Grundrechte, Verfassungsblog v. 13.11.2024.

Franziska Görlitz

Leak oder Hinweis?
Neues zum Whistleblowing

»Sag ich etwas oder lieber nicht?« Diese Frage stellt sich Menschen, die am Arbeitsplatz rechtswidrige Vorgänge bemerken. Auf Fehlverhalten aufmerksam zu machen, sogenanntes Whistleblowing, birgt erhebliche Risiken. Statt den Verantwortlichen drohen oftmals den Whistleblower*innen Konsequenzen, seien es Karrierenachteile oder Mobbing als »Denunziant*in« oder »Nestbeschmutzer*in«. Gerade wenn Hilfe von Vorgesetzten nicht zu erwarten ist, sind Menschen oft unsicher, welche Beobachtungen wohin gemeldet werden können. Dabei ist es oft Whistleblower*innen zu verdanken, dass Missstände aufgedeckt und in Zukunft verhindert werden können. Whistleblowing ist Teil der grundrechtlich geschützten Meinungsfreiheit (Artikel 5 Absatz 1 GG, Artikel 10 Europäische Menschenrechtskonvention). Selbst nachdem der Bundesgerichtshof (BGH) 2024 über eine Strafbarkeit vermeintlichen Whistleblowings durch Beamt*innen entschieden hat, bleibt weiter unklar, unter welchen Voraussetzungen eine Informationsweitergabe strafbar ist. Mit dem Hinweisgeberschutzgesetz gibt es zudem seit Mitte 2023 einen neuen – wenn auch immer noch nicht ausreichenden – gesetzlichen Schutz für alle Beschäftigten.

BGH: Strafbare Verletzung des Dienstgeheimnisses

Für Beamt*innen sind die Regeln für Hinweise auf Fehlverhalten grundsätzlich klar: Notwendig ist eine Meldung an die Vorgesetzten (»Dienstwegprinzip«), Informationen dürfen nicht an Dritte herausgegeben werden (»Verschwiegenheitspflicht«). Mit Urteil vom 15. Februar 2024 (Az. 5 StR 283/23) bestätigte der BGH die Strafbarkeit der Handlungen eines Polizisten u. a. wegen Verletzung des Dienstgeheimnisses (§ 353b des Strafgesetzbuchs [StGB]). Der angeklagte Polizist, der auch Mitglied des Hauptpersonalrats sowie im Vorstand einer Polizeigewerkschaft war, hatte wiederholt behördeninterne Informationen an einen Journalisten »durchgestochen«. Dabei handelte es sich u. a. um noch nicht öffentlich bekannte Umstände zu Polizeieinsätzen und Ermittlungsverfahren sowie um innerdienstliche Vorgänge. Unter anderem gab er auch hochpersönliche Inhalte heraus, wie Bilder von Geschädigten einer Sexualstraftat, eine Personalakte und Entscheidungen aus Disziplinarverfahren, die den Betroffenen noch nicht bekannt gegeben waren. Damit wollte der Angeklagte kritische Berichterstattung ermöglichen und die Öffentlichkeit auf Missstände und Führungsversagen in der Polizei aufmerksam machen sowie in einigen Fällen das Ansehen bestimmter Personen beschädigen.

Auch wenn sich der Angeklagte selbst möglicherweise als Whistleblower sah, bestätigte der BGH die Strafbarkeit seines Verhaltens. Der Angeklagte habe ihm im Dienst anvertraute Geheimnisse offenbart und damit das öffentliche Interesse gefährdet. Hierfür reiche es aus, wenn das Bekanntwerden des Geheimnisbruchs das Vertrauen der Öffentlichkeit in die Integrität der Behörde erschüttern könne. Für die Strafbarkeit des Angeklagten spreche dabei vor allem, dass er eine hohe berufliche Stellung in der Polizei innegehabt und über einen längeren Zeitraum kontinuierlich teils hochsensible Informationen herausgegeben habe.

Der angeklagte Polizist kann – trotz der Berichterstattung über die Entscheidung – kaum als schützenswerter Whistleblower angesehen werden. Er deckte keinen konkreten Missstand auf, sondern leakte aus eigenem Interesse sensible Informationen an die Presse. Dennoch zeigt das Urteil, dass die gesetzliche Verschwiegenheitsverpflichtung auch bei einem Hinweis auf Missstände gilt. Im vorliegenden Fall setzt das Strafrecht eine notwendige Grenze zum Schutz der Grundrechte Dritter und der Interessen des Staates. Gleichzeitig lässt das Urteil eine ausdrückliche Auseinandersetzung mit Whistleblowing als Bestandteil der Meinungsfreiheit vermissen. Orientierungsmöglichkeiten für potenziell hinweisgebende Beamt*innen bietet das Urteil nicht.

Alles neu? – Das Hinweisgeberschutzgesetz

Die vom BGH offengelassenen Fragen werden zumindest in Teilen vom neuen Hinweisgeberschutzgesetz (HinSchG) beantwortet. Seit Juli 2023 gibt es erstmals diesen allgemeinen gesetzlichen Schutz für alle Beschäftigten, die im beruflichen Kontext auf Gesetzesverstöße hinweisen, wobei das Gesetz sowohl für den öffentlichen Dienst als auch für die Privatwirtschaft gilt. Es verpflichtet zunächst dazu, Meldestellen einzurichten: zum einen direkt bei Beschäftigungsgeber*innen mit über 50 Mitarbeitenden (»interne Meldestellen«), zum anderen bei staatlichen Stellen (»externe Meldestellen«). Die zentrale externe Meldestelle beim Bundesamt für Justiz ist grundsätzlich für alle Beschäftigten in Deutschland zuständig und nimmt auch online Meldungen entgegen. Beschäftigte dürfen frei wählen, ob sie sich an die interne oder externe Meldestelle wenden möchten. Eine Meldung an eine gesetzliche Meldestelle ist mit Verschwiegenheitsverpflichtung und Dienstwegprinzip ausdrücklich vereinbar. Eine Offenlegung, also Meldungen an andere Stellen wie z. B. die Presse, schützt das Gesetz nur in sehr wenigen Fällen und grundsätzlich nur, wenn zuvor an die externe Meldestelle gemeldet wurde. Vor allem aber beinhaltet das Gesetz Schutzvorschriften für Hinweisgeber*innen. Zentral ist das Verbot von Benachteiligung wegen einer Meldung, z. B. durch Kündigung, schlechte Beurteilung, Versetzung oder durch Mobbing. Im Falle einer solchen verbotenen Benachteiligung stehen Hinweisgeber*innen Schadensersatzansprüche und Prozesserleichterungen zu.

Der Schutz des neuen Gesetzes ist aber lückenhaft. Vor allem sein Anwendungsbereich ist zu eng: Fehlverhalten kann grundsätzlich nur gemeldet werden, wenn es gegen ein Gesetz verstößt, das im Katalog des § 2 HinSchG aufgelistet ist (z. B. Straftaten, bestimmte Ordnungswidrigkeiten oder Datenschutzverletzungen, nicht z. B. Verletzungen des Allgemeinen Gleichbehandlungsgesetzes). Es ist für Whistleblower*innen schwer herauszufinden, ob das neue Gesetz sie und ihre konkrete Meldung im konkreten Einzelfall schützt. Informationen von Nachrichtendiensten und die meisten als Verschlusssachen eingestuften Inhalte fallen nicht unter das Gesetz. Zudem sind Meldestellen nicht verpflichtet, anonyme Meldungen entgegenzunehmen.

Die Strafbarkeit des Polizisten aus der oben dargestellten Entscheidung wäre auch bei Anwendung der neuen Regelungen des HinSchG nicht entfallen: Die weitergegebenen Informationen betrafen keine meldefähigen Gesetzesverletzungen, zudem hätte sich der Angeklagte vor der Offenlegung an die Presse an die externe Meldestelle wenden müssen.

Vieles noch offen

Im Ergebnis hat sich die Lage für Hinweisgeber*innen im letzten Jahr durch den neuen gesetzlichen Schutz erheblich verbessert. Das HinSchG ist ein erster Schritt, um dem öffentlichen Interesse an der Aufklärung rechtswidriger Zustände sowie den Grundrechten, insbesondere der Meinungsfreiheit, gerecht zu werden. Ein sofortiges Durchstechen von Informationen an die Presse, um damit fortlaufend die Berichterstattung über die Polizei zu beeinflussen, ist auch nach dem HinSchG nicht geschützt und weiterhin strafbar. Die vom BGH aufgestellten Grundsätze gelten auch für zukünftige Hinweisgeber*innen.

Dennoch bestehen weiterhin Schutzlücken und Unklarheiten. Diese wirken zu Lasten solcher Hinweisgeber*innen, die tatsächlich Gesetzesverletzungen aufdecken wollen. Whistleblowing bleibt gefährlich und juristisch komplex. Bei Nichteinhaltung der gesetzlichen Vorgaben drohen Beschäftigten nicht nur berufliche, sondern möglicherweise auch strafrechtliche Konsequenzen. Gerade im Staatsdienst werden Fälle von Whistleblower*innen die Gerichte noch lange vor Herausforderungen stellen.

Literatur

Werdermann, David: Stellungnahme zu dem Entwurf eines Gesetzes für einen besseren Schutz hinweisgebender Personen sowie zur Umsetzung der Richtlinie zum Schutz von Personen, die Verstöße gegen das Unionsrecht melden, 18.10.2022, abrufbar auf der Website der Gesellschaft für Freiheitsrechte e.V.

Brockhaus, Robert/Gerdemann, Simon/Thönnes, Christian: Immer noch lückenhaft, Verfassungsblog v. 8.8.2022.

Görlitz, Franziska: Ein Hinweis für den Rechtsstaat, Verfassungsblog v. 25.9.2024.

Wiebke Fröhlich

Informationsfreiheit nur gegen Preisgabe persönlicher Daten?

Das Bundesverwaltungsgericht (BVerwG) hat das Grundrecht auf Informationsfreiheit unter den Vorbehalt gestellt, sich gegenüber der Verwaltung mit Namen und Anschrift identifizieren zu müssen. Das Urteil schränkt das Grundrecht auf Informationsfreiheit empfindlich ein und missachtet den verfassungsrechtlichen Grundsatz, dass eine Abfrage personenbezogener Daten im konkreten Fall erforderlich sein muss.

Gemäß Artikel 5 Absatz 1 Satz 1 GG hat jede Person das Recht, sich aus allgemein zugänglichen Quellen ungehindert zu unterrichten. Dieses Recht wollte ein Bürger im Juni 2019 wahrnehmen: Er beantragte beim damaligen Bundesministerium des Innern, für Bau und Heimat (BMI) Auskunft über Anzahl und Entsorgung der in einem bestimmten Zeitraum im BMI verwendeten Plastikmüllsäcke. Seinen Antrag stellte er über die Plattform FragDenStaat. Dort können Anfragende ihren Namen und Adresse angeben – müssen dies aber nicht tun. Die Schwelle, von dem grundrechtlich abgesicherten Informationsfreiheitsrecht Gebrauch zu machen, wird dadurch erheblich gesenkt. Mehr als die Hälfte der Anfragen nach dem Informationsfreiheitsgesetz (IFG) in Deutschland wird nach Angaben von FragDenStaat über das Portal gestellt.

Das Urteil des Bundesverwaltungsgerichts

Dem BMI gefällt das offenbar nicht. Die Behörde reagiert auf Anfragen über FragDenStaat in der Regel gar nicht oder nur per Briefpost. Auch den oben erwähnten Bürger forderte das BMI auf, seine persönliche Anschrift mitzuteilen. Wenn er eine elektronische Beantwortung wünsche, müsse er zudem eine persönliche E-Mail-Adresse angeben. Nach einigem Hin und Her nannte der Fragesteller dem BMI schließlich seine Postanschrift und eine private E-Mail-Adresse. Er bat um die in Aussicht gestellte Beantwortung per E-Mail. Ein paar Tage später erhielt er einen Brief, in dem das BMI die Beantwortung seiner Fragen in der Sache verweigerte: Die erwünschten Informationen lägen nicht vor.

Der Fragesteller wandte sich daraufhin an den Bundesbeauftragten für Datenschutz und Informationsfreiheit (Bundesdatenschutzbeauftragten), der das BMI verwarnte: Der Hinweis auf das Nichtvorhandensein der Unterlagen hätte auch an die von FragDenStaat generierte E-Mail-Adresse erfolgen können. Die Abfrage der Postanschrift sei nicht erforderlich gewesen und die Aufforderung zur Mitteilung ohne rechtlichen Grund erfolgt. Das BMI habe personenbezogene Daten datenschutzwidrig verarbeitet.

Gegen diese Verwarnung zog das BMI vor Gericht und durch die Instanzen. Nachdem das Oberverwaltungsgericht Münster die Rechtsauffassung des Bundesdatenschutzbeauftragten noch im Wesentlichen bestätigt hatte, erklärte das BVerwG im März 2024 die Verwarnung für rechtswidrig und begründete sein Urteil mit erschreckend pauschalen Aussagen: Eine anonyme Antragstellung oder Anträge unter einem Pseudonym seien generell unzulässig. Verfassungsrechtliche Bedenken gegen den Ausschluss einer anonymen Antragstellung seien nicht ersichtlich. Es gebe keinen verfassungsunmittelbaren Anspruch auf Zugang zu amtlichen Informationen der Behörden des Bundes ohne Offenlegung persönlicher Daten. Der Gesetzgeber könne den Zugang zu Informationen »an zumutbare Anforderungen knüpfen« (BVerwG, Urteil vom 20. 3. 2024, Az. 6 C 8. 22).

Datenabfrage ohne Ermächtigungsgrundlage

Es mag sein, dass ein gesetzlicher Identifikationsvorbehalt eine solche »zumutbare Anforderung« sein *kann*. Aber: Im Geltungsbereich des IFG existiert ein solcher Gesetzesvorbehalt nicht. Weder in einem einfachen Gesetz noch in der Verfassung steht, dass IFG-Anfragen generell erst nach Angabe einer persönlichen Postanschrift erteilt werden müssten. Im Gegenteil: Jede staatliche Abfrage personenbezogener Daten ist ein rechtfertigungsbedürftiger Eingriff in das Grundrecht auf informationelle Selbstbestimmung. Eine Behörde darf persönliche (Kontakt-)Daten nur abfragen, wenn ein Gesetz sie ausdrücklich dazu ermächtigt. Aus der gesetzlichen Ermächtigungsgrundlage müssen sich Voraussetzungen und Umfang der Datenverarbeitung klar und erkennbar ergeben, um dem rechtsstaatlichen Gebot der Normenklarheit zu entsprechen.

Das IFG enthält eine solche Ermächtigungsgrundlage nicht. Das räumt sogar das BVerwG in seinem Urteil ein. Doch statt die Prüfung mit dieser Feststellung zu beenden, behauptet das BVerwG pauschal, die sachgerechte Bearbeitung eines Informationsbegehrens setze voraus, dass der Behörde bekannt sei, welche Person den Antrag stelle. Werde dies aus dem Antrag nicht hinreichend deutlich, sei die Abfrage weiterer personenbezogener Daten auf Grundlage der datenschutzrechtlichen Generalklausel in Verbindung mit dem IFG erforderlich. Zur Begründung konstruiert das BVerwG eine Reihe spezieller Szenarien, in denen eine Identitätsfeststellung durchaus geboten sein kann. Etwa, um Interessen Dritter gegen das Informationsinteresse abzuwiegen oder um Rechtsmissbrauch festzustellen.

Doch wenn die Behörde über die begehrten Informationen von Anfang an nicht verfügt, ist ein solcher Spezialfall ausgeschlossen. Für die Abfrage persönlicher Daten gab es in dem skizzierten Fall keinen sachlichen Grund. Dem BMI ging es offenbar ums Prinzip.

Verheerende Abschreckungseffekte für die Grundrechtsausübung

Aus grundrechtlicher Perspektive ist besonders besorgniserregend, dass das BVerwG die Abschreckungseffekte, die von der Abfrage personenbezogener Daten ausgehen können, völlig ignoriert. Das Bundesverfassungsgericht (BVerfG) hat bereits 1983 in seinem Volkszählungsurteil (BVerfGE 65, 1) eindringlich vor den gesellschaftlichen Folgen staatlicher Datenverarbeitung gewarnt: Die Unsicherheit darüber, ob und wie staatliche Stellen Daten erheben und speichern, könne einen Anpassungsdruck erzeugen. So könnten Menschen von der Ausübung ihrer Grundrechte wie der Versammlungs- oder Vereinigungsfreiheit absehen, weil sie befürchten, dass ihr Engagement behördlich erfasst wird. Das BVerfG betonte wörtlich: »Dies würde nicht nur die individuellen Entfaltungschancen des Einzelnen beeinträchtigen, sondern auch das Gemeinwohl, weil Selbstbestimmung eine elementare Funktionsbedingung eines auf Handlungsfähigkeit und Mitwirkungsfähigkeit seiner Bürger begründeten freiheitlichen demokratischen Gemeinwesens ist.«

Diese Mahnung gilt nicht nur für die Versammlungs- und Vereinigungsfreiheit, sondern auch für das Grundrecht auf Informationsfreiheit: Wer befürchten muss, dass die eigene Identität mit unliebsamen Auskunftsanträgen in Verbindung gebracht wird, wird auf die Ausübung des Grundrechts möglicherweise verzichten. In Zeiten zunehmender Desinformation und Meinungsmanipulation ist das bedenklich. Das Urteil des BVerwG setzt ein gefährliches Signal und droht, das grundrechtlich verankerte Informationsfreiheitsrecht nachhaltig zu schwächen.

Literatur

Schoch, Friedrich: Offenlegung personenbezogener Daten im IFG-Verfahren, in: Zeitschrift für das gesamte Informationsrecht 2024, S. 212 ff.

Gerhold, Maximilian / Schnabel, Christoph: Anmerkungen zum Urteil des BVerwG vom 20. März 2024 – 6 C 8. 22, in: Zeitschrift für das gesamte Informationsrecht 2024, S. 164 ff.

Fynn Wenglarczyk

Zum heimlichen Abhören des Pressetelefons der »Letzten Generation«

Im Juni 2023 wurde öffentlich bekannt, dass das Pressetelefon der Gruppe »Letzte Generation« von bayerischen Strafverfolgungsbehörden über mehrere Monate heimlich abgehört wurde. Die Abhöraktion war Teil eines – zum Zeitpunkt der Abfassung dieses Textes noch laufenden – Ermittlungsverfahrens, das die Generalstaatsanwaltschaft München gegen einige Mitglieder der Letzten Generation wegen des Verdachts der Bildung und Mitgliedschaft in einer kriminellen Vereinigung gemäß § 129 Strafgesetzbuch (StGB) führt. Von der Abhöraktion waren auch zahlreiche Telefongespräche mit Journalistinnen betroffen, die über die Letzte Generation berichten wollten. Zwar ist das Abhören von Telefonaten, die Beschuldigte eines Strafverfahrens mit Journalistinnen führen, nicht grundsätzlich verboten. Die Strafprozessordnung (StPO) bestimmt für solche Fälle allerdings, dass im Rahmen der Verhältnismäßigkeitsprüfung die Pressefreiheit in Abwägung mit dem Strafverfolgungsinteresse *besonders* berücksichtigt werden muss (vgl. § 160a Absatz 2 StPO). Hintergrund dieser Regelung ist das Zeugnisverweigerungsrecht, das Pressevertreterinnen nach § 53 Absatz 1 StPO zusteht: Über Informationen, die ihnen im Rahmen ihrer Tätigkeit anvertraut werden, müssen sie gegenüber Strafverfolgungsbehörden nicht aussagen.

Sinn des Abwägungserfordernisses ist es insofern, diese Vertrauensbeziehung zwischen Pressevertreterinnen und Informantinnen nicht dadurch zu unterlaufen, dass der Staat sich Informationen, über die Pressevertreterinnen eigentlich schweigen dürfen, einfach durch heimliche Überwachungsmaßnahmen beschafft. Das scheint das Amtsgericht (AG) München, das diese Telekommunikationsüberwachung nach § 100a StPO Ende 2022 angeordnet hatte, allerdings vergessen zu haben. Jedenfalls lässt sich den Anordnungen *mit keinem Wort* entnehmen, dass das Gericht sich mit der Schutzbedürftigkeit von Pressearbeit im Sinne von Artikel 5 Absatz 1 GG auseinandergesetzt hat.

Mehrere von der Abhöraktion betroffene Journalisten hatten deshalb Rechtsmittel eingelegt. Sie blieben ohne Erfolg: Mit Beschluss vom 29. Juli 2024 hat das Landgericht (LG) München I die Beschwerde abgewiesen. Zwei von der Abhöraktion betroffene Journalisten haben mit Reporter ohne Grenzen und der Gesellschaft für Freiheitsrechte daraufhin im September 2024 Verfassungsbeschwerde eingelegt. Der Fall liegt jetzt beim Bundesverfassungsgericht (BVerfG).

Hat das Gericht die Pressefreiheit einfach vergessen?

Auf die Beschwerde hin führte das Amtsgericht München zunächst aus, dass die schriftliche Mitteilung von Erwägungen zur Verhältnismäßigkeit auch einfach später nachgeholt werden könne, wenn davon auszugehen sei, dass eine Abwägung zwischen dem Strafverfolgungsinteresse und der Pressefreiheit tatsächlich stattgefunden habe – und sei es auch nur »im

Kopf« des Richters oder der Richterin. Das AG München hat die wesentlichen Erwägungen zur Abwägung dementsprechend nachgeschoben. Und das LG München I hat das in der Beschwerdeinstanz so durchgehen lassen: Aus dem Umstand allein, dass die Betroffenheit von Journalistinnen in der Anordnung nicht ausdrücklich erwähnt wurde, könne man nicht schließen, dass eine Abwägung mit der Pressefreiheit nicht stattgefunden habe. Wenn man diese Argumentation nur etwas abstrahiert und umformuliert, könnte man auch sagen: Weil das Gesetz zu einer Abwägung unter Berücksichtigung der Pressefreiheit verpflichtet, muss sie auch erfolgt sein, alles andere wäre ja schließlich rechtswidrig: Weil nicht sein kann, was nicht sein darf.

Blinde Flecken bei der Abwägung in politischen Strafsachen

Die nachgeschobene Abwägung der Gerichte zur Zulässigkeit der Abhörmaßnahme fiel dabei zugunsten des Strafverfolgungsinteresses aus. Das tragende Argument der Gerichte lautete, dass die Darstellung der Tätigkeit der Letzten Generation in den Medien wesentlich zu deren Proteststrategie gehöre, so dass der Kontakt zur Presse bei den Ermittlungen wegen des Verdachts der Bildung bzw. Mitgliedschaft (in) einer kriminellen Vereinigung gemäß § 129 StGB nicht ausgespart werden könne. Aus der Beweisbedürftigkeit gewisser Umstände zur Be- oder Entlastung der Beschuldigten kann aber nicht ohne weiteres auf ein Überwiegen des Strafverfolgungsinteresses und damit auf eine Rechtmäßigkeit der Telekommunikationsüberwachung geschlossen werden. Wäre eine Tatsache nicht beweisbedürftig, dürften sich Ermittlungen ohnehin nicht darauf erstrecken. Eine besondere Berücksichtigung der Pressefreiheit soll ja gerade in Fällen erfolgen, in denen Strafverfolgungsbehörden bestimmte Aspekte für zwingend beweisbedürftig halten, dabei aber voraussichtlich Erkenntnisse erlangen, die Pressevertreterinnen auch gegenüber Strafverfolgungsbehörden geheim halten dürften. So lag es hier.

Aus Angst vor staatlicher Repression kein politisches Engagement

Die vom AG München nachgeschobene Abwägung überzeugt aber auch deshalb nicht, weil der politische Kontext des Strafverfahrens gegen die Letzte Generation nicht hinreichend gewürdigt wurde. Die Gerichte haben nicht berücksichtigt, dass Ermittlungsmaßnahmen in Strafverfahren gegen politische Vereinigungen wie dem gegen die Letzte Generation aufgrund der Bedeutung der Proteste für die demokratische Öffentlichkeit erhebliche Abschreckungs- und Einschüchterungswirkungen auf die Grundrechtsausübung auch von Personen entfalten können, die nicht unmittelbar von den Ermittlungsmaßnahmen adressiert werden. Gemeint sind nicht nur Journalistinnen, die nunmehr fürchten müssen, dass Kommunikation mit politischen Vereinigungen heimlich mitgelauscht wird und die von persönlicher Kontaktaufnahme mit politischen Vereinigungen daher möglicherweise Abstand nehmen – gemeint ist auch die Zivilgesellschaft. Denn Bürgerinnen und Bürgern wird durch medienwirksame Strafverfolgung wegen des Verdachts der Bildung und Unterstützung einer kriminellen Vereinigung kommuniziert, dass es sich bei Protesten und Klimaaktivismus um etwas »Kriminelles« handelt, von dem man sich fernzuhalten habe. Das kann dazu führen, dass sie aus Angst vor staatlicher Repression von politischem Engagement Abstand nehmen, auch wenn es legal ist. Auch wenn sich solche Chilling effects nur vermuten und nicht sicher nachweisen lassen, wurde dieser Nebeneffekt staatlicher Tätigkeit auf die Grundrechtsausübung Dritter im Kontext anderer Lebensbereiche vom Bundesverfassungsgericht bereits häufiger im Rahmen der Verhältnismäßigkeitsprüfung in Ansatz gebracht (BVerfGE 125, 260 [320] – Vorratsdatenspeicherung).

Leichtfertiger Umgang mit der Pressefreiheit

Die Intensität des Eingriffs in die Pressefreiheit durch heimliches Abhören von Telefonaten und damit der Eingriff in das geschützte Vertrauensverhältnis von Pressevertreterinnen und

Informantinnen erscheint vor diesem Hintergrund also noch einmal gesteigert – mit der Folge erhöhter Anforderungen an die Rechtfertigung der Maßnahme. Dass sich das AG München hinreichend mit diesen Aspekten auseinandergesetzt hat, lässt sich den Beschlüssen aber nicht entnehmen. Allein der Verweis auf die Beweisbedürftigkeit der Kommunikation mit der Presse kann nicht genügen. Von der Pressefreiheit bliebe nicht mehr viel übrig, wenn sie bei Maßnahmen gegen politische Vereinigungen, die als kriminell verdächtigt werden, stets hinter dem Strafverfolgungsinteresse zurückstehen müsste. Im Fall der Letzten Generation liegt sogar nahe anzunehmen, dass das AG München die Pressefreiheit bei Anordnung der Überwachung zunächst gänzlich vergessen hat – und das, obwohl bekannt war, dass Telefonate mit Journalistinnen betroffen sein würden. Für die freie Presse, aber auch für die Zivilgesellschaft ist das ein besorgniserregend leichtfertiger Umgang mit Grundrechten.

Literatur

Landgericht München I: Beschluss vom 29.7.2024, Az. 2 Qs 33/23, veröffentlicht mit Anmerkung von Wenglarczyk, Fynn, in: Strafverteidiger 2024, S. 829 ff.

Jahn, Matthias / Wenglarczyk, Fynn: Organisierte Klimaproteste und Strafverfassungsrecht, in: JuristenZeitung 2023, S. 885 ff.

Madro, Paul / Schönberger, Philipp: Wenn aus zivilem Ungehorsam organisierte Klimakriminalität wird, in: Grundrechte-Report 2024, S. 134 ff.

John Philipp Thurn

Ein verfassungsfeindliches Medium?
Die Junge Welt vor Gericht

Das Bundesamt für Verfassungsschutz (BfV) darf in seinen Berichten die linke Tageszeitung *junge Welt* (*jW*) als »extremistische Gruppierung« einstufen, die »verfassungsfeindliche Ziele verfolgt«. Eine Klage der *jW* gegen das BfV wies das Verwaltungsgericht Berlin am 18. Juli 2024 ab (Az. VG 1 K 437/21). Erlaubt das Grundgesetz tatsächlich, dass der Staat so gegen ein Presseorgan vorgeht?

Das Verwaltungsgericht (VG) konzentrierte sich in seiner Verhandlung darauf, einzelne Bewertungselemente aus den Verfassungsschutzberichten zu überprüfen: Strebt die *jW* »die Errichtung einer sozialistisch-kommunistischen Gesellschaftsordnung nach klassischem marxistisch-leninistischen Verständnis« an? Schafft sie dafür Reichweite und Mobilisierung, insbesondere durch ihre jährliche Rosa-Luxemburg-Konferenz? Ist die *jW* personell verflochten mit der Deutschen Kommunistischen Partei (DKP)? Und bietet sie regelmäßig Personen eine Plattform, die Gewalt befürworten?

Indem das VG (nur) diese Fragen stellte, geriet es auf den Holzweg. Dort begegneten ihm eine teils zum »Hort von Wohlstand und Frieden« verklärte DDR und ein unkritischer Umgang mit »der kommunistischen Revolution auf Kuba und dem Maduro-Regime in Venezuela«, wie das VG schon in seinem vorläufigen Beschluss vom 18. März 2022 (Az. VG 1 L 436/21) formuliert hatte. Der Geschäftsführer der *jW* ist DKP-Mitglied und man wirbt mit Fotomontagen von Lenin – der Freiheit und Demokratie »energischst« bekämpft habe, wie der Vorsitzende Richter bei der mündlichen Urteilsbegründung meinte. Fazit des VG: Die Verfassungsschutzberichte ordneten die *jW* richtig ein.

Unbeantwortet blieben so die verfassungsrechtlich und demokratietheoretisch entscheidenden Fragen: Wann darf ein Inlandsgeheimdienst eine Zeitung brandmarken als »Bestrebung«, die gegen die freiheitliche demokratische Grundordnung gerichtet ist? Was unterscheidet Journalismus von politischem Aktivismus oder Propaganda und wie ließe sich einem Medium nachweisen, dass es den politischen Umsturz bezweckt?

Wie im Kalten Krieg

Gemessen an der Rechtsprechung des Bundesverfassungsgerichts (BVerfG) machen weder undifferenziertes »Sympathisieren mit sozialistischen Staatsformen« noch simples antiimperialistisches Freund-Feind-Denken ein Medium verfassungsfeindlich. Das NPD-Urteil von 2017 hat nämlich die freiheitliche demokratische Grundordnung auf die Menschenwürdegarantie, die Demokratie als »Herrschaftsform der Freien und Gleichen« und den Grundsatz der Rechtsstaatlichkeit beschränkt (BVerfGE 144, 20). Dieser demokratisch-menschenrechtlichen Neudefinition entsprechen die Verfassungsschutzgesetze noch nicht: Dort werden seit den 1950er Jahren vor allem die bestehenden repräsentativ-demokratischen Institutionen des Staates geschützt. Laut dem BVerfG ist lediglich ein offener Prozess der politischen Willensbildung von unten nach oben, vom Volk zu den Staatsorganen garantiert: Wer den Parlamentarismus durch ein Rätesystem ersetzen will, ist deswegen noch nicht verfassungsfeindlich.

Umso wichtiger wäre für das VG eine verfassungskonforme Gesetzesauslegung gewesen. Stattdessen übernimmt es die untote Extremismustheorie und stützt sich auf das beschämende KPD-Verbotsurteil des BVerfG von 1956 (BVerfGE 5, 85). Dabei legt das VG der *jW* sogar zur Last, den »Sturz des Kapitalismus« und die »Errichtung des Sozialismus« zu fordern – ein Vorwurf, den man nur als »geschichts- und soziologievergessen« sowie »eindeutig selbst verfassungswidrig« bezeichnen kann (Wihl 2023): Artikel 15 GG ermöglicht ja ausdrücklich die Vergesellschaftung von Produktionsmitteln. Gegen welches Grundprinzip demokratischer Verfassungsstaatlichkeit soll es gerichtet sein, den »Klassenkampf« zu propagieren?

Einen untauglichen, aber beredten Versuch unternahm das Bundesinnenministerium 2021: Die »Aufteilung einer Gesellschaft nach dem Merkmal der produktionsorientierten Klassenzugehörigkeit« widerspreche der Menschenwürdegarantie, denn »Menschen dürfen nicht zum ›bloßen Objekt‹ degradiert oder einem Kollektiv untergeordnet werden« (Kutscha 2022). Die gesellschaftswissenschaftlich gängige Analyse sozioökonomischer Klassen verstößt aber selbstverständlich nicht gegen Artikel 1 GG.

Kritik, Kontext, Klasse

In der Verhandlung am VG forderte die Rechtsanwältin der *jW*, Anja Heinrich, die vom BfV problematisierten ca. 250 Zeitungsstellen zu kontextualisieren und ihr relatives Gewicht zu bestimmen – schließlich veröffentlicht die Zeitung jährlich tausende Artikel. Nach dem BVerfG komme es auch nicht auf den objektiven Inhalt oder die Wirkung von Erklärungen an, sondern auf die verfolgten subjektiven Ziele einer Gruppe. Heinrich stieß damit bei Gericht ebenso wenig auf Gehör wie mit dem Hinweis, dass Meinungsäußerungen verfassungsschutzrechtlich nur beachtlich seien, wenn sie zu konkreten Aktivitäten aufforderten.

In der Tat hatte das BVerfG 2005 im Fall der neurechten *Jungen Freiheit* hohe grundrechtliche Hürden dafür aufgestellt, um eine Zeitung wegen veröffentlichter Texte zu belangen (BVerfGE 113, 63). Besondere Anhaltspunkte seien nötig, um einer Redaktion gerade diese Artikel zuzurechnen – bedient sie sich etwa eines Meinungsspektrums nur, »um in einem solchen Umfeld verfassungsfeindliche Beiträge platzieren und der Öffentlichkeit besser vermitteln zu können«? Erlaubt sei schließlich Kritik auch an wesentlichen Elementen der Verfassung, bis hin zu der »Forderung, tragende Bestandteile der freiheitlichen demokratischen Grundordnung zu ändern«. Ein Presseorgan dürfe nur als verfassungsfeindliche Bestrebung qualifiziert werden, wenn sich ihm von den Kommunikationsfreiheiten nicht geschützte Tätigkeiten nachweisen lassen, insbesondere Hetze gegen Minderheiten oder entsprechende Gewaltaufrufe.

Das BfV wirft der *jW* vor, sie wolle vor allem mit ihren Konferenzen aktiv bei der (internationalistischen) Mobilisierung und Vernetzung helfen, um »Klassenbewusstsein zu schaffen« und »politische Kämpfe« zur »Überwindung des Kapitalismus« zu befördern. Geschäftsführer Dietmar Koschmieder erklärte dazu, die *jW* verfolge keine eigenen politischen Ziele oder diejenigen der DKP, sondern schaffe und vertreibe ein journalistisches Produkt, orientiert an der marxistischen Gesellschaftsanalyse. Unabhängig von den verwendeten (Werbe-) Slogans dienten Konferenzen oder Aktionen der Vernetzung und dem Marketing, wie bei anderen Zeitungen auch.

Gewaltfragen

Potenziell relevant wirkte der Vorwurf, die *jW* verbreite Positionen, die sich gegen das staatliche Gewaltmonopol richteten. Das BfV stützte ihn darauf, dass Aufrufe zu Sachbeschädigungen, Pamphlete ausländischer militanter bzw. terroristischer Gruppen und unkommentierte Äußerungen ehemaliger RAF-Mitglieder in der *jW* erschienen, die Gewalt positiv darstellten. Beispielsweise habe Karl-Heinz Dellwo die RAF-Taten als »Stellen der Systemfrage« verharmlost. So fragwürdig diese Positionen sind: Warum ergibt sich daraus, dass die Zeitung insgesamt anstrebt, die Rechtsstaatlichkeit oder einen anderen Verfassungsgrundsatz »zu beseitigen oder außer Geltung zu setzen«?

In der Verhandlung am VG blieb das offen. Der Vorsitzende Richter meinte, Texte von oder Interviews mit ehemaligen RAF-Mitgliedern gebe es auch in anderen Medien, dort würden aber keine Anschläge gerechtfertigt. Koschmieder erklärte dagegen, RAF-Gewalt habe die *jW* durchaus verurteilt, Aussagen in Interviews kommentiere sie dagegen nie – »auch nicht bei Bundeswehroffizieren«. Auch in Deutschland werde die »cartoonhaft brutale Monarchie in Saudi-Arabien« oft beschönigt, so Ronen Steinke in der *Süddeutschen Zeitung*.

Bislang haben sich Inlandsgeheimdienst und VG nicht von der Extremismusdoktrin des Kalten Kriegs gelöst und eingesehen:

Menschenwürde, Demokratie und Rechtsstaatlichkeit sind nicht durch Antikapitalismus, sondern durch Bewegungen gefährdet, die gruppenbezogene Menschenfeindlichkeit befeuern und eine autoritäre politische Ordnung wollen.

Literatur

Kutscha, Martin: Pressefreiheit – nicht für marxistische Positionen? Die Junge Welt am Pranger des Verfassungsschutzes, in: Grundrechte-Report 2022, S. 60–64.

Wihl, Tim: Die verfassungsrechtliche Aufklärung des Extremismusmodells, in: Kritische Justiz 2023, S. 291–312.

> Artikel 5 (3) **Kunst und Wissenschaft, Forschung und Lehre sind frei. Die Freiheit der Lehre entbindet nicht von der Treue zur Verfassung.**

Charlotte Ellinghaus

Keine Bildung ohne Bundeswehr
Bayerisches Gesetz schreibt Universitäten und Schulen die Zusammenarbeit mit der Bundeswehr vor

Im August 2024 ist das Gesetz zur Förderung der Bundeswehr in Bayern in Kraft getreten, das am 23. Juli 2024 von der Koalition aus CSU und Freien Wählern im Bayerischen Landtag beschlossen wurde. Das Gesetz sieht Änderungen am Bayerischen Hochschulinnovationsgesetz (BayHIG) und am Bayerischen Gesetz über das Erziehungs- und Unterrichtswesen (BayEUG) vor. Hochschulen in Bayern sollen zukünftig mit der Bundeswehr zusammenarbeiten, sind sogar dazu gezwungen, wenn die »nationale Sicherheit« dies – im Ermessen des Freistaates Bayern – erfordert. Erzielte Forschungsergebnisse dürfen fortan für militärische Zwecke genutzt werden, unabhängig davon, ob die verantwortliche Hochschule dies gutheißt oder nicht. Auch die bayerischen Schulen werden zur Zusammenarbeit mit dem Militär verpflichtet: Jugendoffizier*innen sollen bei der Vermittlung politischer Bildung mitwirken. Darüber hinaus müssen die Schulen der Bundeswehr gestatten, Schüler*innen auf Veranstaltungen zur beruflichen Orientierung eine Karriereberatung anzubieten.

In der Gesetzesbegründung heißt es, Bayern trage mit diesem Gesetz seinen Teil zur sicherheitspolitischen Zeitenwende bei. Dabei ist fraglich, ob diese massiven Eingriffe in die Freiheit der Wissenschaft, Lehre und Forschung (Artikel 5 Absatz 3 GG) und in die Glaubens- und Gewissensfreiheit (Artikel 4

GG) mit der Verfassung vereinbar sind. Als pauschale Rechtfertigung für die Grundrechtseingriffe wird ein heraufbeschworener Notstand genutzt.

Hochschulen als Instrument für militärische Forschung

Die Änderung des BayHIG soll, so heißt es in der Gesetzesbegründung, den »ungehinderten Zugang der Bundeswehr zu
Forschung und Entwicklung an den Hochschulen sicherstellen«. Behindert werden konnte dieser Zugang bisher, zumindest in der Theorie, durch eine sogenannte Zivilklausel. Dabei handelt es sich um die freiwillige Selbstverpflichtung einer
Hochschule, ausschließlich für zivile, nicht militärische Zwecke zu forschen. Kooperationen oder Drittmittelprojekte mit
Rüstungsunternehmen, der Bundeswehr und anderen Armeen
kommen für Hochschulen mit einer Zivilklausel nicht in Frage.
Auf Basis des akademischen Selbstverwaltungsrechts, das sich
aus der Wissenschaftsfreiheit aus Artikel 5 Absatz 3 GG ergibt,
können die Gremien einer Hochschule beschließen, eine solche Zivilklausel in ihre Grundordnung aufzunehmen. Etwa 75
deutsche Hochschulen haben von dieser Möglichkeit Gebrauch
gemacht; keine davon in Bayern. Im neu eingeführten Artikel 20 Satz 3, 4 BayHIG heißt es nun: »Erzielte Forschungsergebnisse dürfen auch für militärische Zwecke der Bundesrepublik Deutschland oder der NATO-Bündnispartner genutzt
werden. Eine Beschränkung der Forschung auf zivile Nutzungen (Zivilklausel) ist unzulässig.« Den bayerischen Hochschulen wird damit die Möglichkeit genommen, ein friedensorientiertes Selbstverständnis zu regeln und ihre Forschungszwecke
selbst zu bestimmen. Verschärft wird diese Änderung durch
den neuen Artikel 6 Absatz 8 BayHIG, der vorschreibt: »Die
Hochschulen sollen mit den Einrichtungen der Bundeswehr
zusammenarbeiten. Sie haben mit ihnen zusammenzuarbeiten,
wenn und soweit das Staatsministerium auf Antrag der Bundeswehr feststellt, dass dies im Interesse der nationalen Sicherheit erforderlich ist.« Was es heißt, dass die Hochschulen mit
der Bundeswehr zusammenarbeiten »sollen«, was dies für einzelne dort Beschäftigte bedeutet und wie das zuständige Bay-

erische Staatsministerium für Wissenschaft und Kunst plant, nationale Sicherheitsinteressen zu identifizieren, wird nicht näher erläutert. Damit erlaubt die Gesetzesänderung massive Eingriffe in die Wissenschaftsfreiheit und in die Glaubens- und Gewissensfreiheit der einzelnen Wissenschaftler*innen.

In der Gesetzesbegründung wird angeführt, dass die universitäre Forschung aus öffentlichen Mitteln finanziert sei und somit auch für militärische Zwecke der Bundesrepublik Deutschland und der NATO-Partner genutzt werden solle. Das Verhältnis von Staat und Grundrechtsträgern wird dabei grundlegend verkannt: Die Hochschulen verkommen zu einem Werkzeug des Staates, der nach seinen politischen Vorhaben Forschungsergebnisse einfordert und sogar Forschungsziele vorgibt. Nach Artikel 5 Absatz 3 GG ist es jedoch die Aufgabe des Staates, die Rahmenbedingungen für eine freie Wissenschaft, Lehre und Forschung zu garantieren. Nicht der Staat darf Forderungen an die Hochschulen stellen, sondern umgekehrt.

Schulen als Rekrutierungsstätte für die Bundeswehr

Auch in den bayerischen Schulen werden der Bundeswehr nun neue Befugnisse zugestanden. Dazu wurde Artikel 2 Absatz 6 BayEUG eingeführt: »Die Schulen arbeiten mit den Jugendoffizierinnen und Jugendoffizieren der Bundeswehr im Rahmen der politischen Bildung zusammen. Die Karriereberaterinnen und Karriereberater der Bundeswehr und Behörden und Organisationen mit Sicherheitsaufgaben dürfen im Rahmen schulischer Veranstaltungen zur beruflichen Orientierung über Berufs- und Einsatzmöglichkeiten in ihrem Bereich informieren.« Damit wird Lehrer*innen verwehrt, Besuche von Jugendoffizier*innen und die Vermittlung von Lerninhalten durch die Bundeswehr selbst abzuwägen und gegebenenfalls zu verweigern. Das Schulwesen steht gemäß Artikel 7 Absatz 1 GG unter der Aufsicht des Staates – durch die Änderung des BayEUG nutzt das Land Bayern diese Befugnis, um der Bundeswehr zu ermöglichen, Einfluss auf die politische Bildung und die Berufswahl der Schüler*innen zu nehmen.

Auffällig ist, dass das Gesetz zur Förderung der Bundeswehr in Bayern insbesondere die Bildungsstätten in den Fokus nimmt. Das neue Gesetz hat zur Folge, dass die schulische und universitäre Ausbildung, die mündige, undogmatische Bürger*innen erziehen soll, in Bayern nur noch unter Einflussnahme der Bundeswehr geschieht und damit von einem militaristischen Narrativ gefärbt wird.

Zeitenwende für demokratische Rechte?

Mit Besorgnis zu beobachten ist eine Politik des Bayerischen Landtags, die an Notstandsgesetze erinnert, die unter Heraufbeschwörung einer abstrakten Bedrohungslage leichtfertig Eingriffe in Freiheitsrechte vornimmt. Wie weitreichend die Grundrechtseinschränkungen sein werden, die sich aus diesen Gesetzesänderungen ergeben und wie sich die Zusammenarbeit zwischen Bundeswehr und Bildungsstätten zukünftig gestalten soll, ist noch nicht absehbar. Einen kleinen Vorgeschmack bekamen die Lehrenden und Studierenden an der Technischen Universität München, als die Bundeswehr vom 23. bis 24. Oktober 2024 ein militärisches Übungsmanöver auf einem Forschungscampus durchführte, bei dem Schüsse fielen und Fahrzeuge mit Maschinengewehren über das Universitätsgelände fuhren. Hintergrund und Sinnhaftigkeit der Durchführung ausgerechnet auf dem Universitätscampus blieben schleierhaft.

Gebührende öffentliche Aufmerksamkeit erhielt das einschneidende Gesetz leider nicht. Der Protest gegen das Gesetz zur Förderung der Bundeswehr in Bayern wird maßgeblich von der Gewerkschaft Erziehung und Wissenschaft (GEW) getragen, die 2025 eine Popularklage – die bayerische Sonderform der Landesverfassungsbeschwerde – gegen das Gesetz beim Bayerischen Verfassungsgericht einreichen wird.

Literatur

GEW: Große Unterstützung der Popularklage gegen Bundeswehr-Fördergesetz, Pressemitteilung vom 18.11.2024. Mehr Informationen unter www.gew-bayern.de/themen/nein-zum-bundeswehrgesetz.

Matthias Goldmann

Legalität und Legitimität von Campus-Protesten

Dürfen Studierende auf dem Universitätsgelände protestieren? Dürfen Lehrende sich für das Versammlungsrecht der Studierenden einsetzen? Die rechtliche Antwort auf beide Fragen lautete auch im Jahr 2024: grundsätzlich ja. Die Vorgänge rund um ein propalästinensisches Protestcamp Anfang Mai 2024 auf dem Gelände der Freien Universität (FU) Berlin haben solche Handlungen jedoch in Teilen der Öffentlichkeit in Verruf gebracht, nicht zuletzt durch die Stellungnahmen der Bundesbildungsministerin Bettina Stark-Watzinger. Dies deutet auf ein grundlegendes rechtsstaatliches Problem hin: die Delegitimierung grundrechtlich geschützten Verhaltens.

Das Palästina-Camp im Lichte der Grundrechte

Das Palästina-Protestcamp an der FU Berlin solidarisierte sich mit der Bevölkerung in Gaza und kritisierte die deutsche und die israelische Regierung. Die Hochschulleitung der FU rief bald nach Beginn des Camps in Ausübung ihres Hausrechts die Polizei. Diese löste die friedliche Versammlung daraufhin auf. Im Zuge der Auflösung fielen Parolen seitens der Protestierenden, deren Rechtmäßigkeit Fragen aufwarf. Ein offener Brief von Lehrenden an Berliner Hochschulen kritisierte in der Folge die Maßnahmen der Hochschulleitung, ohne sich die Ziele der Protestierenden zu eigen zu machen. Eine Universität müsse Protest aushalten und soweit möglich mit Dialogangeboten reagieren, nicht mit der Polizei. Die Bundesbildungsministerin ließ sich daraufhin von der *BILD*-Zeitung zitieren, sie sei »fassungslos«, dass der offene Brief die Protestierenden zu Opfern mache, anstatt sich gegen »Israel- und Judenhass« zu positionieren. Sie mutmaßte, die Lehrenden stünden nicht auf dem Boden der Verfassung. In der Folge gelangten Überlegungen des Leitungsstabs des Bundesministeriums für Bildung und Forschung (BMBF) an die Öffentlichkeit, wonach eine Liste der vom BMBF geförderten Unterzeichnenden des offenen Briefs erstellt werden sollte. Bedenken auf der Arbeitsebene des Ministeriums verhinderten jedoch die Umsetzung der Pläne.

Das Protestcamp war fraglos von Artikel 8 GG gedeckt. Universitäten sind als Trägerinnen öffentlicher Gewalt zur Einhaltung der Grundrechte verpflichtet. Jedoch ist kein Grundrecht grenzenlos gewährleistet. Nach der Brokdorf-Entscheidung des Bundesverfassungsgerichts (BVerfGE 69, 315) von 1985 endet das Versammlungsrecht der Studierenden dort, wo andere gleichrangige Verfassungsgüter unverhältnismäßig beeinträchtigt werden. In Frage kommen im Campus-Kontext vor allem die Lehr- und Forschungsfreiheit, sofern sie durch Proteste gestört werden, und das Recht anderer Studierender auf Bildung. Allgemeine Grenzen findet das Versammlungsrecht, wo Straftaten begangen werden oder andere Gefahren drohen. Das können auch Äußerungsdelikte sein. Jedoch ist längst nicht jede antisemitische Äußerung strafbar – und längst nicht jede israelkritische Äußerung antisemitisch. Gefahren für jüdische Studierende sind aber zu unterbinden. Maßnahmen gegen einzelne Personen genießen dabei Vorrang vor der Auflösung der Versammlung (vgl. § 16 Berliner Versammlungsgesetz).

Der Brief der Lehrenden ruft diese Grundsätze in Erinnerung. Die Verfasser:innen waren alarmiert, weil die Hochschulleitung dem Anschein nach Universitäten nicht als Raum der gesellschaftlichen Auseinandersetzung ansah, sondern durch das Hausverbot die Voraussetzungen für den Polizeieinsatz schuf – ohne Rücksicht auf ihre verfassungsrechtlichen Pflichten. Grundrechtlich trifft der Brief der Lehrenden damit einen wunden Punkt. Von juristischen Laien verfasst, war er nicht völlig ausgefeilt, forderte jedoch kein grenzenloses Recht auf Campus-Boykott. Denn Protest müsse friedlich sein. Das war inhaltlich im Wesentlichen korrekt und von der Meinungsfreiheit der Verfasser:innen gedeckt.

Die Ministerin und ihr Äußerungsrecht

In diese Freiheiten griff nun zunächst die Ministerin mit ihrem *BILD*-Interview ein. Ein solcher Eingriff kann auch durch kommunikative Akte erfolgen. Einen Rechtsakt braucht es dazu nicht. Die Ministerin ihrerseits kann sich dabei nicht auf die Meinungsfreiheit berufen. Denn als Ministerin – im Gegensatz zu ihrer Funktion als Abgeordnete oder als Bürgerin – ist sie an die Grundrechte gebunden. Hier sind die Grundsätze zu beachten, die für Äußerungen von Amtsträger:innen gelten: Richtigkeit, Sachlichkeit und Zurückhaltung (vgl. Bundesverfassungsgericht, Az. 2 BvE 4/20, 15.6.2022).

Schon an der Richtigkeit haperte es. Denn der offene Brief der Lehrenden bewegte sich verfassungsrechtlich sehr wohl auf festem Grund. Die Lehrenden referierten im Grunde die Verfassungslage. Dem Brief selbst einen antisemitischen Inhalt zu unterstellen, ist fernliegend: Weder machte er sich den Protest zu eigen, noch verbreitete er Judenfeindlichkeit. Dass der Brief den 7.10.2023 nicht erwähnte, erlaubt nicht diese Schlussfolgerung.

Auch um die Sachlichkeit und Zurückhaltung der ministeriellen Äußerung ist es nicht gut bestellt. Zwar kann auch ein Regierungsmitglied einen Meinungsstreit in zugespitzter Weise führen. Jedoch bestand hierfür kein Anlass angesichts eines differenzierten, argumentativ geführten Diskurses. Im Gegensatz dazu dürfte die Unterhaltung der Ministerin mit *BILD* – wahrlich kein Medium des akademischen Austauschs – auf Skandalisierung angelegt gewesen sein. *BILD* enttäuschte nicht und stellte die Lehrenden zum Teil mit Porträts an den Pranger. Das wiederum befeuerte die Ministerin durch Reposts auf »X«. Das Ergebnis war eine kulturkampfartige Stimmung gegen eine Gruppe Lehrender mit hohem Migrant:innenanteil.

Den Gipfel erreichte diese Episode in dem Versuch des Ministeriums, Listen der Autor:innen mit BMBF-Förderung anzufertigen. Auch wenn die Umstände hier im Einzelnen im Dunkeln liegen, soll die Hausleitung es vor allem auf die abschreckende Wirkung abgesehen haben. Eine taugliche Rechtsgrundlage für eine derartige Überwachungsmaßnahme ist indessen nicht zu erkennen; eine rechtliche Handhabe zum Entzug von Geldern lag gleichfalls nicht vor. Solche schwerwiegenden Eingriffe in die Wissenschaftsfreiheit der Betroffenen wären auch nur unter engen Voraussetzungen zu rechtfertigen.

Graubereiche zwischen Legalität und Delegitimierung

Die Ministerin ist mittlerweile Geschichte. Was von der Episode bleibt, ist die Strategie, mit informellen, kommunikativen Mitteln in Grundrechte einzugreifen. Wo keine rechtliche Handhabe besteht, gegen politisch unliebsame Positionen vorzugehen, erfüllt ein Agieren im rechtlichen Graubereich wie eine geschickte Pressearbeit denselben Zweck: schon die (falsche) Behauptung der Illegalität des Briefs delegitimierte ihn. Potenzielle Kritiker*innen staatlichen Vorgehens dürften sich in Zukunft zweimal überlegen, ob sie aktiv werden.

Auch andernorts führt der Gazakonflikt zu Grundrechtsbeeinträchtigungen durch Verwässerung der Kriterien und Instrumente: So wird argumentiert, nicht erst die Gefahr von Straftaten, sondern bereits die Gefahr von israelbezogenem Antisemitismus, dessen Definition notorisch umstritten ist, sei für Versammlungsverbote ausreichend, unabhängig davon, ob sie in Straftaten zu münden drohe oder nicht. Bundesrat und Bundestag fassten jeweils rechtlich unverbindliche Beschlüsse zum Schutz jüdischen Lebens (siehe Tim Wihl in diesem Band). Das hinderte das Verwaltungsgericht Regensburg nicht, auf den Bundesratsbeschluss Voraussetzungen für die Einbürgerung zu stützen, die im Gesetzgebungsprozess noch ausdrücklich abgelehnt worden waren. Und – last but not least – hat sich die Staatsräson zu einem Selbstläufer entwickelt, der ohne Verankerung im Grundgesetz zur Überverfassung zu werden droht. Angesichts dessen sei daran erinnert, dass die Formenstrenge des Rechtsstaats Grundrechte gegen autoritäre Zumutungen schützt.

Literatur

Braun, Frank/Kniesel, Michael: Demonstrationen auf Universitätsgelände?, in: GSZ 2024, S. 229 ff.

Hendlmeier, Till/Schuch, Christoph/Schwarz, Laura: Antisemitismus – eine Gefahr. Über antisemitismus(un)kritische Prognosen im Versammlungsrecht, Verfassungsblog v. 11.11.2023.

Meinel, Florian: Die Idee der Staatsräson im neuesten deutschen Recht, Verfassungsblog v. 2.1.2025.

> Artikel 6 (1) **Ehe und Familie stehen unter dem be-
> sonderen Schutze der staatlichen Ordnung.**

Melina Lehrian/Thomas Weigelt

Familiennachzug zu unbegleiteten, minderjährigen, subsidiär Schutzberechtigten

Grundrechtsvereitelung durch überlange Verfahren?!

Seit Ende 2024 gewähren die deutschen Auslandsvertretungen Eltern von unbegleiteten, minderjährigen, subsidiär Schutzberechtigten bei drohender Volljährigkeit keine Sondertermine mehr. Damit ist auch wegen der Verfahrensgestaltung von Jugendämtern, Bundesamt für Migration und Flüchtlinge (BAMF) und Auswärtigem Amt (AA) ein Familiennachzug für Eltern von subsidiär schutzberechtigten Jugendlichen, die nach ihrem 15. Geburtstag nach Deutschland geflohen sind, nahezu ausgeschlossen. Dies verstößt gegen das aus dem Grundrecht auf Familie aus Artikel 6 Absatz 1 und 2 GG abgeleitete Recht auf Zusammenleben mit den nächsten Familienangehörigen.

Subsidiären Schutz erhalten Personen, die zwar keine individuelle Verfolgung z.B. aus politischen Gründen erfahren haben, denen aber gleichwohl bei einer Rückkehr in ihr Heimatland ernsthafter Schaden für Leib oder Leben droht. Dies betrifft ein Viertel aller Asylsuchenden, bislang insbesondere Menschen aus Syrien. Während der Europäische Gerichtshof die Bundesrepublik verpflichtet hat, anerkannte Flüchtlinge für den Zweck des Familiennachzugs auch dann noch als minderjährig zu behandeln, wenn sie während des Asylverfahrens volljährig werden, hat das Bundesverwaltungsgericht (Urteil vom 8.12.2022, Az. 1 C 31.21) entschieden, dass dies für subsidiär Schutzberechtigte nicht gilt. Dies hat zur Folge, dass die

Eltern und gegebenenfalls minderjährige Geschwister von unbegleiteten, minderjährigen, subsidiär Schutzberechtigten einreisen müssen, bevor das sich in Deutschland aufhaltende Kind volljährig wird.

Neue Weisungslage des Auswärtigen Amts

Aufgrund der langen Dauer des Screening- und Clearingverfahrens, der Vormundbestellung und des anschließenden Asylverfahrens (sowie etwaiger Klageverfahren) hatte das AA bislang bei drohender Volljährigkeit vorgezogene Sondertermine für die Visumsantragstellung vergeben. Dadurch konnte wenigstens die jahrelange Wartezeit bei den deutschen Auslandsvertretungen verkürzt werden. Seit 2024 müssen sich die Eltern von unbegleiteten, minderjährigen, subsidiär Schutzberechtigten nach dem Datum ihrer Visumsantragstellung in die Reihe aller Personen einreihen, die ein Visum zum Familiennachzug begehren. In der Praxis führt dies dazu, dass für unbegleitete, minderjährige, subsidiär Schutzberechtigte, die bei der Einreise in die Bundesrepublik älter als 14/15 Jahre waren, ein Nachzug ihrer Eltern de facto nicht möglich ist. Selbst für jüngere Geflüchtete beginnt ein Wettlauf gegen die Zeit.

Die Gerichte haben diese neue Praxis des AA bisher nicht beanstandet (OVG Berlin-Brandenburg, Beschluss vom 21.11.2024, Az. OVG 3 S 141/24; VG Berlin, Beschluss vom 16.12.2024, Az. VG 34 L 404/24 V). Wesentliche Argumente sind hierbei, dass das AA angesichts hoher Fallzahlen und begrenzter Bearbeitungskapazitäten Sondertermine nur restriktiv vergeben könne. Eine besondere Notlage, die ein Abweichen von der üblichen Terminvergabepraxis rechtfertige, sei auch in Anbetracht der drohenden Volljährigkeit des in Deutschland aufhältigen Schutzberechtigten nicht ersichtlich, da sich viele Personen in einer vergleichbaren Situation befänden, die Geflüchteten ohnehin bald volljährig würden und sie daher meist nur noch wenige Tage auf elterliche Pflege und Betreuung angewiesen seien. Es könne auch nicht auf die persönliche Vorsprache in der Botschaft vor Visumserteilung verzichtet werden, da diese zur Identitätsklärung zwingend erforderlich sei.

Dies wird den grundrechtlichen Anforderungen aus Artikel 6 GG indes nicht gerecht. Es bestehen schon Bedenken, ob der apodiktisch vorgetragene Befund zutrifft, das AA treffe kein Organisationsverschulden.

Auswärtiges Amt kommt Organisationspflichten nicht nach

Jede Behörde hat in angemessener Zeit über einen Antrag zu entscheiden. Längere Warte- und Bearbeitungszeiten sind nur dann gerechtfertigt, wenn besondere Umstände vorliegen und die Behörde nicht ein sogenanntes Organisationsverschulden trifft. Der Thüringer Verfassungsgerichtshof hat dazu ausgeführt: »Es obliegt dem Staat, die organisatorischen und personellen Voraussetzungen für die Umsetzung gesetzgeberischer Regelungen zu schaffen, wenn sie die Durchführung eines Verwaltungsverfahrens erfordern. Andernfalls besteht die Gefahr, dass die Bestimmungen leerlaufen und der Wille des Gesetzgebers missachtet wird.« (Beschluss vom 15. 3. 2001, Az. 1/00).

In Anbetracht der Situation in Syrien und im Nahen Osten ist es nicht nachvollziehbar, wieso die deutsche Botschaft in Amman angesichts der hohen Anzahl von Anträgen ihre Kapazitäten nicht erhöht hat. Obwohl das Problem der langen Wartezeiten auf Visatermine für den Familiennachzug in vielen deutschen Botschaften schon länger bekannt ist, wurde es bislang in großen Teilen versäumt, die personelle Ausstattung an die Aufgaben anzupassen. Die innenpolitische Lage in Jordanien ist relativ stabil, die Ausdehnung des Einsatzes privater Dienstleister ohne weiteres möglich. Denkbar wäre es auch, die Antragsbearbeitung in das Bundesamt für Auswärtige Angelegenheiten auszulagern. Nur noch die Visaausgabe verbliebe dann vor Ort. Auch würde es das Aufenthaltsgesetz erlauben, von einer Vorsprache ganz abzusehen. Diese wird zwar von den Gerichten immer mit dem hohen Sicherheitsinteresse der Bundesrepublik begründet, beschränkt sich aber regelmäßig in der Praxis auf einen (kurzen) Vergleich von Reisepass und Antragstellenden (meist durch eine Ortskraft der Botschaft oder einen externen Dienstleister). Die Echtheitsprüfung der vorgelegten Urkunden findet erst danach statt.

Verfahrensgestaltung widerspricht dem Grundrecht auf Familie

Auch unter Hinnahme der begrenzten Kapazitäten wird die neue Praxis des AA den grundrechtlichen Anforderungen nicht gerecht, denn auch das sogenannte Verfahrensermessen unterliegt Grenzen. So muss die Behörde den Grundrechten im Rahmen der Verfahrensausgestaltung zur bestmöglichen Geltung verhelfen. Soweit das AA und die Gerichte maßgeblich darauf abstellen, dass jüngere Minderjährige, die durch eine Sondertermingewährung warten müssten, ein größeres Bedürfnis nach elterlicher Pflege und Betreuung haben als fast Volljährige, dürfte es schon vom Ansatz her fehlgehen, die Grundrechte dieser beider Personengruppen auf diese Weise gegeneinander zu gewichten. So ist allgemein anerkannt, dass es bei anderen Grundrechten (z. B. dem Recht auf Leben und körperliche Unversehrtheit) nicht darauf ankommt, wie lange jemand noch von seinem Grundrecht Gebrauch machen kann. Gleichsam entfällt das grundrechtlich geschützte Recht auf Familie nicht mit der Volljährigkeit (BVerfG, Beschluss vom 5. 2. 1981, Az. 2 BvR 646/80, und vom 18. 4. 1989, Az. 2 BvR 1169/84). So sind zwar Volljährige nicht mehr auf die Pflege und Betreuung ihrer Eltern angewiesen, gleichwohl haben auch sie noch ein Recht auf Familie.

Es ist auch nicht ersichtlich, dass eine andere Verfahrensausgestaltung – auch unter Berücksichtigung von Gleichbehandlungserwägungen – schlechterdings unmöglich oder unvertretbar wäre. Beispielsweise werden in rund 555 Fällen der bei der Deutschen Botschaft in Amman anhängigen Verfahren subsidiär schutzberechtigte Kinder im ersten Halbjahr 2025 volljährig (VG Berlin, Beschluss vom 16. 12. 2024, Az. VG 34 L 404/24 V). Deren Familien vorzuziehen würde die Kapazitäten für Familiennachzugsvisa der Botschaft für etwa einen halben Monat binden und das Verfahren für andere Antragstellende eben nur um diesen halben Monat verzögern. Die Rückkehr zur bisherigen Verfahrensgestaltung wäre mithin ein grundrechtsschonenderer Ausgleich der Interessen aller Beteiligten. Dies gilt umso mehr, als die Bundesrepublik selbst für die langen Verfahrenslaufzeiten bei den beiden Bundesbehörden BAMF und AA Verantwortung trägt. Noch wünschenswerter wäre indes die Umsetzung der bereits im Koalitionsvertrag der Ampel 2021 verabredeten (und sodann wieder aufgegebenen) Gleichbehandlung von anerkannten Flüchtlingen und subsidiär Schutzberechtigten beim Familiennachzug.

Literatur

PRO ASYL: Verzweiflung: Jugendliche verlieren unverschuldet das Recht auf den Nachzug ihrer Eltern, 20.11.2024.

Krause, Sigrun: Familiennachzug zu subsidiär Schutzberechtigten, in: Asylmagazin 6–7/2020, S. 198 ff.

Gruppe Die Linke: Kleine Anfrage zum Familiennachzug zu minderjährigen subsidiär Schutzberechtigten, BT-Drs. 20/13997.

Artikel 8 (1) **Alle Deutschen haben das Recht, sich ohne Anmeldung oder Erlaubnis friedlich und ohne Waffen zu versammeln.**

Martin Heiming

G20-Gipfel in Hamburg wieder aufgewärmt
Polizei ganz arg am Rondenbarg

Das Landgericht Hamburg verurteilte am 3. September 2024 zwei Menschen, die gegen den G20-Gipfel protestiert hatten, unter anderem wegen Landfriedensbruchs zu Geldstrafen von je 90 Tagessätzen.

Moment, das G20-Treffen in Hamburg, war das nicht ... ja, das war im Juli 2017! Nach sieben Jahren ist es dennoch das erste Urteil im sogenannten Rondenbarg-Komplex; weitere Verfahren liegen auf den Aktenstapeln der Hamburger Justiz.

Stadt Hamburg versammlungsfeindlich

Zur Erinnerung: Der Hamburger Senat hatte im Hinblick auf erwartbare Gipfel-Proteste von Globalisierungskritiker*innen der Polizei freie Hand gegeben. Es wurde ein Einsatzleiter bestimmt, dessen Umgang mit Versammlungen in der Vergangenheit mehrfach von Gerichten als rechtswidrig beurteilt worden war. Mittels Allgemeinverfügung wurde fast die gesamte Innenstadt zur Demonstrationsverbotszone erklärt. Vor anreisenden Demonstrierenden wurde medienwirksam gewarnt. Die erste größere Demonstration am Vortag des Gipfels lernte Hamburger »Willkommenskultur« kennen: Sie wurde mit Wasserwerfern, Tränengas, Pfefferspray und Schlagstöcken attackiert. Vorgeblich sollten Vermummte herausgegriffen werden; das völlig unverhältnismäßige Agieren der Polizei ließ jedoch erkennen, dass die Demonstration gezielt zerschlagen werden sollte. Der Veranstalter brach sie nach einer Stunde ab. Die freie Hand mutierte zur harten Hand.

Zum Gipfelauftakt war der »Tag des zivilen Ungehorsams« geplant. Frühmorgens starteten aus dem abgelegenen Protestcamp im Volkspark vier Gruppen, sogenannte Finger. Aus dem »schwarzen Finger« heraus zogen einzelne Personen auf dem Weg durch eine unwirtliche Industriegegend Bauzaunelemente und zwei Müllcontainer auf die Straße, ein Nebeltopf wurde gezündet, ein verglaster Fahrplanaushang zersplitterte durch einen Steinwurf. An der Abbiegung in die Straße Am Rondenbarg traf die Demo auf eine heranfahrende Polizeieinheit, in deren Richtung von Einzelnen aus der Menge von etwa 200 Personen heraus für wenige Sekunden Steine und vereinzelt Pyrotechnik geworfen wurden, ohne jemanden zu treffen. – Willkommenskultur »en revanche«?

Im Rondenbarg selbst versperrte eine Hundertschaft Bundespolizei den weiteren Weg, die nun eingekesselte Demo stoppte etwa 60 Meter davor. Es flogen 14 Steine und vier Feuerwerkskörper, ohne zu treffen. Dies war aber nicht Anlass, den Aufzug aufzulösen, sondern ihn zu zerschlagen. »Polizist*innen liefen aggressiv schreiend und Schlagstock schwingend auf die Demonstrierenden zu, setzten Pfefferspray und Wasserwerfer ein. Flüchtende fielen an einem zusammenbrechenden Geländer in die Tiefe, so dass es mehrere Schwerverletzte gab.« (Elke Steven, Grundrechte-Report 2018) Menschen wurden getreten und geschlagen, 14 mussten ins Krankenhaus gebracht werden, 59 wurden festgenommen, darunter die beiden Verurteilten, denen keine eigenen Gewalttätigkeiten vorgeworfen wurden, sondern nur das »Dabeisein«.

Einseitige gerichtliche Aufarbeitung

Vor Gericht wurde monatelang über den exakten Ablauf gestritten, wie üblich in einem Verfahren gegen Demonstrierende. Gegen Polizist*innen wurde erst gar nicht ermittelt. Dabei war unstreitig, dass der Aufzug zu keinem Zeitpunkt von der Polizei förmlich aufgelöst worden war. Er stand damit unter dem grundgesetzlichen Schutz der Versammlungsfreiheit. Klar ist auch, dass eine Demonstration als solche diesen Schutz nicht verliert, wenn einzelne Teilnehmende zu Gewalt greifen. Daran ändert auch der behördliche Versuch nichts, den Aufzug als »Aufmarsch« umzutaufen und so Artikel 8 GG zu unterlaufen.

Trotzdem klagte die Staatsanwaltschaft etwa 50 Demonstrierende wegen (u. a.) schweren Landfriedensbruchs an, wohl wissend, dass dieser Vorwurf nur diejenigen trifft, die sich selbst »als Täter oder Teilnehmer [...] an Gewalttätigkeiten gegen Menschen oder Sachen oder Bedrohungen von Menschen mit einer Gewalttätigkeit, die aus einer Menschenmenge [...] mit vereinten Kräften begangen werden«, beteiligen, so § 125 Strafgesetzbuch (StGB).

Die »inaktiven« Menschen in einer Menge, so die beiden jetzt Verurteilten, machen sich nicht strafbar. Das wäre auch noch schöner, möchte man meinen. Denn § 125 sagt nicht, *wenn* es aus einer Menschenmenge heraus zu Gewalt kommt, werden alle bestraft, sondern *wer* aus einer Menge heraus Gewalt übt oder sich daran beteiligt, bricht den Landfrieden. Um genau das klarzustellen, wurde der vorher anderslautende – und damit zu unbestimmte – § 125 schon vor Jahrzehnten geändert.

Hat deshalb das Gericht den Angeklagten gegen Zahlung einer Geldauflage eine Einstellung des Verfahrens wegen Geringfügigkeit (!) angeboten? Drei Mitangeklagte schieden so aus dem Verfahren aus. Die beiden Verurteilten strebten aber einen gebotenen Freispruch an. Daraufhin machte das Gericht Ernst. Es stufte zwar den schweren zum einfachen Landfriedensbruch herab, fand aber, die beiden hätten sich aktiv an Gewalttätigkeiten beteiligt. Das »aktive Tun« leitete es dabei wesentlich ab aus der schwarzen Kleidung, die die Angeklagten trugen (einer mit Kapuze, eine mit Sturmhaube), aus der sich wiederum die Billigung des Tuns der ebenfalls schwarz gekleideten eigentlichen Täter*innen ableiten ließe. Die wiederum sollen dadurch einen stärkenden Rückhalt verspürt haben – in der Sprache des Rechts: psychische Beihilfe. Das war's und das war zu bestrafen. Und führte dann zur weiteren Verurteilung wegen Beihilfe zu: versuchter gefährlicher Körperverletzung, Angriff auf Vollstreckungsbeamte und Sachbeschädigung.

Rabulistik

Dabei werden mindestens zwei Dinge auf den Kopf gestellt. Wer gewalttätig ist, macht sich wegen Körperverletzung oder Sachbeschädigung strafbar. Zum Landfriedensbruch wird dies erst, wenn mit vereinten Kräften »in einer die öffentliche Sicherheit gefährdenden Weise« aus einer Menge heraus gehandelt wird, denn diese bietet Deckung, bildet Rückhalt. Ohne Menge kein Landfriedensbruch; dann ist aber jemand als Teil der Menge definitionsgemäß nicht zugleich selbst Landfriedensbrecher*in. Da verbisse sich die Katze in der Logik kümmerliches Schwanzende.

Zweitens kann gleiche Kleidung als Uniformierung gesehen werden. Diese ist auf Demonstrationen verboten, § 3 Versammlungsgesetz (VersG), und nach § 28 VersG eine Straftat, wenn sie »als Ausdruck einer gemeinsamen politischen Gesinnung« getragen wird. § 17a VersG statuiert daneben ein Vermummungsverbot und ein Passivbewaffnungsverbot, ein Zuwiderhandeln ist nach § 27 VersG ebenfalls eine Straftat. Letztere Verbote waren in den 1980er Jahren noch in § 125 Absatz 2 StGB normiert, mit geringerer Strafandrohung als sozusagen leichter Landfriedensbruch. Man hat diese Regelung 1989 aus dem StGB herausgenommen und damit deutlich gemacht, dass Vermummung und Passivbewaffnung nicht länger als Variante des Landfriedensbruchs gelten. Da verbisse sich die Katze erneut in der Logik, wenn nun aus einheitlicher Kleidung und/oder Vermummung eine Teilnahme am Landfriedensbruch hergeleitet werden würde.

Dass die Justiz die Verfahren eingestellt bzw. nur – rechtskräftig – zu geringen Geldstrafen verurteilt hat, spricht für sich: Der »Rondenbarg« gibt strafrechtlich wenig her. Offenbar sollen aber die damals medial nahezu zum Bürgerkrieg aufgebauschten Ereignisse und die heutige justizielle Aufarbeitung nicht völlig auseinanderklaffen. Ein ganzer Demonstrationszug wird als Landfriedensbruch stigmatisiert. Der versammlungsfeindliche Rahmen, den die Stadt Hamburg 2017 gesetzt hat, wird so nachträglich legitimiert, polizeiliches Handeln gerechtfertigt. Dass darin ein Angriff auf das Grundrecht der Versammlungsfreiheit liegt – nebensächlich. Dass darüber hinaus Globalisierungskritiker*innen angesichts des über ihnen schwebenden Damoklesschwerts einer Bestrafung sich jetzt sieben Jahre lang sicher doppelt überlegt haben, ob sie von ihrer Versammlungsfreiheit erneut Gebrauch machen – offenbar nur ein grundrechtlicher Kollateralschaden.

Literatur

BGH-Urteil vom 24.01.1984, Az. VI ZR 37/82.

NDR: G20-Vorfall am Rondenbarg: Polizeivideo II, www.ndr.de/fernsehen/sendungen/panorama3/G20-Vorfall-am-Rondenbarg-Polizeivideo-II,videoimport23506.html.

Komitee für Grundrechte und Demokratie: Geschichte der Eskalation eines einwöchigen Protestgeschehens. Demonstrationsbeobachtung vom 2. bis 8. Juli 2017 in Hamburg zum G20-Gipfel, Köln 2017.

Clemens Arzt

Protest Policing in Berlin
Vom Vorabverbot zur Versammlungsauflösung

Seit dem verbrecherischen Überfall der Hamas auf Israel am 7. Oktober 2023 wird zur Unterstützung des palästinensischen Volkes und gegen das militärische Vorgehen Israels im Gazastreifen demonstriert. Bundesweit wurden nach Recherchen des NDR zwischen 7. Oktober 2023 und 18. März 2024 rund 31300 Versammlungen zu den verschiedensten Themen durchgeführt. Davon wurden rund 215 vorab verboten; 89 dieser Verbote betrafen Versammlungen in Sachen Palästina. In Berlin wurden vom 7. Oktober 2023 bis 12. August 2024 knapp 400 Versammlungen gegen den Gazakrieg versammlungsrechtlich angezeigt. In den ersten Wochen wurde mit 22 Verboten fast jede zweite Versammlung zu diesem Thema bereits vor Beginn untersagt. Auf der Strecke blieben die Versammlungsfreiheit (Artikel 8 Absatz 1 GG) und die Meinungsfreiheit (Artikel 5 Absatz 1 Satz 1 GG).

Meinungs- und Versammlungsfreiheit in Sachen Palästina

In Berlin, mit der wohl größten Community von Menschen mit palästinensischem Hintergrund, von denen viele familiäre Beziehungen in die Palästinensergebiete haben, wurden damit trotz Angst, Wut und Verzweiflung Verbote über Wochen hinweg zur versammlungsbehördlichen Regelmaßnahme. Nach gerichtlichen Beanstandungen von Vorabverboten in anderen Städten konnten diese Versammlungen auch in Berlin kaum noch verboten werden. Ab den frühen Novembertagen 2023 nahm daher die Zahl der Verbote deutlich ab und die Exekutive griff überwiegend auf Auflagen und Beschränkungen im Vorfeld und Verlauf sowie die Auflösung von Versammlungen nach deren Beginn zurück.

Dabei steht der schwarz-rote Berliner Senat »hinter der Polizei«. Betroffene und auch manche Polizist*innen nehmen die »Berliner Linie«, die über Jahre eher deeskalierend ausgerichtet war, seit Corona als zunehmend repressiv wahr. Dem polizeilichen Umgang mit Protest gegen das Vorgehen Israels in Gaza kommt in der Bundeshauptstadt offenbar eine besondere politische Aufmerksamkeit zu, die auch an die Polizei »weitergegeben« wird. Auch das Anfang 2021 erlassene rot-rot-grüne Versammlungs„freiheits"gesetz hat in der Praxis nicht zu einem versammlungsfreundlicheren Vorgehen geführt.

Bei den Beschränkungen und Auflösungen von Versammlungen geht es selten um die Beendigung oder Verhinderung von Gewalt gegen Personen und Sachen im Sinne von Artikel 8 Absatz 1 GG (»friedlich«). Vielmehr richten sich die repressiven Maßnahmen gegen Meinungsäußerungen auf Palästina-Demonstrationen. Neben Auflagen dazu, was gesagt und propagiert werden darf, wird auch angeordnet, dass Reden nur in bestimmten Sprachen gehalten werden dürfen. Bei Versammlungen wird breitflächig und zum Teil ohne Unterbrechung gefilmt, bedrängt, eingeschüchtert, aufgelöst und Zwang angewandt, weil unzulässige Äußerungen getätigt würden. Nicht Gewalt wird also polizeilich mit Konsequenz und auch Zwang begegnet, sondern Meinungen, was nicht selten zu verbalen und körperlichen Auseinandersetzungen zwischen Demonstrierenden und der Polizei führt, die sodann von der Polizei als strafrechtlich verbotener Widerstand gegen Vollstreckungsbeamte nach § 113 des Strafgesetzbuchs (StGB) bewertet und zwangsweise geahndet werden, ein eingeübter Teufelskreis sozusagen.

Anlass ist selten eine »Störung des öffentlichen Friedens«, etwa durch Volksverhetzung (§ 130 StGB), sondern in vielen Fällen allein die Verwendung der bekannten »From the River to the Sea, Palestine will be free«-Parole, die das Bundesinnenministerium (BMI) im November 2023 ohne veröffentlichte Begründung als angebliche Parole der Hamas verboten hat. Das BMI untersagt so eine politische Meinungsäußerung, historisch ein Ruf nach Freiheit und Gleichberechtigung zwischen Mittelmeer und Jordan (siehe auch John Philipp Thurn, Grundrechte-Report 2023) und die Polizei exekutiert dieses Verbot bei Nichtbeachtung als Verstoß gegen §§ 86, 86a StGB (Verbreiten von Propagandamitteln und Verwenden von Kennzeichen verfassungswidriger und terroristischer Organisationen). Damit weitet die Exekutive die »Staatsräson« als politischen Ansatz mit Blick auf Kritik am israelischen Krieg in Gaza auf die Beschneidung von Kommunikationsgrundrechten aus.

Meinungs- und Versammlungsfreiheit vor Gericht

Bis zum 7. Oktober 2024 lagen rund 40 veröffentlichte Entscheidungen von Verwaltungs- und Oberverwaltungsgerichten (VG/OVG) zu antiisraelischen Protesten vor. Die Rechtsprechung akzeptierte teils die Vorabverbote von Versammlungen in den ersten Wochen nach dem 7. Oktober 2023 und rund um den Jahrestag des Überfalls der Hamas, urteilte sonst aber differenzierend – wenn auch unterschiedlich je nach Gericht und Bundesland – und sah Verbote auf Grundlage möglicher Meinungskundgaben nach dem Grundsatz *in dubio pro libertate* vielfach als nicht mit der Meinungs- und Versammlungsfreiheit vereinbar an. Das Landgericht Mannheim (Urteil vom 29.5.2024, Az. 5 Qs 42/23) legte in einer der wenigen strafrechtlichen Entscheidungen näher dar, weshalb die Parole »From the River ...« nicht als Kennzeichen der Hamas zugeordnet werden könne.

Der Gipfelpunkt der Anrufung der Verwaltungsgerichte zu diesem Thema scheint Ende 2024 überschritten und die Rechtslage weitgehend geklärt: deutlich versammlungsfreundlicher als während der Coronapandemie. Die strafrechtliche Bewältigung tausender Anzeigen im Kontext der Proteste steht hingegen noch aus. Für die versammlungsbehördliche und polizeiliche Praxis sind diese Einzelfallentscheidungen nicht bindend, sondern allenfalls Leitlinie für das zukünftige Vorgehen. Die abnehmende Zahl der Entscheidungen deutet aber darauf hin, dass die Exekutive zumindest im jeweils betroffenen Bundesland, mithin insbesondere in Bayern, Hamburg, Hessen, Baden-Württemberg und Nordrhein-Westfalen, sich tendenziell an der Rechtsauffassung der Gerichte orientiert. Die Polizei in der Hauptstadt hingegen scheint nicht zuletzt mit Blick darauf, dass bislang keine einschlägigen verwaltungsgerichtlichen Entscheidungen aus Berlin vorliegen, von dieser Rechtsprechung eher unberührt.

Versammlungsauflösung als Strategie

Seitdem in der Rechtsprechung deutlich wurde, dass Vorabverbote von Versammlungen allein wegen der Möglichkeit von Meinungskundgaben verwaltungsgerichtlich kaum noch Bestand haben, greifen Versammlungsbehörde und Polizei in Berlin auf eine flexiblere Strategie der Auflösung bei geringstem Anlass zurück. Die Versammlungsauflösung ist einer rechtzeitigen verwaltungsgerichtlichen Kontrolle nicht zugänglich und die nachträgliche Kontrolle wegen der langen Verfahrensdauer und der Kosten faktisch kaum eine gangbare Option. In Berlin kommt hinzu, dass die dortige Verwaltungsgerichtsbarkeit bei

Demonstrationen im Kontext Palästina meist im Sinne der Behörden entscheidet.

Eine mit bestimmten Meinungskundgaben begründete Auflösung oder auch Beschränkung von Demonstrationen kann im liberalen Rechtsstaat indes nur in den engen Grenzen des Artikels 5 Absatz 1 GG zulässig sein, wenn die Meinungskundgabe gegen das Strafrecht verstößt, wobei die Strafnorm selbst wiederum im Lichte der Meinungsfreiheit ausgelegt werden muss. Hierüber entscheiden jedoch allein die bei einer Versammlung vor Ort anwesenden Polizeibeamt*innen, eine effektive nachträgliche Überprüfung vor Gericht findet in der Regel nicht statt. So wird eine behördliche und polizeiliche Praxis des Verbots und der Auflösung von Demonstrationen etabliert, die sich im Falle eines Rechtsrucks in der Bundes- oder in Landesregierungen zukünftig auch gegen Meinungskundgaben anderen Inhalts richten kann.

Literatur

Ambos, Kai: »From the river to the sea …« – nicht per se strafbar, auch nicht gemäß § 86a Abs. 1 Nr. 1 StGB, in: Juristenzeitung 2024, S. 620 ff.

Arzt, Clemens: Pro-Palästina als unmittelbare Gefahr?, Verfassungsblog v. 26. 10. 2023.

Steinberg, Rudolf: Versammlungsfreiheit seit dem 7. Oktober, in: Neue Zeitschrift für Verwaltungsrecht 2023, S. 302 ff.

Ralf Michaels

Die Zerschlagung des Palästina-Kongresses

Als unter dem Titel »Wir klagen an« für den 12. bis 14. Mai 2024 in Berlin ein Palästina-Kongress angekündigt wurde, war zunächst kaum mehr bekannt als seine Organisator*innen – linke Gruppen, darunter palästinensische und jüdische – und sein Thema – Kritik an Israel wegen der Besatzung und des Krieges in Gaza sowie an Deutschland wegen seiner Unterstützung. Das reichte für landesweite Diskussionen. Ein überparteiliches »Bündnis gegen antisemitischen Terror« verlangte, Berlin dürfe nicht zum »Zentrum von Terrorverherrlichung« werden. Der Berliner Senat erwog öffentlich ein Verbot.

Den Organisator*innen des Kongresses half nicht, dass sie im Vorfeld mit der Polizei kooperierten und neben Redner*innenlisten sogar die Reden selbst zur Prüfung vorlegten. Schon vor Beginn wurde dem palästinensisch-britischen Mediziner und Rektor der Universität Glasgow, Ghassan Abu-Sittah, der von seiner Erfahrung als Arzt in Gaza berichten sollte, kurzfristig die Einreise verweigert; seinen Beitrag per Video beisteuern durfte er auch nicht. Ein Einreiseverbot erging auch gegen den ehemaligen griechischen Finanzminister Yanis Varoufakis.

Die Polizei zieht den Stecker

Der Beginn des Kongresses selbst gestaltete sich chaotisch. Nachdem die Veranstalter*innen die angemieteten Räumlichkeiten erst am Vortag bekannt gegeben hatten, beschränkte die Polizei unter Verweis auf Brandschutzbestimmungen die Höchstzahl an Teilnehmer*innen auf 250. Ein Großteil der Interessierten hatte so keinen Zugang und demonstrierte vor dem Gebäude. Zudem verfügte die Polizei, dass 40 Medienvertreter*innen zugelassen werden müssten, weil es sich, trotz geschlossener Räume und definierter Teilnehmendenliste, um eine »öffentliche Veranstaltung« handle.

Und kurz nachdem der Kongress begonnen hatte, wurde er schon beendet. Als der zweite Redner, der palästinensische Aktivist Salman Abu Sitta, gegen den offenbar ein Betätigungsverbot verhängt, ihm aber nicht mitgeteilt worden war, über Video zu sprechen begann, schaltete die Polizei den Strom ab. Kurze Zeit später löste sie den ganzen Kongress auf. Ihre Begründung: Es sollten Personen auftreten, die sich schon in der Vergangenheit öffentlich in strafrechtlich relevanter Weise geäußert hatten, und es sei mit einer Wiederholung derartiger Wortbeiträge zu rechnen. Warum konkret damit zu rechnen gewesen sein soll – zum Zeitpunkt der Auflösung waren keine solchen Äußerungen erfolgt – wurde nicht erklärt. Warum die Absprachen im Vorfeld den Verdacht nicht ausgeräumt hatten, auch nicht. In seiner Antwort auf eine schriftliche Anfrage im Abgeordnetenhaus (AGH) machte sich der Berliner Senat später wenig Mühe, die Maßnahmen umfassender zu rechtfertigen (AGH Berlin, Drs. 19/19008).

Behinderung und Auflösung des Kongresses waren rechtswidrig

Rechtmäßig erscheint das nicht. Einreise- und Betätigungsverbote können nur in sehr eng umgrenzten Fällen erteilt werden; überhaupt müssen sie, um wirksam zu sein, erst einmal mitgeteilt werden. Nicht überraschend erklärte das Verwaltungsgericht Potsdam das Einreiseverbot gegen Ghassan Abu-Sittah im Mai 2024 für rechtswidrig (Beschluss vom 14.5.2024, Az. 3 L 379/24).

Versammlungen genießen Grundrechtsschutz nach Artikel 8 GG; wenn sie wie hier in geschlossenen Räumen stattfinden, können sie nur durch kollidierende Grundrechte eingeschränkt werden. Ihre Auflösung ist als Ultima Ratio nur dann möglich, wenn aufgrund faktenbasierter Prognose die Gefährdung anderer Rechte so wahrscheinlich ist, dass die Versammlungsfreiheit zurückstehen muss. Zudem darf eine Auflösung nur dann erfolgen, wenn mildere Mittel wie Auflagen und das Verbot einzelner Redebeiträge nicht ausreichen.

Tatsächlich machen sich die Behörden im Falle des Palästina-Kongresses kaum die Mühe, ihre Maßnahmen rechtlich zu begründen – der Verdacht eines politischen Vorgehens liegt nahe. Es sei »unerträglich, dass ein sogenannter Palästina-Kongress in Berlin stattfinden wird«, hatte der Regierende Bürgermeister schon vorab erklärt, als hätte seine persönliche Leidensfähigkeit Rechtscharakter. Und seine Aussage »Wir dulden in Berlin keinen Antisemitismus« ist als politische Aussage beifallswürdig, als rechtliche Grundlage für das Vorgehen aber nicht ausreichend.

Denn Antisemitismus ist zwar zutiefst verabscheuenswürdig,

aber nicht durchweg verboten, wie das Bundesverfassungsgericht regelmäßig feststellt (etwa Beschluss vom 4.11.2009, Az. 1 BvR 2150/08 – Wunsiedel). Gegen antisemitische Straftaten darf die Polizei vorgehen. Antisemitische Äußerungen unterhalb der Strafbarkeitsgrenze sind aber von der Meinungsfreiheit geschützt.

Vor allem steht der Antisemitismusvorwurf hier auf wackligen Beinen. So war die viel kritisierte Forderung nach einem »Ende des seit über 76 Jahren andauernden zionistischen Siedlerkolonialismus« vielleicht schockierend, aber nicht automatisch antisemitisch. Die These eines Siedlerkolonialismus wird in der Wissenschaft mit plausiblen Gründen vertreten, und sein Ende ließe sich nicht nur durch Vertreibung erreichen, sondern auch durch Einführung eines Systems gleicher Rechte. Abu Sitta wurde seine Aussage vorgeworfen, »I could have been one of those who broke through the fence had I been much younger and was still living in the concentration camp called the Gaza Strip.« (Gräueltaten legitimierte er nicht.) Was sagt man dann zu Aussagen wie der des ehemaligen israelischen Ministerpräsidenten Ehud Barak von 1998: »If I was [a Palestinian] at the right age, at some stage I would have joined one of the terrorist organizations and have fought from there«? Dass jüdische Organisationen den Kongress mittrugen, sollte deutsche Behörden mit ihrem Antisemitismusvorwurf besonders zögern lassen.

Tatsächlich finden mehrere Forderungen der Palästinenser*innen, die in Deutschland skandalisiert werden, Unterstützung im geltenden Völkerrecht und in Entscheidungen des Internationalen Gerichtshofs. Das gilt in Bezug auf Maßnahmen Israels, die auf einen Genozid im Gazastreifen hinauslaufen könnten; es gilt auch für die Forderungen nach einem Ende der Besatzung von Westjordanland, Gaza und Ostjerusalem, nach palästinensischer Selbstbestimmung sowie nach politischer und rechtlicher Gleichstellung. Auch das Rückkehrrecht Geflüchteter und sogar das Recht zum gewaltsamen Widerstand gegen illegale Besatzung sind aus Sicht des Völkerrechts nicht abwegig. Zumal für Menschen ohne Wahlrecht, was auf viele Palästinenser*innen zutrifft, gehören Veranstaltungen wie der

Palästina-Kongress zu den wenigen Möglichkeiten, sich zu solidarisieren und Gehör zu verschaffen.

Die Öffentlichkeit schaut weg

In normalen Zeiten und wenn andere als Palästinenser*innen betroffen gewesen wären, gäbe es Forderungen nach Rücktritten und Untersuchungsausschüssen sowie Proteste liberaler Rechtswissenschaftler*innen. So ist die Zerschlagung des Palästina-Kongresses nur ein besonders drastischer Fall der Grundrechtseinschränkungen gegenüber Palästinenser*innen – im Versammlungsrecht, Meinungsrecht und Berufsrecht finden sich zahlreiche weitere Fälle (vgl. Nadija Samour, Grundrechte-Report 2023; Clemens Arzt, Grundrechte-Report 2024 und in diesem Band). Dass das Vorgehen nicht nur die Rechte der Kongressteilnehmenden, sondern auch den Rechtsstaat selbst untergräbt, ist noch nicht allen klar genug.

Dass es anders gehen kann, zeigt Wien: Hier konnte im Oktober 2024 trotz Verbotsforderungen und zwischenzeitlicher Raumkündigung aufgrund von Drohungen ein zweitägiger Palästinakongress stattfinden – mit Videobotschaften von Ghassan Abu-Sittah und Yanis Varoufakis. Zu größeren Vorfällen kam es nicht.

Literatur

Ambos, Kai: Scharfgestellte Staatsräson, Verfassungsblog v. 2.5.2024.

Arzt, Clemens: Sind Versammlungsverbote bald der Normalfall? Von Corona über »Klimakleber« zum Krieg in Gaza, in: Grundrechte-Report 2024, S. 120 ff.

Samour, Nadija: Keine Demonstrationsfreiheit für Palästinenser*innen? Die Berliner Versammlungsverbote vom Mai 2022, in: Grundrechte-Report 2023, S. 95 ff.

> Artikel 12 (1) **Alle Deutschen haben das Recht, Beruf, Arbeitsplatz und Ausbildungsstätte frei zu wählen. Die Berufsausübung kann durch Gesetz oder auf Grund eines Gesetzes geregelt werden.**

Laura Kuttler

Rückkehr der Gesinnungsprüfung?
Verfassungstreue als Hürde zur Berufsfreiheit

Schützt die Verfassung auch diejenigen, die sie aktiv bekämpfen? Diese Frage stellt sich angesichts einer aktuellen Entscheidung des Oberverwaltungsgerichts (OVG) Berlin-Brandenburg (Beschluss vom 4.6.2024, Az. 4 S 14/24), das einem Bewerber den Zugang zum juristischen Vorbereitungsdienst verweigerte, weil er als Funktionär der rechtsextremen Partei »Die Heimat«, vormals NPD, tätig ist. Das Gericht entschied, dass bereits die verfassungsfeindliche politische Aktivität genügt, um den Eintritt in den Vorbereitungsdienst zu verweigern – auch ohne strafbare Handlung. Dadurch wird die Verfassungstreue zur Zugangsvoraussetzung für eine (voll-)juristische Karriere. Die Entscheidung greift somit direkt in die Berufsfreiheit aus Artikel 12 GG ein.

Verfassungstreuepflicht und Grundrechtsdilemma

Im Kern steht die Frage, ob die Berufsfreiheit Einschränkungen erfahren muss, wenn Zweifel an der Verfassungstreue von Bewerber*innen bestehen, obwohl sie sich nicht strafbar gemacht haben. In § 10a Brandenburgisches Juristenausbildungsgesetz (BbgJAG) werden die Voraussetzungen für die Versagung der Aufnahme in den juristischen Vorbereitungsdienst aufgelistet: Lediglich Straffälligkeit oder schwere Krankheit können laut

§ 10a BbgJAG eine Zulassung zum Vorbereitungsdienst verhindern. Das OVG Berlin-Brandenburg argumentiert, dass bei der Zulassung auch Regelungen des Beamtengesetzes für das Land Brandenburg (LBG) zu berücksichtigen seien. Dies gehe aus § 10 Absatz 3 BbgJAG hervor, wonach die für Beamte auf Widerruf geltenden Vorschriften entsprechende Anwendung finden. Aus § 52 Absatz 1 LBG entnimmt das OVG, dass Beamte sich nach dem Beamtenstatusgesetz »durch ihr gesamtes Verhalten zu der freiheitlichen demokratischen Grundordnung im Sinne des Grundgesetzes bekennen und für sie eintreten müssen«. Dies gelte auch für angehende Jurist*innen, die sich für den juristischen Vorbereitungsdienst bewerben. Damit müssen auch juristische Referendar*innen – nicht nur Beamt*innen – eine Verfassungstreuepflicht erfüllen. Damit weitet das OVG die Voraussetzungen für den juristischen Vorbereitungsdienst derart aus, dass auch verfassungsfeindliche Aktivitäten, die die Schwelle zur Strafbarkeit nicht überschreiten, die juristische Ausbildung verhindern können.

Das Bundesverwaltungsgericht (BVerwG) bestätigte 2024 diese Linie (Urteil vom 10. 10. 2024, Az. 2 C 15. 23): Es lehnte die Zulassung eines Bewerbers, der sich aktiv für die rechtsextreme Partei »Der III. Weg« engagierte, zum Rechtsreferendariat in Bayern ab. Das BVerwG argumentierte, dass Referendar*innen an der Rechtspflege teilnehmen und daher ein Mindestmaß an Loyalität gegenüber der Verfassungsordnung notwendig sei. Auch in der Exekutive ist eine verstärkte Fokussierung auf verfassungsfeindliche Bestrebungen zu beobachten, was sich in einer restriktiveren Praxis bei der Zulassung zu staatlichen Ausbildungs- und Beamtenverhältnissen zeigt. Diese Entscheidung verdeutlicht, dass Justiz und öffentlicher Dienst zunehmend strikter gegen Personen vorgehen, deren Überzeugungen die demokratische Ordnung in Frage stellen könnten.

Beide Urteile knüpfen an zwei grundlegende Entscheidungen des Bundesverfassungsgerichts (BVerfG) an. 1975 stellte es im Zusammenhang mit dem sogenannten Radikalenerlass klar, dass Zweifel an der Verfassungstreue eine Verbeamtung verhindern können, jedoch der Zugang zum Vorbereitungsdienst in einem anderen Rechtsverhältnis möglich sein müsse (Beschluss vom 22.5.1975, Az. 2 BvL 13/73). 1977 entschied das BVerfG, dass die »in den Konstitutionsprinzipien unserer Verfassung enthaltenen Wertentscheidungen« es ausschließen, dass der Staat Personen mit verfassungsfeindlichen Auffassungen – auch außerhalb eines Beamtenverhältnisses – ausbildet. Die Berufsfreiheit stehe dem aufgrund ihrer Einbettung in die Verfassungsordnung nicht entgegen. Eine ausführliche Grundrechtsabwägung nahm das BVerfG nicht vor (Beschluss vom 5.10.1977, Az. 2 BvL 10/75).

Ein Blick zurück: Die Gesinnungsprüfung

In den 1970er Jahren führte der sogenannte Radikalenbeschluss eine Routineanfrage beim Verfassungsschutz ein, um Bewerber*innen für den öffentlichen Dienst und Beschäftigte in bestehenden Dienstverhältnissen auf »extremistische« Überzeugungen zu überprüfen. Diese Gesinnungsprüfung erwies sich als verfassungsrechtlich fragwürdig und führte zu De-facto-Berufsverboten für staatskritische Personen, darunter fast ausschließlich Linke, denen eine Beschäftigung als Lehrer*innen, bei der Post oder Bundesbahn untersagt wurde. Die aktuelle Rechtsprechung mag keine Rückkehr zu Regelanfragen darstellen, wirkt jedoch wie ein Schritt in Richtung einer Überprüfung der politischen Loyalität.

Solche Parallelen sind zu bedenken, wenn neue Anforderungen an die Verfassungstreue formuliert werden: Ausschlüsse aufgrund von politischer Gesinnung statt konkreter Straffälligkeit laufen Gefahr, die demokratischen Freiheiten zu untergraben.

Wo liegt die Grenze?

Eine zu strikte Auslegung der Verfassungstreue birgt das Risiko, dass Meinungsfreiheit und Pluralismus gefährdet werden. Dies könnte zu einer Entwicklung führen, in der berufliche Chancen zunehmend von politischer Loyalität abhängen und der öffentliche Dienst von einer homogenen Gruppe Gleichgesinnter ver-

waltet wird. Der Staat greift damit tief in das private Meinungs-
und Zugehörigkeitsspektrum von Bewerber*innen ein, was die
Grenze zur Gesinnungskontrolle verschieben und eine Atmo-
sphäre der Überwachung und Selbstzensur schaffen könnte.

Konsequent weitergedacht müsste das Urteil auf weitere politische Aktivitäten angewendet werden. Was bedeutet es etwa
für Bewerber*innen, die Mitglieder von Organisationen sind,
die kritische Positionen gegenüber der Wirtschaftsordnung vertreten oder eine europäische Integration mit Abgabe nationaler
Souveränität befürworten? Solche Mitgliedschaften könnten
ohne strafrechtlich relevante Handlungen als unvereinbar mit
den »Grundsätzen der freiheitlich-demokratischen Grundordnung« ausgelegt werden und so pauschal zu Ausschlüssen
führen. Während eine umfassende Gesinnungskontrolle nicht
das Ziel sein darf, sollte es in einem demokratischen Rechtsstaat dennoch eine klare Grenze geben, wenn es um die Zulassung von Personen zum juristischen Vorbereitungsdienst geht:
die bereits existente Legalitätsgrenze. So muss der Staat bei
rechtswidrigem Verhalten die Möglichkeit haben, straffällige
Personen vom Staatsdienst auszuschließen. Nur so kann das
Vertrauen der Öffentlichkeit in eine unabhängige und demokratische Rechtspflege gewahrt werden. Solche Maßnahmen
müssen jedoch auf klaren, nachprüfbaren Kriterien beruhen,
wie sie die Strafrechtsordnung hergibt, nicht auf Grundlage eines Parteibuchs.

Verfassungstreue: Fördern statt kontrollieren

Der Beschluss des OVG Berlin-Brandenburg zeigt, dass öffentlicher Dienst und Justiz strikter geworden sind, wenn es um die
Verfassungstreue im öffentlichen Dienst geht – gar die Regelungen für Beamt*innen auf Rechtsreferendar*innen auswei-
ten. Dies wirft Fragen auf, die in einer Demokratie sorgfältig
beantwortet werden müssen. Statt eine neue Form der Gesinnungskontrolle zu fördern, könnte der Staat zur Bekämpfung
radikaler Verfassungsfeindlichkeit auf alternative Maßnahmen
setzen, um Verfassungstreue zu sichern – etwa auf gezielte Förderung demokratischer Werte in der juristischen Ausbildung.

Die Justiz könnte durch Aufklärung und Sensibilisierung für Verfassungstreue ihren Beitrag leisten, ohne die Freiheit politischer Überzeugungen einzuschränken.

Soll die Demokratie langfristig gestärkt werden, muss der Staat auf Überzeugung und Integrität setzen, anstatt auf Ausschluss. Es bleibt zu hoffen, dass zukünftige Entscheidungen den Fokus stärker auf die Förderung einer verfassungstreuen Kultur legen – eine, die demokratische Werte und die Freiheit der Bürger*innen respektiert und gleichzeitig klare Grenzen dort setzt, wo strafrechtlich relevantes Verhalten das Vertrauen in den Staatsdienst gefährdet.

Literatur

Jaeger, Alexandra: Auf der Suche nach »Verfassungsfeinden«. Der Radikalenbeschluss in Hamburg 1971–1987, Göttingen 2019.

Schulz, Sarah: Die freiheitliche demokratische Grundordnung. Ergebnis und Folgen eines historisch-politischen Prozesses, Weilerswist 2019.

Thurn, John Philipp: Über »Rechte Richter«, Regelanfragen und verfassungsstaatlichen »Republikschutz«, in: Kritische Justiz 2023, S. 213 ff.

Benjamin Raabe

Geh doch arbeiten!
Das Bundesverfassungsgericht und die Ausbildungsförderung

Vor über 50 Jahren wurde in der alten Bundesrepublik die reguläre Ausbildungsförderung für Schüler*innen und Studierende eingeführt. Sie soll Menschen aus ärmeren Milieus eine Ausbildung ermöglichen. Schon lange gibt es allerdings eine immer auffälligere Diskrepanz zwischen den existenzsichernden Leistungen im Rahmen der Grundsicherung für Arbeitssuchende nach dem Sozialgesetzbuch Zweites Buch (SGB II) bzw. der Sozialhilfe (SGB XII) und den Leistungen für Studierende, die nicht bei ihren Eltern leben. Letztere bekommen eklatant weniger staatliche Leistungen, ihr Existenzminimum ist nicht gesichert.

Studierende hofften auf das Urteil des Bundesverfassungsgerichts (BVerfG). Karlsruhe hat nun aber im September 2024 entschieden, dass sie keinen verfassungsrechtlichen Anspruch auf auskömmliche Förderung haben.

Nach ihren Bedürfnissen

Schüler*innen und Studierende erhalten grundsätzlich Ausbildungsförderung nach dem Bundesausbildungsförderungsgesetz (BAföG). Die Höhe ist abhängig von der Art der Ausbildung (Fachschule, Abendgymnasien oder Studium). Wenn BAföG-Berechtigte nicht bei ihren Eltern wohnen, erhöht sich der Bedarf um eine Unterkunftspauschale. Hinzu kommen ein Kranken- und Pflegeversicherungszuschlag sowie gegebenenfalls Zusatzleistungen für eigene Kinder. Personen, die eine betriebliche oder außerbetriebliche Ausbildung absolvieren, erhalten ebenfalls staatliche Leistungen, die Berufsausbildungsbeihilfe (BAB).

Allen Auszubildenden, ob Schüler*innen, Menschen in praktischer Ausbildung oder Studierende, gemeinsam ist der Umstand, dass sie dem Arbeitsmarkt nicht zur Verfügung stehen und deshalb eigentlich von existenzsichernden Leistungen nach dem SGB II ausgeschlossen sind. Die Sozialleistungssysteme gehen hinsichtlich der Bedarfe auseinander. Die Höhe des Bürgergelds und der Grundsicherung beruht gemäß § 28 SGB XII und dem Regelbedarfsermittlungsgesetz auf der Ermittlung tatsächlicher lebensnotwendiger Bedarfe (Existenzminimum). Dagegen wurden die Bedarfssätze in der Ausbildungsförderung rein normativ festgesetzt und alle zwei Jahre fortgeschrieben. So liegt die Grundpauschale nach der Ausbildungsförderung weit unter den Regelbedarfen nach dem SGB II bzw. XII. Von dieser Grundpauschale müssen Auszubildende noch die ausbildungsbedingten Kosten bestreiten, die bei Grundsicherungsberechtigten nicht anfallen. Verschärft wird das Problem durch die zuletzt exorbitant gestiegenen Unterkunftskosten, die im Rahmen von BAföG/BAB über eine geringe Pauschale (aktuell maximal 380 Euro monatlich) nur unzureichend kompensiert werden, während SGB-II-Berechtigte die tatsächlichen Wohnkosten gezahlt bekommen, sofern sie angemessen sind.

2016 öffnete die damalige Koalition aus CDU/CSU und SPD zumindest für BAB-Berechtigte und eingeschränkt auch für Schüler*innen und im elterlichen Haushalt lebende Studierende den Zugang zu aufstockenden SGB-II-Leistungen (§ 7 Absatz 5 und 6 SGB II). Mehr Menschen sollten motiviert werden, eine praktische Ausbildung zu beginnen. Einzig nicht im Elternhaus lebende Studierende wurden nicht bedacht. Sie erhalten weiterhin keine existenzsichernden Leistungen. In der Praxis müssen diese Studierenden jobben. Im Rahmen eines Minijobs können sie arbeiten, ohne dass ihr Einkommen auf das BAföG angerechnet wird.

Von Leipzig nach Karlsruhe

Das Bundesverwaltungsgericht (BVerwG) griff dieses Problem 2021 auf, hielt die Gesetzeslage für verfassungswidrig und legte die Frage – bezogen auf die Grundpauschale nach § 13 Absatz 1 Nr. 2 BAföG – dem BVerfG zur Entscheidung vor. Das BVerfG folgte dem BVerwG nun nicht und entschied gegen die Studierenden (Beschluss vom 23.09.2024, Az. 1 BvL 9/21). In der relativ kurzen Entscheidung prüfte das Gericht die Frage der Verfassungsmäßigkeit unter drei Gesichtspunkten.

Das BVerfG hat in den letzten Jahrzehnten aus Artikel 1 Absatz 1 GG in Verbindung mit dem Sozialstaatsprinzip einen Anspruch auf Sicherung eines menschenwürdigen Existenzminimums hergeleitet. Dieses Recht sei allerdings auf den Personenkreis beschränkt, der nicht in der Lage ist, sich selbst oder durch Dritte die nötigen Mittel zur Deckung des Bedarfes zu beschaffen (Nachranggrundsatz) oder durch eigenes Zutun die Notlage gar nicht erst entstehen zu lassen (Mitwirkungspflicht). Und genau zu diesem Personenkreis gehören laut

BVerfG Studierende nicht, da sie sich durch eigene Arbeit sehr wohl versorgen könnten, auch wenn sie dafür ihr Studium abbrechen müssten. Aus Artikel 1 Absatz 1 GG folge eben kein Recht auf Leistungen zur Ermöglichung der durch einzelne Grundrechte garantierten Freiheiten, hier der Ausbildungsfreiheit aus Artikel 12 GG. Es berühre nicht die Menschenwürde, wenn eine Hochschulausbildung wegen fehlender Mittel nicht möglich sei.

Artikel 12 Absatz 1 Satz 1 GG in Verbindung mit Artikel 3 Absatz 1 GG begründet das Recht aller Zugangsberechtigten auf gleiche Teilhabe an staatlichen Studienangeboten. Dies zwingt die Hochschulen, ein eignungsgerechtes Auswahlverfahren durchzuführen und Studienplätze innerhalb ihrer Kapazitäten bereitzustellen. Es schützt auch vor prohibitiv wirkenden Studiengebühren. Allerdings ist laut dem BVerfG das Teilhaberecht auf den Zugang zum Studium beschränkt, es beinhalte keinen Anspruch auf die (weiteren) Leistungen, die notwendig sind, um das Studienangebot tatsächlich nutzen zu können.

Das BVerfG diskutiert und verneint schließlich einen möglichen Anspruch auch im Hinblick auf das Sozialstaatsprinzip aus Artikel 20 Absatz 1 GG. Das Sozialstaatsprinzip eröffne dem Gesetzgeber einen weiten Entscheidungsspielraum: Er müsse für eine gerechte Sozialordnung und bezogen auf den Ausbildungsbereich für gleiche Bildungs- und Ausbildungschancen sorgen. Wie der Gesetzgeber dies im Einzelnen bewerkstellige, obliege seiner (freien) Entscheidung. Ein Anspruch auf bestimmte Unterstützungsleistungen folge daraus nicht. Begründet wird dies auch mit der Schuldenbremse: Die Begrenztheit der staatlichen Mittel mache eine Priorisierung der Ausgaben notwendig. Wenn dies im Ergebnis dazu führt, dass ärmere Studierende trotz Eignung ihr Studium nicht durchführen bzw. abschließen können, sei dies hinzunehmen.

Echte Chancen

Die Entscheidung kommt überraschend. Gerade im Hinblick auf das aus Artikel 12 GG hergeleitete Recht auf Teilhabe wäre damit zu rechnen gewesen, dass das BVerfG nicht nur beim Zugang, sondern auch bei der faktischen Durchführung für mehr Chancengleichheit sorgt. Denn was nützt der beste Studienplatz, wenn Studierende ihn mangels ausreichender finanzieller Mittel nicht adäquat nutzen oder gar nicht erst antreten können? Ohne ausreichende BAföG-Leistungen werden Studierende gezwungen, nebenbei zu arbeiten. Dies kann das Studium verlängern und sorgt schlimmstenfalls für den Abbruch. Denn: Die regulären Leistungen enden mit Ablauf der Regelstudienzeit. Es gibt zwar eine Reihe von Verlängerungsgründen (§ 15 Absatz 3 BAföG), das Arbeiten für den Lebensunterhalt gehört aber nicht dazu. Nach dem Auslaufen des BAföG reicht der Minijob dann nicht mehr. Dann heißt es nur noch: Geh doch arbeiten!

Vor diesem Hintergrund muss die Bundesregierung reagieren, um auch Menschen aus ärmeren Haushalten ein erfolgreiches Studium zu ermöglichen. Naheliegend wäre es hier, auch Studierenden, die nicht bei ihren Eltern leben, den Zugang zu Regelleistungen nach dem SGB II zu eröffnen, wie dies bei anderen Auszubildenden der Fall ist, oder ein bedingungsloses Grundeinkommen einzuführen.

Literatur

Gaffron, Shari: Aufstieg und Fall des Rechts auf individuelle Ausbildungsförderung: Zum BAföG-Beschluss des Bundesverfassungsgerichts, Verfassungsblog v. 8.11.2024.

BVerfGE 125, 175 ff. (»Hartz IV«).

BVerfGE 33, 303 ff. (»numerus clausus I«).

Benjamin Kley / Ali Mehrens

Verwehrung des Zugangs zu Bildung als Strafmaßnahme?

Zur Neueinführung des Ordnungsrechts an Berliner Hochschulen

Seit Juli 2024 gilt in Berlin nach einer Änderung des Hochschulgesetzes (BerlHG) wieder das Ordnungsrecht über die Studierenden. Erst 2021 war es unter der rot-grün-roten Koalition abgeschafft worden. Die politischen Bemühungen von konservativer Seite, das Ordnungsrecht im BerlHG wiedereinzuführen, nahmen zunächst Bezug auf Klimaproteste an Hochschulen, ab Ende 2023 dann maßgeblich auf palästina-solidarische Proteste. Die Landesregierung aus CDU und SPD überging im Gesetzgebungsprozess die Gewerkschaften, andere kritische Stimmen – Antidiskriminierungsbeauftragte und Studierendenschaften – wurden ignoriert und kaum vier Monate später wurde das Ordnungsrecht im Abgeordnetenhaus beschlossen. Damit hält in Berlin eine uralte Tradition der Sanktionierung von studentischem Verhalten und Protest in Berlin wieder Einzug. Verschiedene Versionen des Ordnungsrechts existieren in allen Landeshochschulgesetzen.

Das heutige Ordnungsrecht steht in direkter Kontinuität zum universitären Disziplinarrecht, mit dessen Hilfe ab 1933 im Geiste nationalsozialistischer Gleichschaltung politisch unliebsame Studierende von der Berliner Universität entfernt wurden. Das neue Gesetz steht auch in Kontinuität zu dem Ordnungsrecht, das Anfang der 1970er Jahre in Westdeutschland erstmals das Disziplinarrecht über die Studierenden bundesrechtlich ersetzte. Geschaffen, um gegen die 68er-Studierendenrevolte vorzugehen, normierte es den »geordneten universitären Betrieb« als Schutzgut und richtete sich gegen kollektive Aktionen der Studierendenschaften (zur historischen Entwicklung: Rüstemeier / Kley 2024).

Das Berliner Ordnungsrecht hat Beispielwirkung

Das neue Berliner BerlHG normiert fünf Tatbestände (Ordnungsverstöße), auf deren Grundlage Sanktionen (Ordnungsmaßnahmen) verhängt werden können. Die Ordnungsmaßnahmen reichen von Rügen über Betretungsverbote für Einrichtungen der Hochschule bis zur Zwangsexmatrikulation. Das Verfahren über die Verhängung von Ordnungsmaßnahmen führt meist ein Ordnungsausschuss durch; diese Kompetenz lässt sich aber auch beim Universitätspräsidium ansiedeln. Gegen eine Entscheidung können Betroffene dann vor Gericht klagen. Die meisten ordnungsrechtlich Gemaßregelten werden gerichtlich Recht bekommen – immerhin muss die Maßnahme streng verhältnismäßig sein und hier wird scharf in Grundrechte eingegriffen. Insbesondere die Berufs- und Ausbildungsfreiheit aus Artikel 12 Absatz 1 GG wird in ihrem Kern getroffen: ein Grund, warum die Zwangsexmatrikulation in der Geschichte der Bundesrepublik bislang nur in sehr wenigen Fällen Bestand hatte. Bildung ist ein Menschenrecht, das nicht von den Vorstrafen einer Person abhängt. Wer die Verwehrung des Bildungszugangs als Strafmaßnahme nutzt, macht Hochschulbildung zu einem Privileg, das nur den von universitären Organen als würdig Betrachteten zuteilwerden soll.

Die Ordnungstatbestände sind stets rechtlich unbestimmt und in ihren je nach Bundesland unterschiedlichen Ausführungen gefährlich weit gefasst: Mal ist das Stören des bestimmungsgemäßen Betriebs der Hochschule durch Gewalt ein Ordnungsverstoß (§ 51 a Absatz 1 Nr. 1 a des Gesetzes über die Hochschulen des Landes Nordrhein-Westfalen), mal die Nutzung von Einrichtungen der Hochschulen zu vorsätzlichen Straftaten (§ 16 Absatz 1 Nr. 3 BerlHG). Protest, Plakate kleben, Veranstaltungen stören, sich öffentlich über Dozierende äußern: All das ist damit durch das Ordnungsrecht mit Sanktionen bedroht.

Ordnungsrecht als politisches Repressionsmittel

Der Annahme, das Ordnungsrecht sei aufgrund der rechtlichen Schwierigkeiten zahnlos, liegt ein Missverständnis zugrunde.

Die tatsächliche Schärfe des Rechtsinstituts liegt nicht darin, Studierende exmatrikulieren zu können; politisch gefährlich ist es vielmehr in seiner Vorwirkung in die Hochschulen hinein. Für diesen Effekt spielt es keine Rolle, ob Ordnungsmaßnahmen tatsächlich rechtmäßig erlassen oder vor Gericht aufrechterhalten werden. Es geht vielmehr um die Drohung, den Studierendenstatus verlieren zu können.

Die Drohung wirkt sich auf Studierende unterschiedlich aus, denn am Studierendenstatus hängt für die meisten weit mehr als nur die Möglichkeit, ihre Ausbildung fortsetzen und abschließen zu können: Die Finanzierung des Lebensunterhalts über BAföG, Stipendien oder Werkstudent*innenstellen ebenso wie das Zimmer in einem Studierendenwohnheim hängen an der Immatrikulation. Auch der Aufenthaltsstatus internationaler Studierender hängt von der Immatrikulation ab.

Nicht zu vergessen ist auch der Aspekt der sozialen Ungleichheit: Wie viele der Studierenden sind überhaupt finanziell in der Lage, Kosten von bis zu 3500 Euro aufzubringen, um sich gerichtlich gegen verhängte Ordnungsmaßnahmen zu wehren? Diese Fragen, die sich Studierende in Berlin – und anderswo – im Vorfeld von politischer Arbeit und Aktion stellen müssen, werden eine einschüchternde Wirkung entfalten. Praktisch könnte das zur Folge haben, dass politische Initiativen sich lieber abseits der Universitäten engagieren, weil ziviler Ungehorsam an der Hochschule viel einfacher bestraft werden kann. Auch dürfte es die Arbeit von Studierendenvertretungen, die regelmäßig – beispielsweise im Kampf gegen Machtmissbrauch und sexualisierte Gewalt – eine unbequeme Rolle einnehmen müssen, erheblich einschränken.

Kontext: Angriffe auf Hochschulautonomie

Die wissenschaftlichen Institutionen waren 2024 massiven politischen Angriffen ausgesetzt. Seien es die Fördergeldaffäre der damaligen Bundesministerin Bettina Stark-Watzinger (dazu Matthias Goldmann in diesem Band), existenzbedrohende Sparpläne oder der Versuch von CDU, FDP und AfD, amerikanische Kulturkämpfe gegen angebliche »Elfenbeinturm-Studiengänge« wie z.B. Gender Studies zu importieren, eines ist klar: Breite Teile des politischen Spektrums versuchen, systematisch gegen kritische Stimmen und Freiräume an den Hochschulen vorzugehen. Dass Berlin das Ordnungsrecht in den Kontext der Extremismusbekämpfung gestellt hat, zeigt, dass dieses antiquierte Instrument eine beunruhigende Rückkehr als Mittel eskalierender autoritärer Entwicklungen zu machen droht. Die Berliner Gesetzesänderung wurde in der Antisemitismusresolution des Deutschen Bundestages explizit begrüßt, direkt unter der Aufforderung an die Landesgesetzgeber, ihre Hochschulgesetze auf Lücken für »notwendige« Sanktionsmöglichkeiten zu überprüfen (dazu Tim Wihl in diesem Band).

Wann immer es zu Protestbewegungen an Universitäten kommt, ist der Ruf nach Exmatrikulationen nicht weit. Zuletzt war insbesondere als Antwort auf Klima-, Arbeits- und antifaschistische Kämpfe auf sozialen Medien von rechts gefordert worden, die beteiligten Studierenden zu exmatrikulieren. Das Ordnungsrecht bietet den rechtlichen Rahmen, um öffentlichem Druck nach Zwangsexmatrikulationen nachzukommen. Wenn Hochschulleitungen diesem Druck nicht standhalten, kontrollieren am Ende diejenigen, welche die größte Empörung erzeugen können, wer studieren darf.

Literatur

LandesAstenKonferenz: Gegen die Wiedereinführung des Ordnungsrecht über die Studierenden in Berlin! – 17. BerlHG Novelle verhindern, 17.4.2024, www.lak-berlin.de/node/1015.

Geulen, Reiner/Stuby, Gerhard: Ordnung als Repression, in: Kritische Justiz 1969, S. 125 ff.

Rüstemeier, Bengt/Kley, Benjamin: Renaissance einer schlechten Idee. Die Forderung nach der Wiedereinführung des Ordnungsrechts hat Konjunktur, in: Berliner Bildungszeitschrift (bbz) v. 4.4.2024, www.gew-berlin.de/aktuelles/detailseite/renaissance-einer-schlechten-idee.

> **Artikel 12 (3) Zwangsarbeit ist nur bei einer gericht-
> lich angeordneten Freiheitsentziehung zulässig.**

Johannes Feest

Zwangsarbeit im Strafvollzug?

Am 24. April 2024 hat das Europäische Parlament ein Verbot von in Zwangsarbeit hergestellten Produkten auf dem Unionsmarkt beschlossen (P9_TA[2024]0309), das noch vom EU-Rat gebilligt und im Amtsblatt veröffentlicht werden muss. Dabei bezieht man sich auf das Übereinkommen über Zwangs- oder Pflichtarbeit der Internationalen Arbeitsorganisation (ÜbIAO 29, 1930). Darin wird grundsätzlich jede Art von Arbeit oder Dienstleistung untersagt, »die von einer Person unter Androhung irgendeiner Strafe verlangt wird und für die sie sich nicht freiwillig zur Verfügung gestellt hat« (Artikel 2 ÜbIAO 29). Das EU-Verbot wirft die alte Frage auf, ob nicht auch die »Pflichtarbeit« oder »Arbeitspflicht« im deutschen Strafvollzug verbotene Zwangsarbeit darstellt.

Zwangsarbeit: Regel und Ausnahme

Jeder Staat, der das zitierte Übereinkommen ratifiziert hat, ist verpflichtet, den Gebrauch der Zwangs- oder Pflichtarbeit in allen ihren Formen möglichst bald zu beseitigen. »Bis zur völligen Beseitigung darf Zwangs- oder Pflichtarbeit während einer Übergangszeit ausschließlich für öffentliche Zwecke und auch dann nur ausnahmsweise angewandt werden«, wobei die in dem Übereinkommen vorgesehenen Beschränkungen einzuhalten sind. In all ihren Formen ist Arbeit in Geld zu vergüten, und zwar nicht »niedriger [...] als [...] für gleichartige Arbeit in dem Gebiete der Arbeitsverrichtung« (Artikel 14 ÜbIAO 29). Zwar wurden die Artikel 3 bis 24 des Übereinkommens

2014 ersatzlos gestrichen, umgesetzt wurden sie jedoch bis dahin nicht.

Nicht als Zwangs- oder Pflichtarbeit im Sinne des Übereinkommens der IAO gilt »jede Arbeit oder Dienstleistung, die von einer Person aufgrund einer gerichtlichen Verurteilung verlangt wird« (Artikel 2 Absatz 2 c ÜbIAO 29). Das entspricht der Tradition des modernen Gefängniswesens seit der Erfindung des Zuchthauses. Sie findet sich auch im Internationalen Pakt über bürgerliche und politische Rechte (1966), in der Europäischen Menschenrechtskonvention (1950) und in Artikel 12 Absatz 3 GG, dort heißt es: »Zwangsarbeit [sic!] ist nur bei einer gerichtlich angeordneten Freiheitsentziehung zulässig.« Allerdings sagt Artikel 4 der Allgemeinen Erklärung der Menschenrechte ohne jede Einschränkung: »Niemand darf in Sklaverei oder Leibeigenschaft gehalten werden.«

Pflichtarbeit im deutschen Strafvollzug

Zwangsarbeit i.e.S. im Gefängnis war in Deutschland zunächst nur mit der Zuchthausstrafe verbunden (§ 15 RStGB). Seit deren Abschaffung im Jahr 1970 wurde jedoch im deutschen Strafvollzug die Tradition fortgeführt, Strafgefangene zur Arbeit zu verpflichten, ohne dass es dafür eine Rechtsgrundlage gab. Eine solche ergab und ergibt sich weder aus dem Strafgesetzbuch noch aus dem Strafurteil. Erst im Strafvollzugsgesetz von 1977 hieß es dann in § 41, dass Gefangene grundsätzlich verpflichtet sind, eine ihnen zugewiesene, ihren körperlichen Fähigkeiten angemessene Arbeit auszuüben, zu deren Verrichtung sie körperlich in der Lage sind. Diese »Pflichtarbeit« kann mittels Disziplinarmaßnahmen durchgesetzt werden. Ausdrückliche Ausnahmen sind nur vorgesehen für werdende und stillende Mütter sowie für (mehr als 65 Jahre) alte Gefangene.

Es verstößt nach wie vor gegen das ÜbIAO, wenn Strafgefangene zur Arbeit in »Unternehmerbetrieben« eingeteilt (»verdingt«) werden. Das betrifft sowohl Arbeit in Betrieben außerhalb einer JVA als auch Arbeit für Privatunternehmer innerhalb einer JVA. Der Sachverständigenausschuss der IAO hat mehrfach darauf hingewiesen, dass eine solche Beschäftigung nur mit Zustimmung des Gefangenen zulässig ist. Der Entwurf des Strafvollzugsgesetzes hatte dem zunächst in § 41 Absatz 3 entsprochen. Diese Bestimmung sollte 1982 in Kraft treten, was jedoch mehrfach aufgeschoben und schließlich ganz aufgegeben wurde. Damit stand der Verpflichtung zur Arbeit in Unternehmerbetrieben nichts mehr im Wege. Auch das Bundesverfassungsgericht (BVerfG) sah gegenüber einer solchen Beschäftigung keine grundsätzlichen verfassungsrechtlichen Bedenken, »soweit die Vollzugsbehörden die öffentlich-rechtliche Verantwortung für die ihr anvertrauten Gefangenen behalten« (BVerfGE 98, 169).

Dies hatte einen pragmatischen Grund, auf den das Oberlandesgericht (OLG) Hamm schon 1973 hinwies: Der Vollzug sei auf Unternehmerbetriebe angewiesen, da eine ausreichende Anzahl von Arbeitsplätzen in Eigenbetrieben nicht angeboten werden könne. Arbeit im Strafvollzug ist seitdem immer mehr zum Wirtschaftsfaktor geworden. Die Landesjustizverwaltungen werben sogar damit, dass sie Produkte zu den Lohnkosten von Billiglohnländern produzieren können. Der Anteil der Unternehmerbetriebe in Justizvollzugsanstalten steigt kontinuierlich an. Hinzu kommen neuerdings Onlineshops für knasteigene Produkte, mit denen Gewinne erzielt werden. Ferner werden Gefangene auch ohne ihre Zustimmung in Betrieben außerhalb der Anstalt eingesetzt (»unechter Freigang«). Dies alles verstößt gegen das europäische Verbot von in Zwangsarbeit hergestellten Produkten.

Darüber hinaus kollidiert das Profitinteresse der Unternehmen und der Landeskassen auch mit dem Resozialisierungsgebot und betrifft daher alle zur Arbeit verpflichteten Gefangenen. Nach dem Angleichungsgrundsatz, der sich in allen Landesgesetzen ebenso wie in Nr. 26.17 der Europäischen Strafvollzugsgrundsätze wiederfindet, ist das Leben im Vollzug »den allgemeinen Lebensverhältnissen soweit wie möglich anzugleichen«. Dies ist aber bei Gefängnisarbeit offensichtlich nicht der Fall. Anders als im unionsautonomen Arbeitsrecht (Artikel 45 Vertrag über die Arbeitsweise der Europäischen Union) gelten in Deutschland Gefangene nicht als Arbeitnehmer*innen, da sie nicht dem Arbeitsmarkt zur Verfügung stehen. Daher ist das allgemeine Arbeitsrecht grundsätzlich nicht auf sie anwendbar. Sie gelten auch nicht als koalitionsfähig, weshalb die Gefangenengewerkschaft (GG/BO) nicht als Verhandlungspartnerin anerkannt wird. Auch die Entlohnung entspricht nicht den außerhalb gezahlten Tariflöhnen und liegt mit durchschnittlich weniger als 2 Euro pro Stunde weit unter dem gesetzlichen Mindestlohn. Hinzu kommt, dass auch die Einbeziehung der Gefangenen in die Sozialversicherung zu den nicht eingelösten Versprechen der Strafvollzugsreform von 1977 gehört. Das BVerfG hat die Gefangenenentlohnung 2023 schon zum zweiten Mal für verfassungswidrig erklärt (BVerfGE 166, 196–290). Abgesehen von einer geringfügigen Anhebung der Entlohnung hat sich bisher wenig geändert (vgl. Kirstin Drenkhahn, Grundrechte-Report 2024).

Notwendigkeit der Arbeitspflicht?

Die »Arbeitspflicht« wird in den meisten Bundesländern weiterhin praktiziert, vorgeblich um Strafgefangene an regelmäßige Arbeit zu gewöhnen und so zu resozialisieren, d. h. sie wieder in die Gesellschaft einzugliedern. Dass dies mit Hilfe der Verpflichtung zu regelmäßiger Arbeit allein zu erreichen ist, kann mit guten Argumenten bezweifelt werden. Es gibt keine Belege dafür, dass schlecht bezahlte Pflichtarbeit die Integration in die Gesellschaft steigert. Auch gibt es im Strafvollzug nicht genug Arbeit für alle Gefangenen, schon gar nicht »wirtschaftlich ergiebige Arbeit«, wie sie in der ursprünglichen Gesetzgebung noch versprochen worden war (§ 37 StVollzG), ein Anspruch, auf den viele Ländergesetze allerdings inzwischen verzichtet haben.

Aber auch die Chancen für Strafgefangene, auf dem ersten Arbeitsmarkt eine regulär bezahlte Tätigkeit zu finden, sind für die meisten aus der Haft Entlassenen denkbar gering. Mangels ausreichender Arbeitsangebote verzichten viele Anstalten auf eine disziplinarische Durchsetzung der Arbeitspflicht. Nur Brandenburg, Rheinland-Pfalz, Saarland und Sachsen haben sie bisher formell aus ihren Gesetzen gestrichen. Das entbindet die Justizvollzugsanstalten nicht von ihrer aus dem Resoziali-

sierungsgebot folgenden Pflicht, den Gefangenen ihren Fähigkeiten entsprechende Arbeit bzw. Ausbildung anzubieten. Insofern wäre es an der Zeit, auf die Arbeitspflicht im Strafvollzug
generell zu verzichten, arbeitende Gefangene angemessen zu
bezahlen und sie grundsätzlich in das allgemein geltende Arbeitsrecht einzubeziehen.

Literatur

Boll, Friederike: Zwangsarbeit hinter Gittern, in: Blätter für deutsche und internationale Politik 11/2016, 25–28.

Galli, Thomas: Arbeit (§ 22 LandesR), in: Feest, Johannes/Lesting,
Wolfgang/Lindemann, Michael (Hrsg.): Strafvollzugsgesetze.
Kommentar, 8. Auflage, Hürth 2022.

Mariksen, Laura Isabelle: Arbeitspflicht und Arbeitsentlohnung im
Strafvollzug. Vereinbarkeit mit anderen, insbesondere höherran-
gigen Rechtsquellen, Mönchengladbach 2023.

Artikel 13 (1) **Die Wohnung ist unverletzlich.**

Athena Möller

Habeck und die Hausdurchsuchung
Wenn die Strafverfolgung über das Ziel hinausschießt

»Schwachkopf PROFESSIONAL« – Über diesem Schriftzug war ein Foto des Bundeswirtschaftsministers Robert Habeck zu sehen; auf einem Bild, das ein 64-jähriger Rentner auf der Plattform X gepostet hatte. Das führte am 12. November 2024 zu einer Durchsuchung seines Hauses.

Eine klitzekleine Beleidigung gegen einen Politiker und sofort dringt der Staat in die Wohnung ein. Das klingt zunächst nicht nach einer Demokratie mit Meinungsfreiheit (Artikel 5 Absatz 1 Satz 1 GG), die Regierungskritik zulässt und die Privatsphäre von Bürger*innen in ihren eigenen vier Wänden vor staatlichen Eingriffen schützt (Artikel 13 Absatz 1 GG). Entsprechend hagelte es nach dem Vorfall heftige Kritik, vor allem aus rechten Kreisen. Habeck gehe auf die Bürger*innen los, die ihm kritisch gegenüberstünden.

Solche Vorwürfe sind in zweierlei Hinsicht falsch. Erstens hat nicht Habeck den Durchsuchungsbeschluss beantragt, sondern die Staatsanwaltschaft, und das Amtsgericht hat ihn erlassen. Zweitens handelte es sich um eine Beleidigung, die eben nichts mit sachlicher Kritik zu tun hat. Richtig ist hingegen, dass eine Hausdurchsuchung ein schwerwiegender Eingriff in die Privatsphäre ist, so dass sich bei einer eher geringfügigen Beleidigung wie »Schwachkopf« die Frage nach der Verhältnismäßigkeit geradezu aufdrängt.

Schwache Beleidigung, schwerer Eingriff

Es scheint übertrieben, dass diese Äußerung nicht nur als übliche Beleidigung nach § 185 Strafgesetzbuch (StGB) eingestuft wird, sondern auch § 188 StGB zur Anwendung kam, der Beleidigungen gegen Personen des politischen Lebens erfasst und eine schwerere Straftat darstellt. Nicht jede Beleidigung von Politiker*innen fällt automatisch unter § 188 StGB; vielmehr muss sie sein öffentliches Wirken erheblich erschweren. Ob eine vielleicht auch nur witzig gemeinte, jedenfalls aber vergleichsweise milde Beleidigung von einem X-Nutzer mit nur 900 Followern tatsächlich die Arbeit von Habeck als Vizekanzler und Bundesminister erheblich erschwert, ist mehr als zweifelhaft. Die Anwendung von § 188 StGB durch die Staatsanwaltschaft dürfte daher der erste Fehler in diesem Fall gewesen sein. Die Anordnung der Hausdurchsuchung durch das Amtsgericht war der zweite.

Übrigens war Letztere auch schon vor Habecks Strafantrag erfolgt: Zwar ist bei Beleidigungen grundsätzlich ein Strafantrag erforderlich, doch bei Politikerbeleidigungen (§ 188 StGB) kann die Staatsanwaltschaft bei öffentlichem Interesse (§ 194 StGB) auch ohne Antrag ermitteln. Die Feststellung des öffentlichen Interesses scheint damit Fehler Nummer drei zu sein.

Nach § 102 Strafprozessordnung sind Hausdurchsuchungen grundsätzlich immer möglich, wenn das Auffinden von Beweismitteln zu vermuten ist. Allerdings stellen sie einen schwerwiegenden Grundrechtseingriff dar, der stets im angemessenen Verhältnis zur Schwere der Straftat stehen muss. Folglich müssten sich Durchsuchungsbeschlüsse bei weniger schweren Straftaten ausdrücklich mit der Verhältnismäßigkeit auseinandersetzen und begründen, warum diese trotz Vorliegens eines Bagatelldelikts ausnahmsweise gegeben sein könnte. In der Praxis jedoch, wie auch in diesem Fall, fehlt es oft an einer solchen expliziten Begründung – ein strukturelles Defizit, das den Eindruck erweckt, dass Staatsanwaltschaften Durchsuchungsbeschlüsse allzu leichtfertig und ohne gründliche Prüfung erlassen (hierzu Till Müller-Heidelberg, Grundrechte-Report 2016). Zur Klarstellung: Der Angeklagte postete auch ein mutmaßlich antisemitisches Bild, was den Verdacht einer Volksverhetzung nach § 130 StGB begründete. Der gerichtliche Durchsuchungsbeschluss bezog sich jedoch nur auf die Beleidigung von Habeck gemäß § 185 StGB und § 188 StGB. Dass die Durchsuchung am »Aktionstag gegen antisemitische Hasskriminalität im Internet« stattfand und in der Pressemitteilung der Staatsanwaltschaft auch möglicher Antisemitismus als Begründung für das öffentliche Interesse erwähnt wird, sorgt für Verwirrung. Rechtlich war nur der »Schwachkopf«-Post Grundlage für die Ermittlungen.

Dass Beleidigungen im Internet oft Hausdurchsuchungen zur Folge haben, ist ein grundsätzliches Problem. Denn ohne beschlagnahmte Endgeräte kann sich die Beweislage als unzureichend erweisen, was in zahlreichen Fällen bereits zu absurden Freisprüchen geführt hat – etwa weil Beschuldigte erfolgreich behaupten konnten, die Posts nicht selbst veröffentlicht zu haben. Eine naheliegende Lösung wäre, die offiziellen User*innen der jeweiligen Accounts grundsätzlich in Verantwortung zu nehmen. Da das geltende Strafrecht dies nicht zulässt, müssten Beleidigungen zusätzlich als Ordnungswidrigkeiten sanktioniert werden – hier wäre eine solche Haftung der Account-Inhaber*innen rechtlich umsetzbar. Damit könnten vermutlich viele der unverhältnismäßigen Grundrechtseingriffe vermieden werden, ohne dabei in gravierenden Fällen Straftaten ungeahndet zu lassen. Bis dahin müssen Polizei, Staatsanwaltschaft und Richter*innenschaft dringend dafür sensibilisiert werden, wann Maßnahmen unangemessen sind.

Habt ihr sonst nichts zu tun?

Berechtigt ist die Kritik, dass andere unangemessene Inhalte im Netz oft nicht in gleicher Weise verfolgt werden – in vielen Fällen sogar gar nicht. Eine Studie aus dem Februar 2024 zeigt, dass 49 Prozent aller User*innen bereits im Internet beleidigt wurden. Die meisten dieser Fälle bleiben trotz öffentlicher Sichtbarkeit ungestraft.

Angesichts dieser Zahlen stellt sich die Frage, inwieweit eine Strafverfolgung noch durchführbar wäre. Würde bei jeder noch so geringfügigen Beleidigung eine Hausdurchsuchung angeordnet, hätte die Polizei wohl kaum noch Kapazitäten für andere Aufgaben. Deswegen aber die Politiker*innen zu mahnen, sie sollten sich mit Strafanzeigen zurückhalten, ist kein besonders rechtsstaatlicher Ansatz. Es überzeugt nicht, dass die damalige schwarz-rote Koalition 2019 nach der Ermordung des Kasseler Regierungspräsidenten Walter Lübcke ein neues Gesetz zum Schutz von Politiker*innen veranlasste – nämlich eben jenen § 188 StGB –, und die CDU kaum drei Jahre später argumentiert, dieses funktioniere aber nur, wenn die Politiker*innen nicht alles anzeigten. Wenn täglich hunderte Beleidigungen verübt werden, steht es jede*r Politiker*in zu, jede einzelne zu melden. Problematischer ist, dass gewöhnliche Bürger*innen kaum Anzeigen erstatten, da ihnen nicht die gleichen Mittel wie Politiker*innen zur Verfügung stehen, um sich gegen Beleidigungen und Hass im Internet zu wehren. Denn sie verfügen weder über Dienstleister, die algorithmisch nach Internetdelikten suchen, noch über Kanzleien, die diese im Rahmen automatisierter Prozesse zur Anzeige bringen – ja, oftmals fehlt ihnen sogar das Wissen, dass Beleidigungen strafbar sind.

Mehr Beleidigung als Meinungsäußerung

In einem ähnlichen Fall, der als »Pimmelgate«-Affäre bekannt wurde, kam es 2021 wegen des Vorwurfs der Beleidigung im Internet gegen den hamburgischen Innensenator Andy Grote ebenfalls zu einer Hausdurchsuchung. Diese wurde jedoch später vom Landgericht Hamburg für rechtswidrig erklärt, da die angezeigte Äußerung im Zusammenhang mit Grotes eigenem Fehlverhalten während der Coronamaßnahmen stand und daher als »unterhalb der Erheblichkeitsschwelle« eingestuft wurde (Az. 631 Qs 17/22). Ein derartiger kritischer Bezug fehlte allerdings im Schwachkopf-Post.

Ob es in einer Demokratie erlaubt sein sollte, Politiker*innen kontextlos als »Arschloch« zu bezeichnen, oder ob diese besseren Schutz als normale Bürger*innen benötigen, darüber lässt sich streiten. Fakt im Fall Habeck ist jedoch: Das Problem liegt nicht im Strafantrag, sondern darin, dass die Strafverfolgung unverhältnismäßig war, da sie zu stark in Grundrechte eingegriffen hat, und dass gleichzeitig die Strafverfolgung anderer Internetdelikte, wie zum Beispiel Mobbing, sexuelle Belästigung oder Morddrohungen, viel zu kurz kommt. Polizei und Justiz scheinen unzureichende Vorstellungen darüber zu haben, was in der Strafverfolgung zu priorisieren ist.

Literatur

Gerhold, Sönke Florian: Bagatelldelikte als Türöffner für Ausforschungen und gezieltes Suchen nach Zufallsfunden? Indizien für einen Missstand, in: Neue Kriminalpolitik 2021, S. 306.

Hipp, Dietmar: »Das Strafrecht ist die ganz große Keule und sollte das letzte Mittel sein«, Der Spiegel, Ausgabe 48/2024, 23. 11. 2024.

Das NETTZ, Gesellschaft für Medienpädagogik und Kommunikationskultur, HateAid und Neue deutsche Medienmacher*innen u. a. (Hrsg.): Lauter Hass – leiser Rückzug. Wie Hass im Netz den demokratischen Diskurs bedroht. Ergebnisse einer repräsentativen Befragung, Berlin 2024, https://kompetenznetzwerk-hass-im-netz.de/download_lauterhass.php, S. 41.

> Artikel 14 (1) **Das Eigentum und das Erbrecht werden gewährleistet. Inhalt und Schranken werden durch die Gesetze bestimmt.**
> **(2) Eigentum verpflichtet. Sein Gebrauch soll zugleich dem Wohle der Allgemeinheit dienen.**

Anna-Katharina König / Timo Laven

Wenn die Bremse versagt
Das Mietpreisrecht auf dem Prüfstand

Vor ziemlich genau zehn Jahren trat § 556 d des Bürgerlichen Gesetzbuchs (BGB) – die sogenannte Mietpreisbremse – in Kraft. Die Vorschrift ermöglicht es den Ländern, in Gebieten mit angespanntem Wohnungsmarkt die zulässige Höchstmiete bei Neuvermietungen auf einen Preis von maximal zehn Prozent über dem Mietspiegel zu begrenzen. Dennoch hat sich die Situation auf dem Wohnungsmarkt seither drastisch verschlechtert. Deutschlandweit sind die Angebotsmieten in den vergangenen zehn Jahren um 34 Prozent gestiegen, in Berlin sogar um 97 Prozent. Angesichts dessen unterliegt das Eigentum an Wohnungen in besonderem Maße der Sozialbindung des Eigentums aus Artikel 14 Absatz 2 GG. Trotz der Mietpreisentwicklung entschied sich die Große Koalition dafür, die Geltung der Mietpreisbremse bis Ende 2021 zu begrenzen, was 2020 auf das Ende des Jahres 2025 verlängert wurde. Die Mieten bei Neuvermietungen werden also ab 2026 wieder allein dem Markt überlassen, wenn keine erneute Verlängerung beschlossen wird. Im Oktober 2024 hat sich die Ampelregierung trotz Bedenken der FDP zu einer Verlängerung entschieden. Doch ist dieser Gesetzentwurf dem Bruch der Koalition zum Opfer gefallen, so dass die Mietpreisbremse nun auszulaufen droht.

Seit jeher trifft die Mietpreisbremse in allen politischen Lagern auf Skepsis. So veranlasste ihre praktische Wirkungslosigkeit den Bundestag bereits Ende 2018 zur Erweiterung der Möglichkeit, zu viel gezahlte Miete zurückzufordern (§ 556g Absatz 1 BGB). Anstatt die Mietpreisbremse weiter zu verschärfen, entschied sich das FDP-geführte Bundesministerium der Justiz jedoch im Jahr 2024 dazu, zusätzliche Anforderungen zu stellen: Eine dauerhafte Ermöglichung der Mietpreisbremse intensiviere den Eingriff in das von Artikel 14 GG geschützte Eigentum, so dass mit fortschreitender Dauer zunehmende Gründe für eine Rechtfertigung vorliegen müssten. Eine Region sollte danach nur mit besonderer Begründung wiederholt zu einem Gebiet mit angespanntem Wohnungsmarkt erklärt werden können.

Anstelle einer solchen Einschränkung der Mietpreisbremse wäre es umgekehrt gerade geboten, ihren Anwendungsbereich gezielt auszuweiten und effektivere Mechanismen für ihre Durchsetzung einzuführen. Denn in ihrer bisherigen Ausgestaltung zeigt die Mietpreisbremse kaum einen Effekt auf die Entwicklung der Neuvertragsmieten. Dies liegt zum einen an den zahlreichen Ausnahmetatbeständen, die eine Umgehung der Preisgrenze möglich machen, und zum anderen daran, dass Mieter*innen eine Überschreitung der zulässigen Miethöhe nur sehr selten gegenüber ihren Vermieter*innen geltend machen.

Ausnahmen von der Mietpreisbremse

Von der Mietpreisbegrenzung des § 556d BGB sind zunächst Wohnungen ausgenommen, die nach dem 1. Oktober 2014 erstmals genutzt und vermietet wurden (vgl. § 556f Satz 1 BGB). So soll ein Anreiz für privaten Wohnungsbau gesetzt werden, was – so die Hoffnung – langfristig zu einer Entspannung des Wohnungsmarktes beitragen soll. In der Praxis bewirkt die freie Preisgestaltung für Neubauten allerdings lediglich, dass ein starkes Marktsegment für hochpreisige Wohnungen entsteht, während der Mangel an günstigem Wohnraum weiter wächst. Denn gerade in Großstädten führt ein großes Angebot an teurem Wohnraum nicht dazu, dass sich die Mietpreise insgesamt stabilisieren: Die hohe Nachfrage durch zuziehende einkommensstarke Haushalte und der Renditedruck von Seiten großer Vermietungsunternehmen bewirken vielmehr, dass dauerhaft hohe Mietpreise abgerufen werden. Mit fortschreitendem Neubau fallen zudem durch die starre Grenze immer mehr Wohnungen aus der Preisbremse, weshalb bereits der Entwurf der Ampelregierung vom 11. Dezember 2024 eine Beschränkung auf Wohnungen, die erstmalig nach dem 1. Oktober 2019 genutzt wurden, vorsah.

Neben Neubauten gilt die Mietpreisbremse ebenfalls nicht für Wohnungen, die zuvor umfassend modernisiert worden sind (§ 556 f Satz 2 BGB). Diese Ausnahme schafft zum einen Missbrauchsrisiken, indem optisch geringfügig aufgewertete Wohnungen als saniert bezeichnet werden. Zum anderen ermöglicht sie ein Geschäftsmodell, bei dem Wohnraum zunächst kostenintensiv aufgewertet wird, um ihn im Anschluss ohne Preisbeschränkung gewinnbringend zu vermarkten. Die Verdrängung der ansässigen Wohnbevölkerung durch zahlungskräftigere Haushalte ist keine bloße Begleiterscheinung dieser Verwertungsstrategie; sie ist ihre notwendige Voraussetzung.

Als erfolgreiche Geschäftsstrategie hat es sich in Großstädten ferner erwiesen, Wohnraum möbliert zu vermieten. Möblierte Wohnungen fallen zwar in den Anwendungsbereich der Mietpreisbremse. Neben der gesetzlich gedeckelten Nettokaltmiete kann aber zusätzlich ein Möblierungszuschlag verlangt werden, der preisrechtlich nicht reguliert ist und im Mietvertrag auch nicht gesondert ausgewiesen sein muss. Über den Zuschlag ist es daher möglich, einen deutlich höheren Gesamtmietpreis zu verlangen, als dies im unmöblierten Zustand möglich wäre. Die Mietpreise für möblierten Wohnraum liegen daher im Durchschnitt um 45 Prozent über denen für unmöblierte Wohnungen. Infolgedessen machen möblierte Wohnungen in den fünf größten deutschen Städten inzwischen ein Drittel des gesamten Wohnungsangebots aus.

Strukturelle Hürden bei der Durchsetzung

Neben diesen Regulierungslücken beeinträchtigt ein weiterer Faktor die Wirksamkeit der Mietpreisbremse: die strukturellen

Hürden ihrer Durchsetzung. Als Teil des sozialen Mietrechts ist die Mietpreisbremse im BGB geregelt. Wie andere Vorschriften des Privatrechts auch obliegt ihre Durchsetzung der Initiative einer jeden Vertragspartei, hier also den Mieter*innen. Ein Verstoß gegen die Mietpreisbremse begründet insbesondere keine Ordnungswidrigkeit, die staatlich kontrolliert und behoben werden könnte. Das Gegenteil ist der Fall: Um eine überhöhte Miete geltend zu machen, muss jede*r einzelne Mieter*in die zulässige Miethöhe berechnen und einen etwaigen Rechtsverstoß gegenüber der Vermieter*in durchsetzen. Was auf dem Papier wie ein einfacher Vorgang erscheinen mag, ist in der Praxis schwierig. Studien konnten nachweisen, dass nur ein Drittel der Mieter*innen überhaupt Kenntnis von der Mietpreisbremse hat, geschweige denn in der Lage ist, die Miethöhe für die eigene Wohnung zu berechnen. Von diesem – ohnehin schon geringen – Teil scheut es wiederum die große Mehrheit, den Verstoß gegenüber der Vermieter*in durchzusetzen. In der Praxis geht lediglich ein Promilleanteil der Mieter*innen gegen eine Überschreitung der Mietpreisgrenze vor. Zu groß ist die Angst, in Konflikt mit Vermieter*innen zu treten und das Mietverhältnis zu gefährden.

Damit die Sozialbindung des Eigentums kein Lippenbekenntnis bleibt: Vier Reformvorschläge

Wenn der Bundestag dem Ziel, günstigen Wohnraum zu gewährleisten, gerecht werden will, darf er sich nicht darauf beschränken, nur eine Verlängerung der Mietpreisbremse zu beschließen. In ihr sind schon jetzt diverse »Sollbruchstellen« angelegt, die es durch eine Erweiterung des Anwendungsbereichs zu beheben gilt. Damit die Sozialbindung des Eigentumsgrundrechts aus Artikel 14 Absatz 2 GG kein bloßes Lippenbekenntnis bleibt und Mietwohnraum tatsächlich bezahlbar wird, muss zunächst der Ausnahmetatbestand für Neubauten reformiert werden. Anstatt sämtliche Wohnungen, die seit dem 1. Oktober 2014 erstmals vermietet werden, pauschal von der Mietpreisbremse auszunehmen, sollte die zeitliche Grenze für Neubauten stufenweise angepasst werden.

Darüber hinaus sollten Vermieter*innen zum Ausweisen eines preislich begrenzten Möblierungszuschlags verpflichtet werden. Um überhöhte Mieten erkennen und Verstöße effektiv beheben zu können, sollten Mietverträge außerdem Hinweise auf die Mietpreisbremse sowie eine begründete Einordnung in den Mietspiegel enthalten müssen. Die effektivste Durchsetzungsform der Mietpreisbremse wäre allerdings, öffentliche Auskunftsstellen einzuführen, die Verstöße sanktionieren können.

Literatur

Kummer, Joachim: Ein bürgerlich-rechtlicher Mietendeckel für den Bund? Zu den Vollzugsdefiziten eines privaten Mietpreisrechts, Verfassungsblog v. 19.4.2021.

Sommer, Felicitas/Schade, Rebekka/Prokesch, David et al.: Mieten-Umfrage München, Social Data Science + AI Lab, LMU München, 2024.

König, Anna-Katharina: Vom Papier zur Praxis – Ein kritischer Blick auf die Mobilisierung der Mietpreisbremse, in: Kritische Justiz 2025 (im Erscheinen).

Max Putzer

Effektiver Schutz vor überhöhten Mieten: Fehlanzeige
Erneut keine Reform des Wirtschaftsstrafgesetzes

In Zeiten explodierender Mieten sind Preise, die die ortsübliche Vergleichsmiete deutlich, teils um mehr als das doppelte übersteigen, keine Seltenheit. Angesichts der Knappheit an bezahlbarem Wohnraum sind nicht wenige dazu gezwungen, Verträge über derart überteuerte Mietwohnungen abzuschließen, um überhaupt ein Dach über dem Kopf zu haben. Obwohl hinlänglich bekannt, findet das Problem keinen Niederschlag in neuen bzw. verschärften Regelungen zum Schutz von Mieter*innen. Entsprechende Gesetzentwürfe bleiben in den Schubladen liegen oder im parlamentarischen Verfahren hängen. So auch geschehen mit der geplanten Reform des Wirtschaftsstrafgesetzes (WiStrG), das Mieter*innen davor schützen soll, sich wegen eines Mangels an leistbarem Wohnraum auf dem Wohnungsmarkt zu überhöhten Mieten versorgen zu müssen. Obwohl von einer Mehrheit des Bundesrats gefordert, fand das Vorhaben nicht die erforderliche Zustimmung im letzten Bundestag – ja, es schaffte es nicht einmal bis zu einer Beratung im Plenum. So bleibt das Gesetz zunächst weiter der zahnlose Tiger, zu dem es der Bundesgerichtshof (BGH) mit seiner vermieter*innenfreundlichen Auslegung der maßgeblichen Vorschrift über die Mietpreisüberhöhung gemacht hat. Ohne deren Änderung fehlt es an einem dringend nötigen effektiven Schutz vor Wucherpreisen bei Neu- und Wiedervermietungsmieten.

Ein Gesetz, das kaum mehr zur Anwendung kommt

§ 5 Absatz 1 WiStrG verbietet es, für die Vermietung von Wohnräumen unangemessen hohe Entgelte zu fordern, sich versprechen zu lassen oder anzunehmen. Dies ist nach Absatz 2 der Vorschrift bei Mieten der Fall, die »infolge der Ausnutzung eines geringen Angebots an vergleichbaren Räumen die üblichen Entgelte« um mehr als 20 Prozent übersteigen. Zugrunde gelegt werden dabei die für vergleichbare Wohnungen in den letzten sechs Jahren vereinbarten Mieten. Bei Verstößen gegen das Gesetz können Mietende von ihren Vermieter*innen Rückerstattung der zu viel gezahlten Miete verlangen. Anders als bei der Mietpreisbremse können die Kommunen aber auch selbst tätig werden und Geldbußen von bis zu 50 000 Euro verhängen, darüber hinaus auch die Rückzahlung der überzahlten Miete an die Mieter*innen anordnen.

Laut BGH setzt das Tatbestandsmerkmal der »Ausnutzung« voraus, dass Mieter*innen im Einzelnen nachweisen müssen, welche Bemühungen sie bei der Wohnungssuche unternommen haben, weshalb diese erfolglos geblieben sind und dass sie mangels Alternative auf die zu überhöhter Miete angebotene Wohnung angewiesen waren. Dies entschied das Gericht in zwei Grundsatzentscheidungen aus den Jahren 2004 und 2005. Ein bloßer Hinweis auf die objektive Lage auf einem angespannten Wohnungsmarkt reicht seitdem nicht mehr aus. Für eine Beweislastumkehr zugunsten von Mieter*innen sah das Gericht trotz ihrer strukturellen Unterlegenheit gegenüber Vermieter*innen auf angespannten Wohnungsmärkten und ihres existenziellen Grundbedürfnisses nach bezahlbarem Wohnraum keinen Anlass. Wer aus persönlichen Gründen eine bestimmte Wohnung anmieten wolle oder nicht ausreichend nach Alternativangeboten gesucht habe, werde nicht ausgenutzt, so der BGH (Versäumnisurteil vom 28.1.2004, Az. VIII ZR 190/03). In einer weiteren Entscheidung hat er darüber hinaus abgelehnt, zur Feststellung eines Wohnungsmangels statt auf die gesamte Kommune auf nur einen Stadtteil abzustellen. Eine solche weitgehende Einschränkung von Eigentums- und Vertragsfreiheit von Vermieter*innen sei nicht gerechtfertigt. Die Sozialbindung des Eigentums nach Artikel 14 Absatz 2 GG gebiete es nicht, »besonderen persönlichen Wünschen« von Mieter*innen hinsichtlich der Wohnungslage Rechnung zu tragen (Urteil vom 13.4.2005, Az. VIII ZR 44/04).

Seitdem kam der Vollzug von § 5 WiStrG beinahe vollständig zum Erliegen. In Berlin etwa wurde seit 2014 nur ein einziger Bußgeldbescheid wegen Verstoßes gegen die Vorschrift erlassen (Abghs-Drs. 18/21399, 19/17493), ähnlich sieht es in Hamburg und München aus. Denn vor dem Hintergrund der BGH-Rechtsprechung bedarf es dafür u. a. umfassender Feststellungen zur persönlichen Wohnsituation der betroffenen Mieter*innen, zu deren Wohnungssuche und zu einem geringen Angebot an Wohnraum. Vor allem der Nachweis, dass die jeweiligen Vermieter*innen Kenntnis von der individuellen Zwangslage ihrer Mieter*innen hatten, ist aufwendig zu führen und gelingt nur selten. Hinzu kommt, dass die für die Anwendung des Gesetzes zuständigen kommunalen Ämter oft personell schlecht ausgestattet sind. Die Folgen dieser Defizite in Gesetz und Verwaltung bekommen auch die Bestandsmieter*innen zu spüren: Wird nicht entschieden gegen Wuchermieten vorgegangen, fließen diese in die Erstellung der Mietspiegel mit ein und erhöhen die ortsübliche Vergleichsmiete.

Trotz Appell der Länder: Der Bundestag schweigt

Als eine der wenigen Städte wendet Frankfurt am Main das Gesetz aktuell noch an. Der zeitliche und personelle Aufwand zur Durchführung von Ermittlungen und Begleitung von Gerichtsverfahren ist jedoch erheblich, die Bilanz eigenen Angaben nach gemischt, so dass auch das dortige Amt für Wohnungswesen auf eine Änderung des WiStrG drängt.

Hierfür liegt schon seit Jahren der Entwurf eines »Gesetzes zur besseren Bekämpfung von Mietwucher« vor. Bereits im Februar 2022 hat der Bundesrat – im Übrigen auf Initiative der sonst nicht für ausgewiesenes Interesse am Mieter*innenschutz bekannten Bayerischen Staatsregierung – beschlossen, ihn erneut in den Bundestag einzubringen. Das war nötig geworden, weil dieser einen wortgleichen Beschluss der Länderkammer aus dem Jahr 2019 nicht vor Ablauf seiner Legislaturperiode behandelt hatte. Dass so unterschiedliche Länder wie Berlin, Brandenburg, Hamburg und Nordrhein-Westfalen dem Antrag beigetreten sind, zeugt von einem überparteilichen Konsens über die Notwendigkeit, das WiStrG zu verschärfen: Auf die Voraussetzung des »Ausnutzens« eines Wohnraummangels soll in Zukunft verzichtet werden. Stattdessen soll bereits das objektive Kriterium eines geringen Angebots an vergleichbaren Wohnungen ausreichen. Damit würden die bislang nötigen umfangreichen Beweisaufnahmen entfallen, der Nachweis einer Mietpreisüberhöhung gelänge leichter, so die Sachverständigen in einer hierzu im Februar 2024 anberaumten Anhörung im Rechtsausschuss des Bundestags. Für den Gesetzentwurf war danach mangels Einigkeit innerhalb der Ampel-Koalition trotzdem – wieder einmal – Schluss.

Druck auf Mieter*innen steigt, auf die Bundesregierung ebenso

Die gescheiterte Reform des Wirtschaftsstrafrechts reiht sich in eine ganze Folge unvollendeter oder unangetastet gebliebener Vorhaben der Ampel ein. Die im Koalitionsvertrag vereinbarte Verlängerung des Betrachtungszeitraums für die ortsübliche Vergleichsmiete von sechs auf sieben Jahre wurde nicht umgesetzt. Ebenso wenig hat das federführende, FDP-geführte Bundesministerium der Justiz (BMJ) einen Gesetzentwurf zur Senkung der Kappungsgrenze auf elf Prozent bei Mieterhöhungsverlangen vorgelegt. Auch eine Reform des kommunalen Vorkaufsrechts wurde vom BMJ bis zum Schluss blockiert. Die Mietpreisbremse hat sich in ihrer bisherigen Form als weitgehend wirkungslos erwiesen (dazu Anna-Katharina König/Timo Laven in diesem Band). Eine neue Bundesregierung wird die sozialen Grundrechte von Mieter*innen daher viel stärker in den Blick nehmen müssen. Andernfalls kommen angesichts der dramatischen Entwicklung des (Miet-)Wohnungsmarkts auch radikalere Maßnahmen wie die Vergesellschaftung von Beständen großer Wohnungsgesellschaften oder die Wiedereinführung einer umfassenden Wohnraumbewirtschaftung wie in der Nachkriegszeit in Betracht.

Literatur

Wegner, Kilian: Reformperspektiven für das Verbot der Mietpreisüberhöhung nach § 5 Wirtschaftsstrafgesetzbuch, Gutachten im Auftrag des Deutschen Mieterbundes, Mai 2024.

Amt für Wohnungswesen der Stadt Frankfurt am Main: Stellungnahme in der öffentlichen Anhörung des Rechtsausschusses am 19. 2. 2024 zum Entwurf eines Gesetzes zur besseren Bekämpfung von Mietwucher.

> Artikel 16a (1) **Politisch Verfolgte genießen Asylrecht.**

Imke Behrends/Karl Heyer/Sarah Kruck

Die Kriminalisierung von Migration
Wie Binnengrenzkontrollen und der Kampf gegen Fluchthilfe das Grundrecht auf Asyl weiter aushöhlen

Im Jahr 2024 hat der Gesetzgeber deutliche migrations- und asylpolitische Verschärfungen auf den Weg gebracht. Diese begannen bereits im Februar mit dem sogenannten Rückführungsverbesserungsgesetz und setzten sich im Anschluss an die Europawahlen im Juni und die drei Landtagswahlen im September fort, bei denen rechte Parteien wie die Alternative für Deutschland (AfD) deutliche Gewinne verzeichneten. Bundes- und Landesregierungen fuhren einen zunehmend »harten Kurs« gegen als irregulär bezeichnete Migration. Auch in Reaktion auf das Attentat in Solingen am 23. August 2024, bei dem ein mutmaßlich islamistisch motivierter Täter drei Menschen tötete und acht zum Teil schwer verletzte, hat die Bundesregierung mit dem Ende Oktober in Kraft getretenen Sicherheits- und Asylpaket eine Reihe sozial- und aufenthaltsrechtlicher Einschränkungen für Schutzsuchende eingeführt. Bereits im September ordnete Bundesinnenministerin Nancy Faeser die Ausweitung stationärer Grenzkontrollen an allen deutschen Binnengrenzen an. Während das Rückführungsverbesserungsgesetz es u.a. erleichtert, (vermeintliche) Schleuser:innen zu kriminalisieren, erschweren die ausgeweiteten Binnengrenzkontrollen Schutzsuchenden, Orte der Zuflucht zu erreichen. Jeweils für sich, insbesondere aber im Zusammenwirken, höhlen die beiden Maßnahmen das Grundrecht auf Asyl (Artikel 16a GG) weiter aus.

Mehr Repressionen gegen Fluchthelfer:innen

Das sogenannte Rückführungsverbesserungsgesetz enthält zahlreiche negative Veränderungen für die Situation Geflüchteter. Neben verschärften Regelungen zu Ausweisung, Abschiebung und Ausreisegewahrsam wurden auch die Strafen für die »Hilfeleistung zur unerlaubten Einreise« nach Deutschland und in den Schengenraum deutlich erhöht und ausgeweitet. Der u. a. geänderte § 96 Absatz 1 Aufenthaltsgesetz (AufenthG) kriminalisiert jede Unterstützung der Einreise nach Deutschland von Menschen ohne gültige Aufenthaltsdokumente, wenn dabei Profitabsicht besteht, eine solche Tat wiederholt begangen wird oder mehrere Personen unterstützt werden. Unter den weit gefassten Begriff der »Hilfeleistung« fallen dabei nicht nur Transportdienste, sondern auch die Bereitstellung von Lebensmitteln, Kleidung oder Informationen zu Fluchtrouten. Erschwert bis kriminalisiert wird somit selbst humanitäre Hilfe. Für einfache Fälle drohen nun sechs Monate bis zehn Jahre Haft, statt wie zuvor drei Monate bis fünf Jahre. Bei erschwerenden Umständen liegt die Mindeststrafe sogar bei einem Jahr, selbst wenn keine Gewalt angewandt wurde.

Auch § 96 Absatz 4 AufenthG, der die Beihilfe zur Einreise in *andere* Mitgliedstaaten der Europäischen Union oder in einen Schengen-Staat unter Strafe stellt, wurde durch das Rückführungsverbesserungsgesetz verschärft. War vor der Änderung noch ein Profitstreben für eine Strafbarkeit erforderlich, ist es jetzt bereits strafbar, wenn mehrere Personen bei ihrer Einreise unterstützt werden. Dies gilt zumindest für Hilfeleistungen auf dem Landweg. Eine ähnliche Verschärfung für den Seeweg, die potenziell auch die zivile Seenotrettung betroffen hätte, wurde erst nach massivem zivilgesellschaftlichem Protest zurückgenommen. Bei der Unterstützung zur Einreise in einen Schengen-Staat per Landweg sind nun aber wie bei der Unterstützung zur Einreise nach Deutschland selbst humanitäre oder rein altruistische Handlungen strafbar. Derart unverhältnismäßige Kriminalisierung, die keine Unterscheidung zwischen Handlungen mit Profitabsicht und humanitären Unterstützungsleistungen macht, wird von zahlreichen Menschenrechtsorganisationen scharf kritisiert, nicht zuletzt, da sie völkerrechtlichen Vorgaben widerspricht.

Laut dem sogenannten Schleuser-Protokoll der Vereinten Nationen aus dem Jahr 2000 sind von der Bestrafung wegen »Hilfeleistungen zur unerlaubten Einreise« humanitäre Hilfe, familiäre Unterstützung sowie Fluchthandlungen von Schutzsuchenden selbst auszunehmen. Die einschlägigen Rechtstexte der EU, das sogenannte Facilitators Package (»Beihilfe-Paket«), bestehend aus der Richtlinie 2002/90/EG des Rates und des Rahmenbeschlusses 2002/946/JI des Rates, sehen diese Ausnahmen allerdings nicht zwingend vor. So werden in der gesamten EU vor allem auch Schutzsuchende selbst als Schleuser:innen kriminalisiert, wenn sie Mitreisende, Freund:innen oder Familienangehörige auf der Reise unterstützen.

Stationäre Grenzkontrollen verhindern Asylgesuche

Stationäre Grenzkontrollen gibt es in Deutschland seit 2015, zunächst nur an der Grenze zu Österreich. Im Oktober 2023 ordnete Bundesinnenministerin Nancy Faeser stationäre Kontrollen an den Grenzen zu Polen, Tschechien und der Schweiz an. Im September 2024 wurden diese auf alle deutschen Landesgrenzen ausgeweitet. Seitdem müssen Einreisewillige Checkpoints der Bundespolizei passieren. Als Anlass diente dem Bundesinnenministerium (BMI) der mutmaßlich islamistisch motivierte Terroranschlag in Solingen. In ihrer Begründung der neuen Kontrollen stellte Faeser den »Schutz vor den akuten Gefahren des islamistischen Terrors« explizit in einen Zusammenhang mit der »weiteren Begrenzung der irregulären Migration« und der »Bekämpfung von Schleuserkriminalität«.

Aus der im September 2024 veröffentlichten Antwort der Bundesregierung auf eine Kleine Anfrage von Mitgliedern der Gruppe Die Linke (BT-Drs. 20/12343) geht allerdings hervor, dass die Zahl der aufgegriffenen Schleuser:innen im ersten Halbjahr 2024 im Vergleich zum selben Zeitraum des Vorjahres deutlich, nämlich um 73,4 Prozent, zurückgegangen ist. Gleichzeitig hat sich die Zahl der an der Grenze direkt zurückgewiesenen Personen fast verdoppelt, während im selben Zeitraum die beim BAMF gestellten Asylanträge um die Hälfte gesunken sind. Mit Einführung der Binnengrenzkontrollen sind also faktisch weniger Asylanträge gestellt und mehr direkte Zurückweisungen an deutschen Grenzen vorgenommen worden. Die Betrachtung der Verfahren von Grenzkontrollen durch die Bundespolizei legt die Vermutung nahe, dass die Kontrollen zur systematischen Verhinderung von Asylgesuchen genutzt werden, indem Einreisewilligen wichtige Informationen vorenthalten werden. So wurde bekannt, dass die Bundespolizei mit dem Formular »Übersetzungshilfe für die Befragung von Ausländern« neben Personendaten auch die Einreisegründe erfragt. Ein Asylgesuch ist jedoch nicht Teil der vorgegebenen Antwortmöglichkeiten und muss somit gesondert und explizit vorgebracht werden. Wer dies nicht tut, kann an der Grenze direkt zurückgewiesen werden.

Der »harte Kurs« gegen als »irregulär« bezeichnete Migration bedeutet also kaum mehr, als den Zugang zum Grundrecht auf Asyl weiter einzuschränken. Die viel beschworene »Bekämpfung von Schleuserkriminalität« legitimiert nationalistische und antimigrantische Politiken. Der Kampf gegen Migration ist, kaum verhohlen, ein Kampf gegen Grundrechte und im Besonderen gegen das Recht auf Asyl.

Literatur

Balser, Markus / Bullion, Constanze von: »Asylgesuch« lässt sich nicht ankreuzen, in: Süddeutsche Zeitung, 4. 10. 2024.

Suber, David L.: Gescheiterte Kriminalisierung. Zum Versagen des Kampfes gegen Schleuserei und der Suche nach Alternativen, www.medico.de/gescheiterte-kriminalisierung-19649, 27. 8. 2024.

Thym, Daniel: »Pushbacks« an den deutschen Grenzen: ja, nein, vielleicht?, Verfassungsblog v. 29. 9. 2023.

Constantin Hruschka

Europäischer Gerichtshof stärkt das Grundrecht auf Asyl

Asyl darf nicht an prozessualen Hürden scheitern

Im deutschen Asylrecht wird von Gerichten und Parlament immer wieder versucht, durch restriktive Auslegung und Unzulässigkeitstatbestände den Zugang zu internationalem Schutz und den daraus folgenden Rechten zu erschweren. Der Europäische Gerichtshof (EuGH) hat dem im Kontext des syrischen Bürgerkriegs erneut eine schutzorientierte Auslegung entgegengesetzt. Zugang zu internationalem Schutz und den daraus folgenden Rechten darf nicht durch prozessuale Hürden eingeschränkt oder verunmöglicht werden. Artikel 18 der Grundrechtecharta der EU (GRCh) sieht vor, dass Personen, die einen Schutzanspruch haben, den entsprechenden Schutzstatus erhalten müssen. Daher müssen Personen, die die Flüchtlingseigenschaft erfüllen, vollen Zugang zu den Flüchtlingsrechten erhalten.

Schutzbedarf syrischer Wehrpflichtiger

Aus Syrien vor dem Bürgerkrieg geflohen – reicht das, um als Flüchtling anerkannt zu werden? 2015 war die Antwort in Deutschland ein klares Ja. 101 137 Personen aus Syrien (95,8 Prozent) erhielten Flüchtlingsschutz und 61 (0,1 Prozent) subsidiären Schutz. Ab 2016 schätzte das zuständige Bundesamt für Migration und Flüchtlinge (BAMF) den Schutzbedarf von aus Syrien geflohenen Personen anders ein und gewährte vermehrt lediglich den subsidiären Schutzstatus. Als Folge der Praxisänderung hat sich das Verhältnis zwischen Flüchtlingsschutz und subsidiärem Schutzstatus stark verändert. 2016 wurde in 166 520 Fällen (56,4 Prozent) der Flüchtlingsstatus gewährt und in 121 562 Fällen (41,2 Prozent) der subsidiäre Schutz.

Diese Verschiebung hat große praktische Bedeutung, da anerkannte Flüchtlinge insbesondere in drei Bereichen eine deutlich bessere Rechtsstellung als subsidiär schutzberechtigte Personen haben. Diese Bereiche sind der Familiennachzug, da nur anerkannte Flüchtlinge einen unbeschränkten Anspruch auf Familiennachzug haben, sowie die (formale) Aufenthaltssicherheit und die Ausstellung von Reiseausweisen, da nur Flüchtlinge erleichterten Zugang zu einer Niederlassungserlaubnis haben und automatisch einen Reiseausweis von den deutschen Behörden erhalten. Subsidiär schutzberechtigte Personen sind grundsätzlich verpflichtet, einen Pass bei den Behörden des Herkunftsstaats zu beantragen. Letzteres ist in der Praxis zumindest langwierig und oft unmöglich. Falls sich die Sicherheitssituation in Syrien nachhaltig stabilisiert, würden insbesondere das Familienleben und die Aufenthaltssicherheit eine wichtige Rolle für Rückkehrfragen spielen.

Seit der Praxisänderung des BAMF war die juristisch am meisten diskutierte Frage, ob syrische Staatsangehörige im wehrfähigen Alter als Flüchtlinge nach der Genfer Flüchtlingskonvention anzuerkennen sind oder lediglich subsidiären Schutz erhalten sollten. Die deutschen Gerichte tendierten in ihrer Mehrheit zu subsidiärem Schutz. Am 19. November 2020 entschied der EuGH (Az. C-238/19) hingegen, es bestehe eine »starke Vermutung«, dass die syrischen Behörden eine Wehrdienstentziehung als politische Meinungsäußerung gegen das Regime verstehen würden. Damit war rechtlich verbindlich festgehalten, dass syrische Staatsangehörige im wehrfähigen Alter in der Regel als Flüchtlinge anzuerkennen sind. Trotzdem änderte das BAMF seine Praxis eher in die entgegengesetzte Richtung, so erhielten etwa im Jahr 2023 nur 10 614 Personen syrischer Staatsangehörigkeit (12,0 Prozent) den Flüchtlings- und 67 044 (75,8 Prozent) den subsidiären Schutzstatus.

Auf entsprechende Klagen hin haben viele Gerichte in der Folge der EuGH-Entscheidung bei wehrfähigen syrischen Staatsangehörigen das Bestehen der Flüchtlingseigenschaft festgestellt.

Folgeanträge aufgrund einer EuGH-Entscheidung

In praktischer Hinsicht stellte sich auch die Frage, ob syrische wehrfähige Personen, die die Flüchtlingseigenschaft nicht erhalten hatten und deren Entscheidung bereits rechtskräftig geworden war, sich mittels eines erneuten Asylantrags (Folgeantrag) auf das EuGH-Urteil vom November 2020 berufen können, um ebenfalls Flüchtlingsschutz zu erhalten.

Das BAMF und die weit überwiegende Mehrheit der Gerichte gingen in einer solchen Konstellation davon aus, dass eine EuGH-Entscheidung keine Änderung der Sach- und Rechtslage darstelle, die es rechtfertigen könne, die Rechtskraft einer Entscheidung zu durchbrechen. Die entsprechenden Anträge wurden vom BAMF als unzulässig abgelehnt, der Schutzbedarf wurde also nicht mehr geprüft. Das Verwaltungsgericht Sigmaringen allerdings zweifelte, ob eine solche Auslegung mit dem EU-Recht vereinbar sei, und legte diese Frage dem EuGH vor. Darüber hinaus fragte es, ob das jeweilige Gericht gegebenenfalls die Kompetenz habe, nicht nur die Entscheidung über die Unzulässigkeit des Folgeantrags aufzuheben, sondern auch über den Schutzstatus inhaltlich zu entscheiden.

Konkret ging es dabei um einen Syrer im wehrfähigen Alter (A. A.), der beim BAMF geltend gemacht hatte, er fürchte, einberufen zu werden. Das BAMF hatte die Anerkennung der Flüchtlingseigenschaft im Jahr 2017 abgelehnt, und die Entscheidung war, da A. A. keine Klage erhoben hatte, bestandskräftig geworden.

A. A. stellte im Januar 2021 einen Folgeantrag und machte geltend, durch das EuGH-Urteil vom November 2020 sei eine neue Rechtslage gegeben, da der EuGH die Flüchtlingseigenschaft für Syrien weiter auslege als die deutsche Praxis. Da diese Auslegung auch für die deutschen Behörden und Gerichte verbindlich sei, sei ihm Flüchtlingsschutz zu gewähren.

Vorrang des richtigen Status

In seiner Entscheidung vom 8. Februar 2024 (Az. C-216/22) stellt der EuGH klar, dass die praktische Wirksamkeit des

Rechts auf Asyl »schwer beeinträchtigt würde«, falls ein Folgeantrag »für unzulässig erklärt werden könnte, obwohl der erste Antrag unter Verstoß gegen das Unionsrecht abgelehnt worden ist«. Daher stelle »jedes Urteil des Gerichtshofs [...] unabhängig von seinem Verkündungsdatum einen neuen Umstand bzw. ein neues Element« dar, wenn das Urteil »erheblich zu der Wahrscheinlichkeit beiträgt, dass der Antragsteller als Person mit Anspruch auf internationalen Schutz anzuerkennen ist«.

Der Vorrang des richtigen Status gilt in jedem Fall. Gerichte müssen daher im Rahmen der Überprüfung der Unzulässigkeitsentscheidung materielle Überlegungen zum Schutzbedarf einfließen lassen. Sie müssen nämlich prüfen, ob »die neuen Elemente oder Erkenntnisse erheblich zu der Wahrscheinlichkeit beitragen, dass der Antragsteller als Person mit Anspruch auf internationalen Schutz anzuerkennen ist«.

Ist der gestellte Asylantrag nicht unzulässig, muss das nationale Recht so ausgestaltet sein, dass eine rasche Entscheidung über den Schutzbedarf gewährleistet ist. Das deutsche Recht sieht in solchen Fällen eine Zurückverweisung und inhaltliche Prüfung des Schutzbedarfs durch das BAMF vor. Dieses ist an die materiellen Ausführungen des Gerichts gebunden, die dazu geführt haben, dass die Unzulässigkeitsentscheidung aufgehoben wurde.

Für syrische Staatsangehörige hätte die EuGH-Entscheidung vor dem Sturz Assads bedeuten müssen, dass Folgeanträge, die sich auf die schutzorientierte Auslegung des EuGH stützen, inhaltlich geprüft werden und eine Ablehnung als unzulässig nicht in Frage kommt. Bei richtiger Anwendung der Vorgaben des Gerichtshofs hätte sich das prozentuale Verhältnis von Flüchtlingsschutz zu subsidiärem Schutz bis Dezember 2024 wieder klar in Richtung Flüchtlingsschutz entwickeln müssen. Das Gegenteil war der Fall: Bis zum Entscheidungsstopp im Dezember 2024 erhielten über 90 Prozent der syrischen Antragstellenden im Jahr 2024 lediglich subsidiären Schutz. Das legt die Vermutung nahe, dass in vielen Fällen das unionsrechtliche Grundrecht auf Asyl nach Artikel 18 GRCh verletzt wurde.

Literatur

Hruschka, Constantin: Asylfolgeantrag wegen neuer EuGH-Entscheidung, in: Asylmagazin 2021, S. 148 ff.

Lean, Anya / Mantel, Johanna: EuGH zu syrischen Wehrdienstverweigerern – Grundsatzurteil ohne Wirkung? In: Asylmagazin 2021, S. 416 ff.

Pfersich, Andreas: Anmerkung zu EuGH-Urteil C-216/24, in: Zeitschrift für Ausländerrecht und Ausländerpolitik 2024, S. 174 f.

> Artikel 19 (4) **Wird jemand durch die öffentliche Gewalt in seinen Rechten verletzt, so steht ihm der Rechtsweg offen.**

Anne Kling / Philipp Schulte

Rechtsschutz in der Klimakrise
Umweltaktivismus ist noch kein polizeilicher Gefahrenverdacht

Die Repression gegen Klima- und Umweltaktivismus nimmt zu: Die Erweiterung polizeirechtlicher Befugnisse wird begleitet von einem »konsequenten« Vorgehen, wenn Protest als »störend« eingestuft wird. Ein gesellschaftlicher Aufschrei gegen die Kriminalisierung derjenigen, die unter großem persönlichem Einsatz gegen die Zerstörung von Lebensgrundlagen aufstehen, ist kaum hörbar. Stattdessen überbieten sich konservative Medien und Politiker*innen mit ihren Forderungen nach härteren Maßnahmen gegen friedlich protestierende Aktivist*innen. Justiz und Polizei folgen dem viel zu oft und versuchen mit unbedingten, also nicht zur Bewährung ausgesetzten Haftstrafen von einem Jahr oder länger, wochenlangem Präventivgewahrsam oder drakonischen Meldeauflagen, den Protest zu unterdrücken.

In dieser Situation ist es wichtig und richtig, wenn das Bundesverfassungsgericht (BVerfG) auf eigentlich Selbstverständliches hinweist (Beschluss vom 30. 10. 2023, Az. 1 BvR 687/22): Auch gegen Umweltaktivist*innen darf der Staat nicht zügellos agieren, vielmehr gelten rechtsstaatliche Standards. Steht dies in Zweifel, so muss den Betroffenen der Rechtsweg offenstehen, was auch die Gewährung von Prozesskostenhilfe beinhaltet.

Prozesskostenhilfe soll Rechtsschutz ermöglichen

Konkret ging es um die Gewährung von Prozesskostenhilfe (PKH) für eine Klage, mit der die Beschwerdeführerin die Rechtmäßigkeit von polizeilichen Standardmaßnahmen geprüft haben wollte. Vor dem Hintergrund von Protesten gegen die Rodung des Dannenröder Forstes in Hessen Ende 2020 hatte die Bundespolizei die bekannte Umweltaktivistin Cécile Lecomte in einem ICE einer Personenkontrolle unterzogen. Lecomte ist wegen einer chronischen Erkrankung auf den Rollstuhl angewiesen, trotzdem engagiert sie sich seit vielen Jahren vor allem mit spektakulären Kletter- und Abseilaktionen, insbesondere gegen Atomtransporte und Klimazerstörung. Wegen ihrer besonderen und aufsehenerregenden Protestaktionen wird sie auch »das Eichhörnchen« genannt. Bei dem Verfahren handelt es sich um die zweite erfolgreiche Verfassungsbeschwerde der Aktivistin, die diese wieder ohne anwaltliche Vertretung geführt hat. Zuvor hatte sie vor dem BVerfG bereits einmal gegen eine rechtswidrige Ingewahrsamnahme obsiegt (Beschluss vom 20. 4. 2017, Az. 2 BvR 1754/14).

Im Dezember 2020 wurden Lecomte selbst sowie ihr Rucksack durchsucht und ihre Kletterutensilien sichergestellt. Den im Gerichtsverfahren zur Überprüfung dieser Maßnahmen gestellten PKH-Antrag lehnte das Verwaltungsgericht Frankfurt am Main ab, weil kein berechtigtes Interesse bestehe, die Rechtswidrigkeit der polizeilichen Maßnahmen nachträglich festzustellen. Auf Lecomtes Beschwerde hin erkannte der Hessische Verwaltungsgerichtshof zwar ein Fortsetzungsfeststellungsinteresse. Er wies die Beschwerde aber gleichwohl wegen vermeintlich fehlender Erfolgsaussichten ab, da die Polizeimaßnahmen rechtmäßig gewesen seien. Eine Durchsuchung der Person habe ausweislich des bundespolizeilichen Protokolls gar nicht stattgefunden und für die Identitätsfeststellung reiche ein bloßer Gefahrenverdacht aus. An die Verdachtsmomente müssten keine allzu hohen Anforderungen gestellt werden, da die Eingriffsintensität der Maßnahme gering sei. Die Durchsuchung des Rucksacks sei gerechtfertigt, da aufgrund polizeilicher Erkenntnisse zu befürchten sei, dass die Aktivistin Kletterutensilien zur Begehung von Ordnungswidrigkeiten mit sich führe.

Polizeiliche Standardmaßnahmen erdulden zu müssen, stellt aber immer einen beachtlichen Grundrechtseingriff dar. In einem Rechtsstaat müssen Betroffene hoheitlicher Eingriffe die Möglichkeit haben, die Rechtmäßigkeit dieser Maßnahmen von einem unabhängigen Gericht überprüfen zu lassen. Damit der Zugang zum Recht denjenigen ohne die entsprechenden finanziellen Mittel nicht verwehrt ist, braucht es die PKH.

Das BVerfG macht nun in seinem Anfang 2024 veröffentlichten Beschluss einleitend deutlich, dass das Verfahren keine neuen Rechtsfragen aufwerfe und die Vorinstanzen die maßgeblichen verfassungsrechtlichen Fragen mit einem Blick in die verfassungsgerichtliche Rechtsprechung hätten beantworten können. Das Kriterium der hinreichenden Erfolgsaussichten für die PKH-Gewährung möge verfassungsrechtlich in Ordnung sein, es dürfe aber nicht dazu dienen, die eigentliche Sachentscheidung in das PKH-Verfahren vorzuverlagern. Denn dieses dient dazu, den durch Artikel 19 Absatz 4 GG garantierten Rechtsschutz überhaupt erst zugänglich zu machen. Daher darf PKH nur verweigert werden, wenn keine Erfolgchance besteht. Kommt eine Beweisaufnahme ernsthaft in Betracht und liegen keine konkreten und nachvollziehbaren Anhaltspunkte dafür vor, dass sie für die beschwerdeführende Person nachteilhaft ausgehen würde, verletzt die Verweigerung von PKH wegen fehlender Erfolgsaussichten das Gebot effektiven Rechtsschutzes. So in dem vorliegenden Fall, in dem der Hessische Verwaltungsgerichtshof PKH nach einer unzureichenden Tatsachenermittlung versagte, ohne eine Beweiserhebung durchzuführen.

Polizeibekannter Aktivismus nicht ausreichend für Gefahrenverdacht

Zudem war in dem Verfahren vollkommen unklar geblieben, welche polizeilichen Erkenntnisse zum Verhalten der Beschwerdeführerin eine Gefahr oder auch nur einen Gefahrenverdacht hätten begründen sollen. Das Lagezentrum eines mittelhessischen Polizeipräsidiums hatte die Bundespolizei über die Zugfahrt informiert und darum gebeten, die Aktivistin einer Personenkontrolle zu unterziehen. Daraufhin kontrollierte die Bundespolizei im ICE gezielt und ausschließlich Lecomte. Zum Zeitpunkt der Maßnahmen hatte der Zug aber Haltestellen bereits passiert, die näher am Dannenröder Forst liegen. Es gab also weder vorhergehende konkrete Erkenntnisse noch sonstige Anhaltspunkte für eine geplante Teilnahme an einer nicht mehr von der Versammlungsfreiheit des Artikel 8 Absatz 1 GG gedeckten Protestaktion. Augenscheinlich war der Hessische Verwaltungsgerichtshof davon ausgegangen, dass Lecomtes Eigenschaft als polizeibekannte Aktivistin ausreicht, um sie jederzeit an Verkehrsknotenpunkten durchsuchen zu können.

Die Klarstellung des BVerfG wird auch in anderen Verfahren als hilfreiche Erinnerung dienen: »Stützt sich die Polizei für die Vornahme von Grundrechtseingriffen auf gespeicherte Daten aus ihren Datenbeständen, dürfen die Gerichte die Rechtmäßigkeit dieser Speicherung und Verwendung nicht ohne weiteres unterstellen. Sind – wie hier – Vorkenntnisse die Grundlage für ein gezieltes Herausgreifen einer Person, kann von dieser Rechtmäßigkeitsprüfung grundsätzlich nicht abgesehen werden.« Damit wird es für Aktivist*innen, die von polizeilichen Maßnahmen betroffen sind, künftig leichter, diese gerichtlich anzugreifen. Stützt sich die Polizei maßgeblich auf Vorkenntnisse, die auf ihren Datenbeständen beruhen, muss mittellosen Betroffenen PKH gewährt werden, damit sie die Rechtmäßigkeit der Maßnahmen gerichtlich kontrollieren lassen können.

Literatur

Giamattei, Antonella: Stundenlanger Gewahrsam, Pfefferspray- und Schlagstockeinsatz, rechtswidrige Personenkontrollen, in: Grundrechte-Report 2022, S. 74 ff.

Bohlmann, Marie/Schönberger, Philipp: »Klimachaoten wegsperren«, in: Grundrechte-Report 2023, S. 194 ff.

Malte C. Greisner

Rechtsschutz, Kommunikation und Verantwortung
Der Fall Maja T. als Herausforderung für den Rechtsstaat

Kaum ein Fall schlug im Sommer 2024 derart hohe Wellen wie die Auslieferung von Maja T. nach Ungarn. Nach monatelangem Hin und Her über die Frage der Zuständigkeit deutscher oder ungarischer Gerichte wurde über Nacht eine nicht binäre Person in ein offen queerfeindliches Land mit bekanntermaßen fragwürdigen Haftbedingungen überführt. Der sich dagegen regende Protest wurde mit dem Argument abgetan, alles sei rechtlich beanstandungsfrei abgelaufen.

Festnahme und Auslieferungsantrag

Im Februar 2023 kam es im Zuge des sogenannten »Tags der Ehre«, eines Gedenkmarsches europäischer Neonazis in Budapest, zu Übergriffen von Gegendemonstrierenden. Nach Aussagen der ungarischen Polizei seien neun Menschen niedergeschlagen worden, sechs sollen schwere Verletzungen erlitten haben. Mehrere Beschuldigte sitzen seitdem in Budapest in Haft, gegen zahlreiche weitere erwirkten die ungarischen Behörden europäische Haftbefehle. Unter ihnen T. – eine sich als non-binär identifizierende Person.

Die Festnahme erfolgte im Dezember 2023 in einem Hotel in Berlin-Mitte, koordiniert vom Landeskriminalamt (LKA) Sachsen und unter Mitwirkung der Thüringer Polizei. Die Generalstaatsanwaltschaft (GenStA) Dresden führte zu diesem Zeitpunkt das Verfahren gegen T. und weitere Verdächtige. Bereits frühzeitig war die Verteidigung von T. einer Auslieferung nach Ungarn entgegengetreten: T. sei als nicht binäre Person besonders gefährdet und die Haftbedingungen in Ungarn entsprächen nicht menschenrechtlichen bzw. rechtsstaatlichen Standards.

Auf Anfrage der GenStA Berlin, die das Verfahren übernommen hatte, sicherten die ungarischen Behörden zu, dass man sich an europäische Mindeststandards für Haftbedingungen halten werde. Diese Aussage reichte dem Berliner Kammergericht (KG): Am 27. Juni 2024 erklärte es die Auslieferung nach Ungarn für zulässig. Der Beschluss wurde um 17:26 Uhr dem Rechtsanwalt von Maja T. zugestellt. In der Nacht vom 27. auf den 28. Juni 2024 wurde T. per Hubschrauber nach Bayern transportiert und unterstützt durch die Bundespolizei schließlich an der deutsch-österreichischen Grenze den dortigen Behörden übergeben. Der erste Kontakt zur Bundespolizei erfolgte übrigens schon am 25. Juni 2024 gegen 16:00 Uhr.

Bereits um 7:38 Uhr am Morgen des 28. Juni 2024 stellte der Rechtsanwalt von T. einen Antrag auf einstweiligen Rechtsschutz beim Bundesverfassungsgericht (BVerfG), wovon spätestens um 8:30 die GenStA Berlin durch das Gericht in Kenntnis gesetzt wurde. Wenig später, um 10:50 Uhr, entschied die 1. Kammer des Zweiten Senats des BVerfG (Az. 2 BvQ 49/24), die Überstellung an die ungarischen Behörden sei bis zur Entscheidung über eine mögliche Verfassungsbeschwerde, längstens für sechs Wochen, zu untersagen. Die GenStA Berlin wurde angewiesen, T. zurückzuführen. Die Beteiligten wurden über den Erlass der einstweiligen Anordnung um 11:00 Uhr telefonisch informiert.

Zu diesem Zeitpunkt war aber die Überstellung bereits vollzogen. Mit E-Mail der GenStA Berlin um 11:47 Uhr wurde das Gericht darüber informiert, dass T. bereits um 10:00 Uhr an die ungarischen Behörden übergeben worden sei. Die Kritik des BVerfG an diesem Vorgehen lässt sich der Pressemitteilung vom 28. Juni 2024 entnehmen: Es müsse geklärt werden, ob das KG seine Aufklärungspflichten zu den Haftbedingungen erfüllt habe und »ob das Kammergericht auf der Grundlage der vorliegenden Auskünfte der ungarischen Behörden davon ausgehen durfte, dass der Schutz des Antragstellers, der sich als non-binär identifiziert, hinreichend gewährleistet« werde. Dies sei »zumindest zweifelhaft«.

Gleichwohl argumentierten die Behörden damit, dass alles rechtsstaatlich abgelaufen sei: Von einer Anrufung des BVerfG sei nichts bekannt gewesen, es sei lediglich geltendes Recht durchgesetzt worden.

Eine Rückführung von Maja T. ist zum Redaktionsschluss ausgeschlossen, die betroffene Person bleibt wohl bis zum Prozessende in Ungarn. Die ungarischen Gerichte lehnten Anträge der Verteidigung auf Hafterleichterungen ab.

Versäumnisse und offene Fragen

Die Abfolge der Ereignisse zeigt deutliche Schwächen in der Koordination zwischen Gerichten und Exekutivorganen und wirft grundlegende Fragen nach der Wahrung der Rechte Betroffener auf. Die Anrufung des BVerfG in solchen Fällen ist üblich und den beteiligten Behörden bekannt. Diese hätten also mit einem solchen Vorgehen rechnen müssen. Dass dennoch eine Überstellung erfolgte, deutet entweder auf organisatorische Versäumnisse oder auf die bewusste Missachtung möglicher gerichtlicher Anordnungen hin. Die Frage, warum ein frühzeitiger Stopp der Auslieferung nicht in Betracht gezogen wurde, bleibt offen.

Der Einsatz eines Hubschraubers für den Transport von Maja T. ist zumindest unüblich: Normalerweise erfolgen Überstellungen per Gefangenentransporter oder per Flugzeug. Hier hatten die beteiligten Behörden damit argumentiert, es sei mit Protest- und Störaktionen zu rechnen gewesen und nur so sei eine zeitnahe Überstellung möglich gewesen. Die getroffene Wahl wirft zumindest Fragen nach den weiteren Beweggründen für diese Hast auf.

Die Diskrepanz zwischen der verfassungsgerichtlichen Entscheidung und der bereits erfolgten Überstellung offenbart zudem erhebliche Defizite im gesamten Verfahren. Der von den Behörden behauptete Zeitdruck in Auslieferungsverfahren ist nicht nachvollziehbar und wirkt vorgeschoben. Er kann auch nicht als Rechtfertigung für die Abkehr von rechtsstaatlichen Grundsätzen dienen.

Reformbedarf im Auslieferungsrecht

Der Gesetzgeber wird sich künftig verstärkt mit der Frage befassen müssen, wie Rechtsschutz bei dringenden und politisch sensiblen Fällen effektiv gewahrt bleiben kann. Es muss sichergestellt werden, dass solche vorschnellen Aktionen zumindest in Zukunft unterbleiben. Es stellt sich außerdem die Frage, ob bestehende Regularien und Kontrollmechanismen ausreichen, um ähnliche Fälle in Zukunft zu verhindern. Bis dahin müssen klare Vorgaben der politisch Verantwortlichen an die Generalstaatsanwaltschaften und die Polizei die Wiederholung eines solchen Vorgehens ausschließen.

Eine Option wäre die Einführung verpflichtender richterlicher Vorabkontrollen vor der Überstellung an ausländische Behörden. Zudem sollten absehbare Entscheidungen wie die des BVerfG abgewartet und keine voreiligen Maßnahmen ergriffen werden. Eine Mindestfrist von 48 Stunden erscheint hier angemessen.

Gegen den europäischen Haftbefehl gibt es derzeit kein ordentliches Rechtsmittel; er basiert auf der gegenseitigen Anerkennung gerichtlicher Entscheidungen. Eine Reform des Gesetzes über die internationale Rechtshilfe in Strafsachen (IRG) ist daher nötig. Deutsche Staatsbürger:innen genießen zwar Schutz nach Artikel 16 GG, können aber unter bestimmten Voraussetzungen (§ 80 IRG) ausgeliefert werden, etwa wenn die Tat auch nach deutschem Recht strafbar ist (§ 3 Absatz 1 IRG). Bei »politischen Straftaten« (§ 6 IRG) oder fehlender Aussicht auf ein faires Verfahren ist eine Auslieferung eigentlich ausgeschlossen.

Obwohl alle Mitgliedstaaten die Europäische Menschenrechtskonvention einhalten müssen, gibt es große Unterschiede bei der Vollstreckung der Untersuchungshaft. Der Europäische Gerichtshof hat in den Fällen Aranyosi/Căldăraru grobe Rahmenbedingungen zur Prüfung der Haftbedingungen anerkannt. Seitdem wurde die Vollstreckung eines Europäischen Haftbefehls in hunderten Fällen wegen Grundrechtsverletzungsgefahr verzögert oder abgelehnt. Es erschließt sich nicht, warum nicht auch im Fall von Maja T.

Literatur

Europäischer Gerichtshof, Urteil des Gerichtshofs (Große Kammer) vom 5. April 2016, Az. C-404/15 und C-659/15 PPU (Aranyosi/Căldăraru).

Bier, Nicola: Eiltransport gegen Eilrechtsschutz: Warum das Bundesverfassungsgericht im Fall von Maja T. das letzte Wort haben muss, Verfassungsblog v. 12.7.2024.

> Artikel 20 (1) **Die Bundesrepublik ist ein demokrati-**
> **scher und sozialer Bundesstaat.**

Nadja Rakowitz

Krankenhausversorgungs-
verschlimmbesserung

2024 erwarteten 70 Prozent der deutschen Krankenhäuser Ver-
luste, vielen droht die Insolvenz. Zwei Jahrzehnte der Ökonomisierung nach dem Klassifizierungssystem der Diagnosis
Related Groups (DRG; sogenannte Fallpauschalen) und die
Pandemie haben dazu geführt, dass Patient*innen in vielen
Fällen medizinisch unterversorgt sind, während andere aus be-
triebswirtschaftlichem Kalkül überversorgt werden. Für die Gesundheit der Patient*innen wie für die Arbeitsbedingungen der
Krankenhausbeschäftigten wäre dagegen eine sozialstaatliche
(siehe Artikel 20 Absatz 1 GG) Daseinsvorsorge dringend nötig.

Überraschend hatte Bundesgesundheitsminister Karl Lauterbach (SPD) 2022 eine Entökonomisierung angekündigt – und
dann mit einer von ihm eingesetzten wissenschaftlichen Kommission ein Reformkonzept vorgelegt. Nach Auseinandersetzungen mit den Bundesländern um die Planungshoheit wurde
2023 ein gemeinsames Eckpunktepapier veröffentlicht, auf
dem das schließlich Ende 2024 verabschiedete Krankenhaus-
versorgungsverbesserungsgesetz (KHVVG) beruht. Während
des gesamten Gesetzgebungsprozesses bis zum entscheidenden
Beschluss im Bundesrat am 22. November 2024 hatten Vertreter*innen der Bündnisse »Krankenhaus statt Fabrik«, »Klinik-
rettung« und »Gesundheit statt Profite« vergeblich dagegen
protestiert. Sie kritisierten etwa, dass das Gesetz mitnichten zu
einer Entökonomisierung führen wird, sondern zur Schließung
vieler Kliniken.

Vorbehalte

Die Reform sollte laut Lauterbach mehr Qualität, mehr finanzielle Sicherheit für kleine Krankenhäuser und eine Abkehr von den Fallpauschalen erreichen. Eine Brückenfinanzierung für die vielen von Schließung bedrohten Krankenhäuser gewährleistet sie ausdrücklich nicht. Erklärtes Ziel ist es, so Lauterbach bei der Vorstellung des KHVVG im Bundestag, hunderte der aktuell ca. 1700 Krankenhäuser in Deutschland zu schließen. Es ist zu befürchten, dass dieses Sterben insbesondere kleinere Krankenhäuser auf dem Land treffen wird, auch wenn diese zur Gesundheitsversorgung notwendig sind. Denn die Systemveränderungen gehen in die falsche Richtung:

Erstens sollten mit der Reform endlich die Kosten abgedeckt werden, die in Kliniken anfallen, weil Betten, Personal und Behandlungseinrichtungen vorgehalten werden müssen, auch wenn keine Patient*innen da sind (»Vorhaltekosten«). Die geplante Vorhaltefinanzierung errechnet sich aber aus der Anzahl und Schwere der Behandlungsfälle der vorangegangenen Jahre, bleibt damit den Fallpauschalen und ihrer Ausweitungslogik verhaftet. Auch fließt die Vorhaltevergütung nur, wenn die Behandlungsfälle bestimmte Mindestzahlen erreichen. Die Höhe der Vergütung hängt zudem ab von der Zahl der im gesamten Bundesland behandelten Patient*innen und ist nicht zweckgebunden. Planbar sind die Einnahmen für ein Krankenhaus damit weiterhin nicht. Sinnvoll wäre es dagegen, die bedarfsnotwendigen Kosten für den Betrieb, insbesondere alle Personalkosten, unabhängig von Behandlungsfällen, vollständig zu finanzieren (wie bereits jetzt in der Pflege). Dies käme einem Profitverbot für Kliniken gleich, weil es dann kaum noch etwas gäbe, woraus sich Profit schlagen ließe.

Leistung und Gesundheit

Zweitens ordnet das KHVVG sämtliche medizinischen Krankenhausleistungen 65 Leistungsgruppen (LG) zu und legt für diese bundesweit einheitliche Qualitätsstandards sowie Mindestanforderungen an die personelle und technische Ausstattung fest. Vorgesehen ist nun, dass die Bundesländer ihren Krankenhäusern die LG zuteilen. Problematisch ist dabei, dass ein Krankenhaus für jede LG eine Mindestbehandlungszahl erreichen muss, um die volle Vergütung zu erhalten: Unterhalb dieser Fallmenge sinken die Einnahmen um den kompletten Anteil der Vorhaltepauschalen, das sind 40 Prozent. Damit droht ein neuer Anreiz, die Behandlungsfälle zu erhöhen – oder die Schließung von Abteilungen oder von Krankenhäusern. Für diese Neuerungen wird ein zusätzliches, kleinteilig komplexes Abrechnungssystem eingeführt. Jedenfalls greift der Bund mit den zentralen Vorgaben zu den LG massiv in die Planungshoheit der Länder ein.

Wie genau sich die neuen Regelungen auswirken werden, ist noch unbekannt. Ein vorläufiges Analysetool des Bundesgesundheitsministeriums ergab nach einem Bericht des Deutschen Ärzteblatts von Dezember 2024, dass die Mehrheit der kleinen und mittleren Krankenhäuser die geplanten Personalvorgaben der LG nicht erfüllen kann. Ob und wie man die Fallpauschalen den LG eindeutig zuordnen können wird, ist ebenfalls noch unklar. Erst ab Ende 2025 sollen die Krankenhäuser wissen, welche LG ihnen zugewiesen werden und mit welchem Vorhaltebudget sie rechnen können. Schon ab Anfang 2027, also nach einer relativ kurzen Übergangszeit, treten diese Budgets in Kraft.

Nordrhein-Westfalen (NRW) ging unter Gesundheitsminister Karl-Josef Laumann (CDU) bei der Reform voran und teilte seinen Krankenhäusern schon im August 2024 ihre jeweiligen LG mit. Nachdem fast alle der über 300 Kliniken Widerspruch eingelegt hatten, verschob das Landesgesundheitsministerium den Start der Reform um drei Monate und führte eine Übergangsfrist von zwölf Monaten ein. Dennoch haben inzwischen 90 Krankenhäuser Klage eingereicht. Das zivilgesellschaftliche »Bündnis für ein gemeinwohlorientiertes Gesundheitswesen« in NRW stellt fest, dass die Finanzierung bedarfsnotwendiger Krankenhäuser in erreichbarer Nähe nach wie vor nicht gesichert ist, insbesondere für Schwangere und Gebärende. Dabei hat der Staat nach Artikel 2 Absatz 2 Satz 1 GG das Recht auf Leben und körperliche Unversehrtheit zu schützen. Dieses wird freilich durch das bisherige Klassifizierungssystem der DRG und die Ökonomisierung der Krankenhäuser schon seit Jahren verletzt.

Überwindung der Sektoren

Drittens enttäuscht die Reform auch die zuvor verbreiteten Hoffnungen auf ein Konzept sogenannter sektorenübergreifender Einrichtungen. Die Lücken zwischen der stationären und der ambulanten Versorgung in Deutschland zu schließen, ist längst überfällig. Das KHVVG wird nun aber mit den sektorenübergreifenden Versorgungseinrichtungen nicht dem Bedarf an flexibler, wohnortnaher medizinischer und pflegerischer Versorgung gerecht, da es kleine Krankenhäuser nur umwidmet in (Kurzzeit-)Pflegeheime und Kleinstkrankenhäuser.

Insgesamt ist also zu befürchten, dass die Krankenhausreform grundlegende Probleme des deutschen Gesundheitssystems verschärfen wird: Besonders im ländlichen Raum werden mehr Kliniken aus wirtschaftlichen Gründen schließen, finanzielle Steuerungsanreize werden zunehmen und sich auf medizinische Behandlungsentscheidungen auswirken, die Arbeitsbedingungen des Krankenhauspersonals werden sich weiter verschlechtern. Statt sich in der Arbeit mit Patient*innen alleine an medizinischen und/oder pflegerischen Kriterien orientieren zu können, werden die Beschäftigten weiterhin in ihrem praktischen Handeln ökonomischen Zwängen ausgesetzt sein. Auch wenn durch Schließungen Beschäftigte freigesetzt werden, ist nicht garantiert, dass diese in die verbleibenden Krankenhäuser gehen werden. Das Gesundheitssystem wird den gesundheitlichen Bedürfnissen der Patient*innen mutmaßlich noch weniger gerecht werden als bisher.

Auch die gegenwärtige Militarisierung der Gesellschaft betrifft das Gesundheitswesen. In Diskussionen der Ärztekammern mit der Bundeswehr kursiert bereits die Zahl von 10 000 Betten für potenziell verletzte Soldat*innen. Wer im Zweifel zuerst behandelt werden soll, zumal hunderte Krankenhäuser schließen dürften, wird schon ganz offen diskutiert.

Literatur

Böhm, Thomas: Das kranke System der Fallpauschalen. Warum Fallpauschalen (DRGs) abgeschafft werden müssen und wie Krankenhäuser richtig finanziert werden, 2024, www.rosalux.de/news/id/52554/das-kranke-system-der-fallpauschalen.

Teusch, Achim: Kein Bett zu viel. Eine Kritik am Modellprojekt »Krankenhausplanung in Nordrhein-Westfalen«, 2022, www.rosalux.de/publikation/id/46336/kein-bett-zu-viel.

Rakowitz, Nadja: Mehr Patient – Weniger Fallpauschale. Mythen und Fakten zum Krankenhauswesen, 2024, www.rosalux.de/publikation/id/52557/mehr-patient-weniger-fallpauschale.

Lena Frerichs / Sarah Lincoln

Wie lange dauert ein »Kurzaufenthalt«?

Immer weitere Leistungskürzungen im Asylbewerberleistungsgesetz

In den ersten Monaten ihres Aufenthalts erhalten Schutzsuchende deutlich gekürzte Sozialleistungen und eine erheblich eingeschränkte Gesundheitsversorgung. Die Länge dieses Zeitraums ist seit Einführung des Asylbewerberleistungsgesetzes (AsylbLG) immer wieder nach politischen Maßgaben verändert und zuletzt am 27. Februar 2024 von 18 auf 36 Monate drastisch verlängert worden. Mit dem Rückführungsverbesserungsgesetz vom 21. Februar 2024 wurde damit neben der Bezahlkarte (siehe Andrea Kothen in diesem Band) eine weitere migrationspolitisch motivierte Regelung im AsylbLG aufgenommen. Dabei dürfen verfassungsrechtlich existenzsichernde Leistungen allenfalls bei kurzfristigen Aufenthalten gekürzt werden, wenn für eine Übergangsphase ein niedrigerer Bedarf vorliegt (sogenannter Minderbedarf). Da drei Jahre jedoch weit über einen »Kurzaufenthalt« hinausgehen und nicht erkennbar ist, warum Geflüchtete in dieser Zeit weniger Geld zum Leben benötigen, verletzt die Neuregelung Schutzsuchende in ihrem Grundrecht auf Gewährleistung eines menschenwürdigen Existenzminimums.

Ungleichbehandlung durch Gesetz

Reduzierte Leistungen nach dem AsylbLG erhalten Asylsuchende, aber auch Personen, deren Aufenthalt wegen eines Krieges in ihrem Heimatland oder aus anderen humanitären Gründen erlaubt ist. Leistungsberechtigt sind außerdem Menschen, deren Abschiebung nicht möglich ist und die daher über eine Duldung verfügen. Für nunmehr drei Jahre erhalten diese Menschen Leistungen deutlich unterhalb des Bürgergeldes und der Sozialhilfe. Gestrichen werden in dieser Zeit bestimmte Ausgaben, zum Beispiel für Computer, Fernseher, Lernprogramme, Sprach- und Hobbykurse. Auch die Gesundheitsversorgung ist erheblich eingeschränkt: Behandelt werden nur akute Erkrankungen und Schmerzzustände. Auf die Behandlung chronischer Erkrankungen besteht nur im Sonderfall ein Anspruch.

Die Diskussion über die Zulässigkeit der Bezugsdauer reduzierter Leistungen nach dem AsylbLG ist so alt wie das Gesetz selbst. Seit Einführung des AsylbLG im Jahr 1993 wurde die Dauer der reduzierten Leistungen fünfmal verändert. Die Wartezeit bis zur Auszahlung der vollen Leistungen betrug zunächst zwölf Monate und wurde zwischenzeitlich auf 36, 48, 15 und 18 Monate festgesetzt, bevor sie nun erneut auf 36 Monate verlängert wurde. Der Gesetzgeber begründete die Anhebung der Wartezeit auf 36 Monate damit, dass das behördliche und gerichtliche Asylverfahren durchschnittlich 36 Monate dauere. In dieser Zeitspanne könne wegen des Fehlens eines verfestigten Aufenthaltsrechts von einem »fehlenden Integrationsbedarf« ausgegangen werden (BT-Drs. 20/10090, S. 22).

Das Grundgesetz gewährt allen Menschen das Recht auf Gewährleistung eines menschenwürdigen Existenzminimums – unabhängig von ihrer Staatsangehörigkeit, ihrer Herkunft und ihrem Aufenthaltsstatus. Dieses Grundrecht leitet sich aus Artikel 1 Absatz 1 und Artikel 20 Absatz 1 GG, also der Menschenwürde und dem Sozialstaatsprinzip, ab. Nach Ansicht des Bundesverfassungsgerichts (BVerfG) können sich zwar grundsätzlich aus einem »kurzfristigen Aufenthalt« einer Person in Deutschland konkrete Minderbedarfe ergeben, die ein Absenken der Sozialleistung rechtfertigen können. Doch auch während eines Kurzaufenthalts sind Leistungskürzungen nur möglich, wenn sie begründbar sind. Dabei sind auch Mehrbedarfe zu berücksichtigen, die typischerweise gerade unter den Bedingungen eines nur vorübergehenden Aufenthalts anfallen. Zudem dürfen von der Leistungsreduzierung allenfalls diejenigen Personen betroffen sein, die sich voraussichtlich nur kurzfristig in Deutschland aufhalten. Dabei sind neben dem Aufenthaltsstatus auch die tatsächlichen Verhältnisse zu berücksichtigen (BVerfG, Urteil vom 18.07.2012, Az. 1 BvL 10/10). Unabhängig von der Aufenthaltsprognose befand das BVerfG einen Aufenthalt von vier Jahren für nicht mehr kurzfristig.

Menschenwürdiges Existenzminimum verletzt

Die Verlängerung der Wartezeit auf drei Jahre wird den verfassungsrechtlichen Anforderungen nicht gerecht, da sich die Betroffenen weder kurzfristig in Deutschland aufhalten noch konkrete Minderbedarfe haben. Bei einem Zeitraum von drei Jahren kann nicht von einem kurzfristigen Aufenthalt gesprochen werden. Außerdem ist davon auszugehen, dass ein beträchtlicher Teil der Leistungsberechtigten deutlich länger bzw. sogar dauerhaft in Deutschland bleiben wird. Im Jahr 2024 waren 47 Prozent der Asylanträge erfolgreich. 62 Prozent aller Personen mit einer Duldung hielten sich Ende 2023 länger als drei Jahre in Deutschland auf, 34,6 Prozent sogar sechs Jahre und mehr (BT-Drs. 20/11101, S. 39). Personen, deren Aufenthalt wegen eines Krieges in ihrem Heimatland oder aus anderen humanitären Gründen erlaubt ist, lebten Ende 2023 zu 74,7 Prozent schon seit mindestens sechs Jahren hier (BT-Drs. 20/11101, S. 15, 26, 28).

Viele der von den gekürzten Leistungen betroffenen Menschen können damit aller Voraussicht nach davon ausgehen, deutlich länger als drei Jahre oder gar dauerhaft in Deutschland zu bleiben. Ihnen für drei Jahre den Integrationsbedarf aufgrund einer ungesicherten Bleibeperspektive abzusprechen, erschwert nicht nur die Integration und wirkt damit gesamtgesellschaftlich nachteilhaft, sondern schließt sie weitgehend von gesellschaftlicher Teilhabe aus und verletzt damit ihre Menschenwürde.

Doch selbst wenn drei Jahre als kurzfristiger Aufenthalt gelten würden: Es deutet nichts darauf hin, dass Asylsuchende und Geduldete während dieser Zeit weniger bedürftig wären als etwa Bürgergeldberechtigte. Schon für den bisherigen Zeitraum von 18 Monaten hat sich der Gesetzgeber nicht die Mühe gemacht, den genauen Bedarf von schutzsuchenden Personen zu ermitteln. So fehlt folgerichtig auch für einen geringeren Bedarf in den ersten drei Jahren jede empirische Grundlage. Der Hinweis auf einen »fehlenden Integrationsbedarf« reicht nicht. Auf welche Gesundheitsleistungen etwa soll eine nicht integrierte gegenüber einer integrierten Person genau verzichten? Die fehlende Notwendigkeit der Behandlung einer chronischen Erkrankung für die Dauer von 36 Monaten ist medizinisch nicht begründbar. Gleiches gilt auch für andere während der Wartezeit ausgeschlossenen Positionen: Warum sollten etwa in den ersten drei Jahren des Aufenthalts keine Kosten für die Beschaffung eines Fernsehgeräts und eines Computers anfallen, ganz zu schweigen von den erheblichen Mehrkosten für die erstmalige Einrichtung der Wohnung?

2024 als Jahr der Einbußen

Die Sozialleistungen des AsylbLG sollen die physische Existenz und ein Mindestmaß an Teilhabe am gesellschaftlichen, kulturellen und politischen Leben sicherstellen. Mit der Einführung einer Bezahlkarte, dem vollständigen Leistungsausschluss von Schutzsuchenden, für deren Asylanträge andere Mitgliedstaaten zuständig sind (sogenannte Dublin-Fälle), der Verdoppelung der Wartezeit von 18 auf 36 Monate und der Kürzung der Leistungen um etwa vier Prozent ab 2025 haben SPD, Grüne und FDP innerhalb eines Jahres so weitreichende Einschränkungen der Sozialleistungen für Geflüchtete beschlossen wie kaum eine Bundesregierung jemals zuvor. Die reduzierten Sozialleistungen im AsylbLG stehen nicht nur im Widerspruch zu dem gesellschaftlichen Interesse an einer zügigen Integration. Sie ignorieren auch die verfassungsrechtlichen Anforderungen an ein menschenwürdiges Existenzminimum, das für alle Menschen gleich und – wie das BVerfG festgestellt hat – »migrationspolitisch nicht zu relativieren« ist.

Literatur

Bundesamt für Migration und Flüchtlinge: Aktuelle Zahlen, August 2024.

Landessozialgericht Niedersachsen-Bremen: Vorlage an das BVerfG, Beschluss vom 26. Januar 2021 – L 8 AY 21/19.

Razum, Oliver/Wenner, Judith/Bozorgmehr, Kayvan: Wenn Zufall über den Zugang zur Gesundheitsversorgung bestimmt: Geflüchtete in Deutschland, in: Das Gesundheitswesen 2016, S. 711 ff.

Artikel 20 (3) **Die Gesetzgebung ist an die verfassungsmäßige Ordnung, die vollziehende Gewalt und die Rechtsprechung sind an Gesetz und Recht gebunden.**

Rolf Gössner

Ohne Gesetz und Kontrolle
Das »Militärische Nachrichtenwesen« als rechtsstaatswidriger Geheimdienst der Bundeswehr

Man stelle sich mal vor, es gäbe hierzulande eine Sicherheitsbehörde, die ohne Gesetz und demokratische Kontrolle arbeitet, obwohl sie dabei tief in Grund- und Menschenrechte von Bürger:innen eingreift. Schwer vorstellbar in einem demokratischen Rechtsstaat wie der Bundesrepublik, in dem die vollziehende Gewalt des Staates an Gesetz und Recht gebunden ist (Artikel 20 Absatz 3 GG) sowie parlamentarisch und gerichtlich kontrolliert werden muss? Doch einen solchen Fall weitgehend gesetzloser und unkontrollierter Staatsgewalt gibt es tatsächlich – und das schon jahrzehntelang.

Die Bundeswehr (BW) betreibt neben ihrem regulären Geheimdienst, dem »Militärischen Abschirmdienst« (MAD), ein kaum bekanntes »Militärisches Nachrichtenwesen« (MilNW). Zu diesem »Wesen« gehören diverse BW-Einheiten, die weltweit geheime Informationsgewinnung, -verarbeitung und -auswertung betreiben. Sie operieren u. a. mit dem Ziel, mögliche sicherheitsgefährdende Angriffe gegnerischer Kräfte und Staaten zu erkunden und für militärische Sicherheit im In- und Ausland zu sorgen – enge Kooperationen mit Geheimdiensten des Bundes sowie mit NATO- und EU-Strukturen sind dabei inbegriffen. Aus den Erkenntnissen dieser Aktivitäten und Kooperationen werden u. a. Gefahrenanalysen über lokale Bevölkerungen und gegnerische Streitkräfte erstellt sowie militärische Handlungsempfehlungen abgeleitet.

Ein vierter Geheimdienst

Dieses »Militärische Nachrichtenwesen« arbeitet wie klassische Nachrichten- oder Geheimdienste, also vorwiegend mit geheimen Strukturen, Mitteln und Methoden. Auch wenn das MilNW nicht in einer eigenen Behörde gebündelt, sondern als Querschnittsaufgabe auf diverse BW-Einheiten verteilt ist, handelt es sich also – neben Bundesverfassungsschutz, Bundesnachrichtendienst (BND) und MAD – um einen weiteren, gleichsam den vierten Nachrichtendienst des Bundes.

Die MilNW-Einheiten mit speziell ausgebildetem Personal betreiben u. a. internationale Fernmeldeaufklärung, hören also Telekommunikation über Funkgeräte, Handys etc. ab, forschen Computer aus, werben menschliche Quellen an, also Informant:innen und V-Leute, führen Observationen durch, fertigen und analysieren Drohnenaufnahmen und werten Satellitenbilder aus. Dabei werden automatisiert und systematisch große Mengen von personenbezogenen Daten und Informationen, auch aus dem Internet und den »sozialen« Medien, erfasst, zusammengeführt und ausgewertet.

Die meisten dieser geheimen Aktivitäten greifen tief in die Grund- und Menschenrechte von betroffenen Zivilist:innen und Militärangehörigen sowie deren Kontaktpersonen ein – so in Persönlichkeitsrechte, das Grundrecht auf informationelle Selbstbestimmung und auf Gewährleistung der Vertraulichkeit und Integrität informationstechnischer Systeme (Artikel 2 Absatz 1 in Verbindung mit Artikel 1 Absatz 1 GG), den Kernbereich privater Lebensgestaltung sowie das Fernmeldegeheimnis (Artikel 10 Absatz 1 GG). Auch wenn das MilNW vorwiegend im Ausland »aufklärend« tätig wird, so beobachten die beteiligten BW-Einheiten auch inländische Objekte – etwa mit dem Ziel, »gegnerische Propaganda« frühzeitig zu erkennen und auszuwerten, sowie Desinformation, Propaganda und Angriffe auf das Militär präventiv oder reaktiv abzuwehren. Tatsächlich sind davon auch bundeswehrkritische Kräfte und Vereinigungen betroffen, wie etwa das Künstlerkollektiv Zentrum für politische Schönheit (ZPS), das 2022 monatelang vom MilNW mittels künstlicher Intelligenz systematisch ausgeforscht wurde. Diese gravierenden Eingriffe in Persönlichkeitsrechte sowie die Kunst- und Meinungsfreiheit (Artikel 5 Absatz 1 Satz 1 und Absatz 3 GG) erfolgten, weil das ZPS zuvor mit Kunstaktionen auf Missstände bei der Bundeswehr aufmerksam gemacht hatte.

Eklatantes Rechtsstaatsproblem

Das eigentliche Problem dieses »Militärischen Nachrichtenwesens«: Seine Aufgaben und Befugnisse sind weder durch ein rechtsstaatlich zustande gekommenes Gesetz legitimiert, reguliert und wirksam begrenzt, noch wird seine Arbeit einer speziellen Kontrolle unterzogen, wie sie für die anderen Bundesgeheimdienste geregelt ist. Das heißt auch, dass es für besonders intensive geheime Eingriffe keine Vorabkontrolle durch unabhängige Gremien gibt. Weder der für die Bundeswehr zuständige Verteidigungsausschuss des Bundestags noch die Wehrbeauftragte oder die Bundesbeauftragte für den Datenschutz können solche speziellen Geheimdienstkontrollen ersetzen.

Bis zum Antritt der Ampelkoalition 2021 vertraten die früheren Bundesregierungen noch die Auffassung, das MilNW brauche gar keine spezielle Gesetzesgrundlage, weil es »verfassungsunmittelbar« durch das Grundgesetz abgesichert sei – und zwar über den in Artikel 87a GG formulierten militärischen Verteidigungsauftrag, der auch dessen nachrichtendienstliche Absicherung umfasse (BT-Drs. 19/26114). Doch dies widerspricht dem Legalitätsprinzip des Grundgesetzes, wonach Grundrechtseingriffe durch die öffentliche Gewalt einer klaren gesetzlichen Ermächtigung bedürfen, die auch Bedingungen und Grenzen staatlichen Handelns regelt (BVerfG, Urteil vom 19. Mai 2020, Az. 1 BvR 2835/17, Rn. 137).

Und so haben wir es tatsächlich mit einem jahrzehntelangen rechtsstaatswidrigen Zustand zu tun, der zu größtenteils gesetzlosen und damit illegalen Grundrechtseingriffen führt, die weit über die Bundesrepublik hinausreichen. Im Kontext von

Krisenprozessen und neuen Kriegen, der Ausrufung der »Zeitenwende« und einer gewaltigen Aufrüstung der Bundeswehr werden die ungeregelten Aufklärungs- und Überwachungsmöglichkeiten des MilNW gegenwärtig enorm ausgeweitet und intensiviert. Schon jetzt arbeiten rund 7000 Bedienstete direkt oder indirekt für dessen Aufklärungsaktivitäten – das ist mehr Personal, als dem Auslandsgeheimdienst BND zur Verfügung steht. Damit ist das MilNW der größte bundesdeutsche Geheimdienst.

Abgebrochene Reform des Nachrichtendienstrechts

Im Koalitionsvertrag der Ampelregierung war eine große Reform des gesamten Nachrichtendienstrechts für die Legislaturperiode 2021 bis 2025 vorgesehen. Danach sollten alle Geheimdienste des Bundes auf den Prüfstand, prekäre nachrichtendienstliche Befugnisse an die verfassungsgerichtliche Rechtsprechung angepasst sowie die externe Kontrolle gestärkt werden. 2023 erfolgte der erste Reformschritt mit der Novellierung des Bundesverfassungsschutz- und des BND-Gesetzes (BT-Drs. 20/8626; siehe Rolf Gössner, Grundrechte-Report 2024). 2024 sollte der zweite Schritt erfolgen, der mit dem Auseinanderbrechen der Ampelregierung im November 2024 nicht mehr realisiert werden konnte.

Es wäre ein Riesenskandal, wenn der noch ausstehende zweite Teil der Reform des Nachrichtendienstrechts nicht so rasch wie möglich umgesetzt und dazu genutzt würde, diesen expandierenden militärischen Geheimbereich staatlicher Überwachung rechtsstaatlich, also per Gesetz, zu »zähmen« und effektiv zu kontrollieren. Noch besser wäre es, das MilNW angesichts jahrzehntelanger Gesetzlosigkeit und Illegalität weitgehend abzuschalten, zumal doch MAD und BND ohnehin weite Teile der Arbeitsfelder des MilNW auf gesetzlicher Basis geheimdienstlich beackern und auskundschaften (können). Schließlich geht es in diesem ganzen Zusammenhang um nicht weniger als um das elementare Rechtsstaatsprinzip des Grundgesetzes, den Verfassungsgrundsatz der Verhältnismäßigkeit, um die unabdingbare Kontrolle von Geheimdienstarbeit sowie um den Schutz von Grund- und Menschenrechten im In- und Ausland. All dies ist im Fall des MilNW verfassungswidrig außer Kraft gesetzt.

Literatur

Ruckerbauer, Corbinian/Wetzling, Thorsten: Zügellose Überwachung? Defizite der Kontrolle des Militärischen Nachrichtenwesens der Bundeswehr, Studie der Stiftung Neue Verantwortung/Interface, Oktober 2023.

> Artikel 20a **Der Staat schützt auch in Verantwortung für die künftigen Generationen die natürlichen Lebensgrundlagen und die Tiere im Rahmen der verfassungsmäßigen Ordnung durch die Gesetzgebung und nach Maßgabe von Gesetz und Recht durch die vollziehende Gewalt und die Rechtsprechung.**

Elena Ewering

Hat die Natur eigene Rechte?

Urteile zum Abgasskandal geben neuen Schwung in die Debatte

Der allgemein bekannte Abgasskandal zog unzählige Klagen nach sich. Nicht als erstes Gericht hatte das Landgericht (LG) Erfurt daraus folgende Rechtsstreitigkeiten zur Entscheidung vorliegen. Bei den in Rede stehenden Urteilen vom 2. August 2024 (Az. 8 O 1373/21) und vom 17. Oktober 2024 (Az. 8 O 836/22) hatten die Klagenden in beiden Fällen Fahrzeuge mit unzulässigen Abschalteinrichtungen erworben und verlangten deswegen Schadensersatz vom Hersteller. Wenig überraschend wurde den Klagenden Schadensersatz zugesprochen. Dennoch sind die Urteile, genauer die Begründungen, einzigartig. So zog das LG Erfurt die Rechte der Natur schutzverstärkend hinzu, welche sich laut Gericht aus der hier zu berücksichtigenden Charta der Grundrechte der Europäischen Union (GRCh) ergeben.

Rechte der Natur? Was in der deutschen Rechtspraxis ein Novum darstellt, ist in anderen Rechtsordnungen bereits üblich, wird in der Wissenschaft seit langem diskutiert und weltweit von zivilgesellschaftlichen Akteur*innen gefordert. Ziel ist, den globalen ökologischen Krisen auch auf Rechtsebene zu begegnen.

Das Konzept der Rechte der Natur

Die Kernidee der Konzeption ist, der Natur eigene Rechte einzuräumen, sie also zum Rechtssubjekt zu machen. Bisher versteht die deutsche Rechtsordnung die Natur als ein Objekt. Rechtssubjekte dagegen können, im Fall der Natur vertreten durch Menschen, ihre Rechte vor Gericht geltend machen. Eine praktische Folge wäre u. a. die höhere Gewichtung der Interessen der Natur in Abwägungsfragen. Eine konsequente Implementierung der Rechte der Natur würde nicht nur den Kreis der Rechtssubjekte erweitern, sondern zu einer Neuordnung des Rechtssystems führen, die das bestehende Mensch-Natur-Verhältnis grundlegend verändert.

Wie die Rechte der Natur dann im Einzelfall ausgestaltet sind, ist unterschiedlich. So erkennt die ecuadorianische Verfassung seit 2008 die Natur oder »Pacha Mama« in Gänze als Rechtssubjekt an, während in Spanien 2022 eine Salzwasserlagune als Rechtssubjekt anerkannt wurde. Auch wer für die Natur im juristischen Prozess sprechen und Handlungen vornehmen darf, wird unterschiedlich ausgestaltet. Darüber hinaus unterscheiden sich die historischen, soziokulturellen und rechtlichen Grundannahmen, mit denen die Rechte der Natur begründet werden. Auch wenn gerne von *den* Rechten der Natur gesprochen wird, kann kaum von einem einheitlichen Konzept die Rede sein. Obgleich die Normierung von Rechten der Natur in Deutschland noch Zukunftsmusik ist, ist die Debatte selbst nicht neu. Es wurde etwa bereits, wenn auch erfolglos, im Namen natürlicher Entitäten (Seehunde, August 1988, und männliche Ferkel, November 2019) versucht, Rechtsschutz vor deutschen Gerichten zu erlangen.

Neuland für Deutschland

Das LG Erfurt betrat mit seinen Urteilsbegründungen Neuland. Eröffnet wurde dieser Weg durch den europarechtlichen Bezug des Falls und damit durch die Anwendbarkeit der GRCh. So begründet das Gericht Rechte der Natur unter Berücksichtigung der aktuellen ökologischen Krise mit Artikel 2

Absatz 1 (Recht auf Leben) und Artikel 3 Absatz 1 (Recht auf körperliche und geistige Unversehrtheit) in Verbindung mit Artikel 37 GRCh (Umweltschutzziel). Der offene Personenbegriff der GRCh umfasse auch »ökologische Personen«, und die in Rede stehenden Grundrechte seien ihrem Wesen nach auf diese anwendbar. Für das LG Erfurt ergibt sich dann aus der GRCh u. a. das Recht der Natur auf Existenz und Erhalt der Lebenszyklen. Diese Annahme entspreche dem Unionsziel aus Artikel 37 GRCh, das ein hohes Umweltschutzniveau fordert. Berücksichtigung in den beiden Urteilen fanden die Rechte der Natur durch ihre schutzverstärkende Wirkung im Rahmen der Schadensersatzansprüche der Kläger gemäß § 823 Absatz 2 Bürgerliches Gesetzbuch. Ihr selbst, also der Natur, wurde kein Schadensersatz gewährt. Von Amts wegen Beachtung fanden die Rechte der Natur nach Ansicht des Gerichts durch die Funktion der GRCh als objektive Werteordnung, die auch auf das Zivilrecht ausstrahle. Darüber hinaus entfalten die in Rede stehenden Artikel 2 und 3 GRCh eine unmittelbare Drittwirkung.

In Deutschland sind die Rechte der Natur bisher nicht anerkannt, aber auch global betrachtet scheint die Feststellung ihrer schutzverstärkenden Funktion im Zivilprozess einzigartig. Das in beiden Verfahren zuständige Gericht sah unter Bezug auf Kolumbien und Peru die Möglichkeit, Rechte der Natur im Wege der gerichtlichen Fortentwicklung des Rechts durch Rechtsprechung anzuerkennen. Dies sei in Anbetracht der Wichtigkeit und Dringlichkeit der ökologischen Herausforderungen auch geboten.

Heiß diskutiert

Die Diskussionen um die Rechte der Natur werden in Deutschland schon seit langem geführt. Ein Kritikpunkt, der stets angeführt wird und auch in den Besprechungen der Urteile des LG Erfurt angesprochen wurde, ist, dass das europäische und das deutsche Rechtssystem menschenzentriert seien. Rechte der Natur mit ihrer ökozentrischen Ausrichtung wären mit der Menschenwürde aus Artikel 1 GRCh sowie Artikel 1 Absatz 1 GG unvereinbar. Das LG Erfurt führt demgegenüber aus, dass die Anerkennung von Rechten der Natur durch die Menschenwürdegarantie geboten sei, da die Rechte der Natur dazu beitrügen, dass der Mensch auch in Zukunft ein freies und selbstbestimmtes Leben in Würde führen könne. Zweifellos ist die Menschenwürde als oberster Wert der freiheitlichen Demokratie maßgebliche Grundlage aller deutschen und europäischen Normen. Wie der Rechtsprofessor Jens Kersten allerdings feststellte, führt diese absolute Anerkennung nicht zu einem Ausschluss weiterer nicht menschlicher Rechtssubjekte. Der Gehalt der Menschenwürde wird durch die Rechte der Natur nicht beschränkt. Rechte der Natur finden vor allem in Abwägungsentscheidungen Berücksichtigung und übertreffen auch nicht stets menschliche Interessen. Sie sollten zudem nicht als Gegenpart zu Rechten des Menschen konstruiert werden, sondern diese mit umfassen. Oft wird hinterfragt, ob Rechte der Natur überhaupt einen Mehrwert bieten, es gebe immerhin die umweltrechtliche Verbandsklage. Das einschlägige Umwelt-Rechtsbehelfsgesetz stellt jedoch hohe Anforderungen an die Umweltverbände und ist nur eingeschränkt anwendbar. Schließlich wird mit Verweis auf die Staatszielbestimmung aus Artikel 20a GG eingewandt, dass der Umweltschutz bereits für alle staatlichen Organe verbindlich sei. Dies bestätigte auch das BVerfG in seinem Klimabeschluss vom 24. März 2021 (Az. 1 BvR 2656/18), in dem es den objektiv-rechtlichen Charakter des Artikel 20a GG betonte. Damit reicht dessen Wirkung nicht an die rechtlichen Folgen heran, die Rechte der Natur mit sich bringen.

Über die Verwirklichungsmöglichkeiten der Rechte der Natur in Deutschland besteht eine rege Diskussion. Rechtsprofessor Andreas Fischer-Lescano konzeptualisiert das Kollektiv »Natur« unter Einbeziehung von Artikel 20a GG als »juristische Person« im Sinne von Artikel 19 Absatz 3 GG. Jens Kersten plädiert hingegen für eine umfassende Grundgesetzreform. Das »Netzwerk Rechte der Natur« setzt sich in diesem Sinne für die Aufnahme der »Würde der Natur« in Artikel 1 GG ein.

Mit Dieselmotoren zum Umweltschutz

Es mag verblüffen, dass Rechte der Natur ihren Weg durch den Abgasskandal in die Rechtspraxis finden. Gerade durch diese unerwartete, schutzverstärkende Einbeziehung der Rechte der Natur im geschilderten Fall wird jedoch deutlich, dass ökologische Interessen durch eine Anerkennung der Rechte der Natur in jedem rechtlichen Bereich Geltung entfalten könnten und mithin den dringend benötigten Ruck hin zu einer ökologischen Gesellschaft mittragen können.

Literatur

Fischer-Lescano, Andreas: Natur als Rechtsperson, in: Zeitschrift für Umweltrecht 2018, 205 ff.

Gutmann, Andreas: Fruchtbare Irritationen. Das zweite Urteil des LG Erfurt zu Rechten der Natur, Verfassungsblog v. 28. 10. 2024.

Kersten, Jens: Das ökologische Grundgesetz, München 2022.

Andreas Gutmann

Ein Menschenrecht auf Klimaschutz

Klimaseniorinnen gewinnen vor dem Europäischen Gerichtshof für Menschenrechte

Klimaklagen spielen eine immer wichtigere Rolle im Kampf um Klimaschutz, was nicht zuletzt auf den politischen Stillstand in diesem Bereich zurückzuführen ist. Weltweit nehmen Klagen zu, die entweder klimaschädigende Unternehmen zur Rechenschaft ziehen oder gestützt auf Grund- und Menschenrechte Staaten zu mehr Klimaschutz verpflichten wollen. Zu letzterer Gruppe gehört der Fall der schweizerischen Klimaseniorinnen, der im April 2024 vom Europäischen Gerichtshof für Menschenrechte (EGMR) in Straßburg entschieden wurde.

Der Gerichtshof stellte fest, dass die Klimapolitik der Schweiz unzureichend ist und damit Menschenrechte verletzt.

Die Gruppe älterer Frauen hatte sich zuvor erfolglos durch die schweizerischen Instanzen geklagt. Der EGMR stellt nun fest, dass die Menschenrechte der Europäischen Menschenrechtskonvention (EMRK), die auch von der Schweiz unterzeichnet wurde, eine Verpflichtung zum Klimaschutz beinhalten. Es bleibt jedoch schwierig, eine Verletzung dieser Verpflichtung nachzuweisen. Dies zeigt sich darin, dass der EGMR zeitgleich mit dem Klimaseniorinnen-Urteil zwei weitere Klimaklagen zurückwies. Immerhin wurde ein erster Schritt getan, auf dem zukünftige Verfahren aufbauen können. Das Bundesverfassungsgericht (BVerfG) orientiert sich bei seiner Auslegung der Grundrechte des Grundgesetzes ebenfalls an der Rechtsprechung des EGMR, so dass das Urteil auch für Deutschland eine Signalwirkung hat.

Wer ist betroffen, wenn alle betroffen sind?

Eine Schwierigkeit im Rahmen von Klimaklagen ist die sogenannte Opfereigenschaft. Denn der europäische Grundrechtsschutz ist auf Individualschutz ausgerichtet: Wer sich auf seine Grund- und Menschenrechte beruft, muss darlegen, warum eine besondere Betroffenheit besteht. Dieses Modell kommt in der Klimakrise an seine Grenzen: Der menschengemachte Klimawandel wirkt global, seine Folgen treffen letztlich alle.

Die Klimaseniorinnen hatten dargelegt, als ältere Frauen aufgrund ihrer körperlichen Konstitution von Extremwetterereignissen wie insbesondere Hitzewellen in besonderer Weise betroffen zu sein. Der EGMR sah dies nicht als ausreichend an und betrachtete trotz dieser zu erwartenden gesundheitlichen Beeinträchtigungen eine Opfereigenschaft der Seniorinnen nicht als gegeben. Aus diesem Grund wies er die individuellen Klagen der Seniorinnen ab. Gegeben sah er die Opfereigenschaft jedoch in Bezug auf den Verein der Klimaseniorinnen. Vereinigungen seien in Bezug auf die Klimakatastrophe beschwerdeberechtigt, wenn sie in ihrem Mitgliedstaat rechtlich anerkannt sind, sich die Verteidigung der Menschenrechte zum Ziel gesetzt haben und sich aufgrund ihrer Struktur dazu eignen, im Interesse der Rechte betroffener Personen tätig zu werden.

Im Grunde schafft der EGMR damit die Möglichkeit einer Verbandsklage in Klimaschutzfragen. Eine solche Auslegung der EMRK ist keinesfalls zwingend, vielmehr scheint sich der EGMR um einen pragmatischen Mittelweg zu bemühen: Nicht jede Person, die vom Klimawandel betroffen ist, kann in Straßburg Rechtsschutz erlangen. Dennoch führt diese allgemeine Betroffenheit nicht dazu, dass niemand klagen kann. Das BVerfG hingegen hatte in seinem berühmten Klima-Beschluss aus dem Jahr 2021 (hierzu Rosemarie Will, Grundrechte-Report 2022) entschieden, dass die Tatsache, dass die Klimakatastrophe eine unüberschaubare Vielzahl an Menschen betrifft, nicht zum Ausschluss der Klagemöglichkeit von Individuen führen dürfe. Es öffnete den Zugang zu den Gerichten damit weiter als der EGMR.

Klimaschutz ist Menschenrechtsschutz

Menschenrechte verpflichten Staaten nicht nur dazu, aktive Verletzungen der Rechte zu unterlassen, sondern auch dazu, Menschen vor Beeinträchtigungen durch Dritte oder Naturereignisse zu schützen. Bei Klimaklagen stehen regelmäßig diese sogenannten positiven Pflichten von Staaten im Fokus. Im Klimaseniorinnen-Urteil bestätigt der EGMR, dass eine solche staatliche Schutzpflicht gegenüber den Gefahren der Klimakatastrophe bestehe. Eine Schwierigkeit der Schutzpflicht liegt darin, dass sie auf verschiedene Weise erfüllt werden kann. Um die Gewaltenteilung zu wahren, räumen Gerichte der Gesetzgebung also oft viel Ermessensspielraum ein. Der EGMR erkennt diesen Spielraum auch für die Schweiz an, sieht ihn jedoch überschritten. Die Klimaschutzgesetzgebung der Schweiz sei lückenhaft, insbesondere, weil es an der Berechnung eines verbleibenden Treibhausgasbudgets und entsprechenden Vorgaben zur Minderung der Emissionen mangele.

Inhaltlich stützt sich der EGMR vor allem auf Artikel 8 EMRK. Dieser schützt das Privat- und Familienleben. In Zusammenschau mit dem Recht auf Leben aus Artikel 2 EMRK wird die Vorschrift seit Längerem dahingehend ausgelegt, dass auch gesunde Umweltbedingungen als Grundlage des menschlichen Lebens geschützt sind. Damit hilft sich der Gerichtshof darüber hinweg, dass die EMRK – anders als andere Menschenrechtskataloge – kein ausdrückliches Recht auf eine intakte Umwelt kennt.

Auch das BVerfG stand vor dieser Herausforderung und hatte sich in seinem Klima-Beschluss 2021 mit der Figur der »intertemporalen Freiheitssicherung« geholfen. Hiernach schützen die Grundrechte vor Freiheitseinschränkungen durch Verlagerung von Klimaschutzmaßnahmen in die Zukunft: Wird heute Klimaschutz unterlassen, muss er in der Zukunft zu umso drastischeren Grundrechtseinschränkungen führen. Das BVerfG erkannte zwar wie der EGMR an, dass es Schutzpflichten gegenüber den Gefahren des Klimawandels gibt, sah diese 2021 jedoch noch nicht als verletzt an. Angesichts der verschärften Klimakatastrophe, der klimapolitischen Rückschritte und der gestärkten Schutzpflichten durch den EGMR könnte eine solche Verletzung jedoch bald erkennbar werden.

Außerdem stellt der EGMR eine Verletzung des Rechts auf ein faires Verfahren nach Artikel 6 EMRK fest, da das schweizerische Recht keinen effektiven Rechtsbehelf gegen die Klimakatastrophe geboten habe. Er betont, dass nationale Gerichte eine Schlüsselrolle bei Auseinandersetzungen im Kontext der Klimakatastrophe spielen und sich dieser nicht durch übermäßig strenge Anforderungen an die Zulässigkeit von Klagen entziehen dürfen. Hieran haben sich deutsche Gerichte bei der Auslegung von Artikel 19 Absatz 4 GG, der ebenfalls effektiven Rechtsschutz garantiert, zu orientieren.

Verweigerte Umsetzung

Das Urteil wurde als Meilenstein für den menschenrechtlichen Klimaschutz gefeiert, stieß jedoch in weiten Teilen der schweizerischen Politik auf Ablehnung: Die Richter*innen hätten ihre Kompetenzen weit überschritten, Klimaschutz sei eine Sache der demokratisch legitimierten Gesetzgebung und ohnehin tue die Schweiz bereits genug. National- und Ständerat, die beiden Kammern des schweizerischen Parlaments, sprachen sich dafür aus, dem Urteil keine Folge zu leisten.

Die politischen Konsequenzen sind schwer absehbar. Die Ablehnung könnte mit dem schwierigen Verhältnis zwischen dem direktdemokratischen Verständnis der Schweiz und dem internationalen Menschenrechtsschutz zusammenhängen. Die schweizerische Abkehr vom EGMR verweist aber auch auf eine sinkende Akzeptanz des internationalen Rechts. Auch die Verschiebung des politischen Diskurses, in dem die Klimakatastrophe eine immer geringere Rolle spielt, mag einen Einfluss haben.

Ein wichtiger Schritt

Trotz allem ist die Entscheidung des EGMR ein wichtiger Schritt für den gerichtlichen Klimaschutz. Auch wenn die Hürden für den Zugang zum Gericht hoch bleiben, ermöglichen es die präzisen Vorgaben zur Beschwerdefähigkeit, sich daran anzupassen. Die klaren Aussagen zur Rolle der Menschenrechte in der Klimakrise sind wichtige Grundlagen für zukünftige Klimaklagen, doch angesichts des Scheiterns der Klimapolitik auf nationaler und internationaler Ebene ist das nur ein schwacher Trost.

Literatur

EGMR, Urteil vom 9.4.2024, Az. 53600/20 (»Verein Klimaseniorinnen Schweiz und andere ./. Schweiz«), in: Neue Juristische Wochenschrift 2024, S. 1931 ff.

Blattner, Charlotte: Warum das KlimaSeniorinnen-Urteil nicht undemokratisch ist, Verfassungsblog v. 25.6.2024.

Kling, Anne: Menschenrechte in der Klimakrise, in: Zeitschrift für Umweltrecht 2024, S. 468 ff.

> **Artikel 25 Die allgemeinen Regeln des Völkerrechtes sind Bestandteil des Bundesrechtes. Sie gehen den Gesetzen vor und erzeugen Rechte und Pflichten unmittelbar für die Bewohner des Bundesgebietes.**

Amela Skiljan

Deutsche Waffenlieferungen nach Israel
Kein Rechtsschutz gegen Völkerrechtsverstöße

Auf das Massaker der Hamas vom 7. Oktober 2023 reagierte Israel mit militärischen Maßnahmen in Gaza. Deutschland erteilte unmittelbar danach eine Vielzahl an Waffenexportgenehmigungen, fuhr sie dann im ersten Halbjahr 2024 drastisch zurück, um ab August 2024 neue zu erteilen. In Anbetracht der sich häufenden Vorwürfe, dass Israels Kriegsführung gegen das Völkerrecht verstoße, werden diese Waffenlieferungen kritisiert.

So hat Südafrika Israel Ende 2023 des Völkermordes beschuldigt und im Eilverfahren vor dem Internationalen Gerichtshof (IGH) u.a. die sofortige Einstellung des Militäreinsatzes gefordert. Der IGH stellte in einem ersten Beschluss vom 26. Januar 2024 fest, dass das Risiko des Völkermordes plausibel sei und ordnete in diesem und zwei weiteren Beschlüssen vorläufige Maßnahmen an, u.a. sollte Israel Militäroperationen in Rafah einstellen (IGH, Südafrika v. Israel, Beschluss vom 24.5.2024). Zusätzlich beschuldigte Nicaragua Deutschland, u.a. die Völkermordkonvention zu verletzen, indem es Waffen an Israel liefert. Außerdem hat der Internationale Strafgerichtshof (IStGH) im November 2024 Haftbefehle gegen Premierminister Benjamin Netanjahu und Ex-Verteidigungsminister Joaw Galant wegen Kriegsverbrechen und Verbrechen gegen die Menschlichkeit erlassen.

Kein Schutz vor Waffenlieferungen durch deutsche Gerichte

Auf nationaler Ebene haben Verwaltungsgerichte (VG) in Eilverfahren mehrere Anträge gegen Kriegswaffenexporte bzw. den Export von sonstigen Rüstungsgütern abgelehnt bzw. zurückgewiesen. Dabei kommen das VG Berlin und das VG Frankfurt am Main zu teilweise unterschiedlichen Ergebnissen, was die Zulässigkeit solcher Anträge angeht. In Frankfurt wurde der Antrag mit der Begründung abgelehnt, die klagenden Palästinenser seien in ihren eigenen Rechten nicht verletzt (Beschluss vom 11.9.2024, Az. 5 L 2333/24.F). Das VG Berlin lehnte den Antrag ab, da die Bundesregierung bereits seit Anfang 2024 keine dem Kriegswaffenkontrollgesetz (KrWaffKontrG) unterliegenden Lieferungen nach Israel mehr genehmigt habe und die Antragsteller nicht glaubhaft gemacht hätten, dass dahingehende Genehmigungsentscheidungen unmittelbar anstünden (Beschluss vom 10.6.2024, Az. 4 L 119/24). Seit August 2024 wäre zu erwarten gewesen, dass das VG eine Prüfung in der Sache vornimmt. Überraschenderweise lehnte es aber einen weiteren Antrag im Dezember 2024 ab, da – trotz der Ankündigung neuer Waffenlieferungen durch den Bundeskanzler im Oktober und trotz der IStGH-Haftbefehle – nicht glaubhaft gemacht worden sei, dass Genehmigungen erteilt werden und diese gegen das Völkerrecht verstoßen würden (VG Berlin, Beschluss vom 2.12.2024, Az. 4 L 801/24).

Die Entscheidungen werfen die Frage auf, ob und wie sich Betroffene des Kriegs in Gaza überhaupt gegen die Ausfuhr deutscher Rüstungsgüter nach Israel wehren können. Das VG Frankfurt lehnte bereits deren Antragsbefugnis ab, da die Antragsteller keinen Gefahren ausgesetzt seien, die über das katastrophale Maß hinausgehen, dem alle Menschen in Gaza ausgesetzt sind. Ferner ergebe sich aus dem Außenwirtschaftsgesetz kein individualschützender Drittschutz. Schließlich seien Ausfuhrgenehmigungen nur im Falle willkürlicher Erteilung überprüfbar. Gleiches vertrat das VG Ende 2024, als es einen weiteren Antrag ablehnte, in dem zwei konkrete Genehmigungen von Rüstungsgütern genannt wurden (Beschluss vom 16.12.2024, Az. 5 L 3799/24.F).

In Berlin wurde der zweite Antrag abgelehnt, da die dortigen Antragsteller keine konkreten Genehmigungen von Waffenlieferungen genannt hätten. Anträge auf Auskunft über abgeschlossene und künftige Waffenlieferungen lehnten die Gerichte zugleich jedoch auch ab (VG Berlin, Beschluss vom 26.9.2024, Az. VG 4 L 244/24; OVG Berlin-Brandenburg, Beschluss vom 3.12.2024, Az. OVG 1 S 75/24): Es bestünde keine Rechtsgrundlage für solche Auskünfte; derartige Entscheidungen der Bundesregierung gehörten zum Kernbereich exekutiver Eigenverantwortung, die durch einen Auskunftsanspruch eingeengt würden. Damit sind die Hürden für den in Artikel 19 Absatz 4 GG vorhergesehenen effektiven Rechtsschutz zu hoch angesetzt.

Hinzu kommt, dass Behörden und Gerichte nach Artikel 20 Absatz 3 und Artikel 25 GG daran gehindert sind, nationales Recht in einer Weise auszulegen und anzuwenden, die allgemeine Regeln des Völkerrechts, zu denen u.a. die Genfer Konventionen gehören, verletzten und an Verletzungen dieser Regeln mitzuwirken. Die genannten Entscheidungen sind auch im Hinblick auf Artikel 26 GG problematisch. Die Vorschrift gehört zu den Artikeln, die das Friedensgebot des GG normieren. Absatz 1 verbietet Friedensstörungen, Absatz 2 verankert die Kriegswaffenkontrolle. Einzelheiten dazu regelt das KrWaffKontrG, welches in § 6 Absatz 3 Satz 2 eine Ausfuhrgenehmigung verbietet, wenn sie völkerrechtliche Verpflichtungen verletzen würde. Diese Versagungsgründe sind zwingend: Wenn feststeht, dass Deutschland mit einem Waffenexport gegen allgemeine Regeln des Völkerrechts oder eine völkervertragliche Pflicht verstoßen würde, darf die Genehmigung nicht erteilt werden. In den genannten Beschlüssen hat das VG Berlin gar nicht erst geprüft, ob Deutschland diese Norm verletzt. Im Gegensatz zu dem Eindruck, den der Beschluss des VG Berlin hinterlassen könnte, eröffnet die Vorschrift keinen Handlungsspielraum. Die Bundesregierung kann nicht durch das Einholen von »Zusagen und Verwendungsbeschränkungen des Empfängerlandes« (VG Berlin, Beschluss vom 10.06.2024,

4 L 119/24) seinen völkerrechtlichen Pflichten nachkommen, wenn diese eine Versagung der Genehmigung von Waffenlieferungen fordern.

Waffenlieferungen verstoßen gegen Völker- und EU-Recht

Und dies ist derzeit der Fall: Artikel 6 des Weltwaffenhandelsvertrags verbietet eine Ausfuhrgenehmigung bei Kenntnis darüber, dass die Waffen bei der Begehung von Völkermord, Verbrechen gegen die Menschlichkeit, schweren Verletzungen der Genfer Konventionen, Angriffen auf zivile Objekte oder Zivilpersonen oder anderen Kriegsverbrechen verwendet würden. Außerdem führt Artikel 7 eine Untersuchungspflicht ein. Sollte ein überwiegendes Risiko festgestellt werden, dass mit den Waffen Verletzungen des humanitären Völkerrechts begangen oder begünstigt werden könnten, darf die Genehmigung nicht erteilt werden. Der Gemeinsame Standpunkt des Rates der Europäischen Union für die Kontrolle der Ausfuhr von Militärtechnologie und Militärgütern verbietet in Artikel 2 Absatz 2 ebenfalls eine Ausfuhr, wenn ein eindeutiges Risiko besteht, dass die Waffen bei schweren Verletzungen des humanitären Völkerrechts verwendet werden könnten.

Zusätzlich erfordern der gemeinsame Artikel 1 der vier Genfer Konventionen sowie die Verhütungspflicht des Völkermordes aus Artikel 1 der Völkermordkonvention, dass Staaten Handlungen unterlassen, mit denen sie Verletzungen des humanitären Völkerrechts oder einen Völkermord unterstützen könnten. Diese Verpflichtungen stehen im direkten Zusammenhang mit Waffenlieferungen. Der IGH erinnerte Deutschland daran und an die daraus resultierende Verpflichtung, das Risiko zu meiden, dass gelieferte Waffen für Verstöße gegen die genannten Konventionen verwendet werden könnten (IGH, Nicaragua v. Deutschland, Beschluss vom 30.4.2024).

Wann hält sich Deutschland an seine Verpflichtungen?

Unter Verweis auf diesen IGH-Beschluss hat die Regierung der belgischen Region Wallonie bereits genehmigte Exportlizenzen suspendiert. Das Berufungsgericht in Den Haag hat am 12. Februar 2024 ein eindeutiges Risiko von Verletzungen des humanitären Völkerrechts festgestellt und den Niederlanden einstweilen die Lieferung von F-35-Flugzeug-Teilen nach Israel untersagt (Urteil vom 12.2.2024, Az. 200.336.130/01). Andere Staaten wie Spanien, Italien, Großbritannien oder Kanada haben ebenfalls eine restriktive Position bei Rüstungsexporten nach Israel eingenommen. Deutschland hingegen verstößt mit Waffenlieferungen nach Israel zum Einsatz in Gaza gegen internationales und nationales Recht.

Literatur

Talmon, Stefan: Why the Provisional Measures Order in Nicaragua v. Germany severely limits Germany's ability to transfer arms to Israel, Verfassungsblog v. 2.5.2024.

Rhades, Moritz: Von Waffen wissen müssen. Was das Verwaltungsgericht Berlin zu Waffenexporten nach Israel zu sagen hat – und worüber es schweigt, Verfassungsblog vom 20.6.2024.

Deiseroth, Dieter: Verstrickung der Airbase Ramstein in den globalen US-Drohnenkrieg und die deutsche Mitverantwortung – Zugleich ein Beitrag zur Bestimmung der individuellen Klagebefugnis nach § 42 II VwGO, in: Deutsches Verwaltungsblatt 2017, S. 985 ff.

> Artikel 38 (1) **Die Abgeordneten des Deutschen Bundestages werden in allgemeiner, unmittelbarer, freier, gleicher und geheimer Wahl gewählt. Sie sind Vertreter des ganzen Volkes, an Aufträge und Weisungen nicht gebunden und nur ihrem Gewissen unterworfen.**

Rosemarie Will

Wahlrechtsgleichheit unter dem Grundgesetz?

Die von der Ampelkoalition 2023 beschlossene Wahlrechtsreform hat das Bundesverfassungsgericht 2024 als überwiegend verfassungsgemäß und als zum Teil verfassungswidrig erklärt. Das Grundgesetz regelt in Artikel 38 Absatz 1 Satz 1 die allgemeine, unmittelbare, freie, gleiche und geheime Wahl als subjektive Grundrechte jedes Staatsbürgers und überlässt es in Artikel 38 Absatz 3 dem Bundesgesetzgeber, das Nähere zu regeln. Der jeweiligen gesetzgeberischen Mehrheit ist es deshalb möglich, das Wahlrecht in eigener Sache zu ihren Gunsten zu ändern. Die überstimmte Minderheit kann dagegen das Bundesverfassungsgericht (BVerfG) anrufen.

Die Wahlrechtsreform – Streichung der Überhangmandate und der Grundmandatsklausel

Wurden bisher mehr Direktkandidat*innen einer Partei in den Wahlkreisen eines Landes gewählt, als ihr nach dem Zweitstimmenergebnis zustanden, entstanden Überhangmandate, die die Parteien zusätzlich erhielten. Die anderen Parteien bekamen dafür, entsprechend ihres Zweitstimmenanteils sogenannte Ausgleichsmandate. Durch den sinkenden Zweitstimmenanteil von CDU, CSU und SPD, bei etwa gleichbleibender Anzahl von Direktmandaten, erhöhte sich die Anzahl der Überhang- und Ausgleichsmandate und vergrößerte sich der Bundestag stetig, zuletzt auf 736 Abgeordnete. Zwar erklärten alle Parteien, wieder zur gesetzlich vorgesehenen Größe des Bundestagestages von 598 Abgeordneten zurückkehren zu wollen, sie konnten sich aber nicht darauf einigen, das Wahlrecht entsprechend zu ändern. Die CSU und die CDU verweigerten sich, weil sie ihre Überhangmandate nicht verlieren wollten.

Mit der am 17. März 2023 von der Ampelkoalition beschlossenen Wahlrechtsreform wurden die Überhangmandate gestrichen, infolgedessen fielen auch die Ausgleichsmandate weg. Die Sitze werden nun nur noch verhältnismäßig nach dem Zweitstimmenergebnis zugeteilt. Dadurch wird der Bundestag konstant auf 630 Abgeordnete begrenzt. Für die direkt im Wahlkreis gewählten Kandidat*innen bedeutete dies, dass sie in der Reihenfolge ihres Wahlergebnisses ein Mandat erhalten, soweit das Zweitstimmenergebnis ihrer Partei dafür ausreicht. Die bisherigen Überhangmandate, die nicht vom Zweitstimmenergebnis gedeckt sind, werden nicht mehr zugeteilt. Siegreiche Wahlkreiskandidat*innen sind danach nicht gewählt, wenn sie in der Reihenfolge der gewählten Direktkandidat*innen ihrer Partei Plätze belegen, für die das Zweitstimmenergebnis nicht ausreicht (Zweitstimmendeckungsverfahren). Die dadurch erreichte Stärkung des Verhältnismäßigkeitsprinzips erhöht zwar die Wahlrechtsgleichheit, weil sich die Erfolgswertgleichheit der abgegebenen Stimmen verbessert. Vor der Wahlrechtsreform, wo jede*r Direktkandidat*in mit einer Mehrheit der im Wahlkreis abgegebenen Stimmen gewählt wurde, galt in Bezug auf die Überhangmandate das Mehrheitsprinzip, bei der die Stimmen für die Minderheitskandidat*innen keinen Erfolg hatten. Aber nach der ersten Lesung des Gesetzentwurfes wurde überraschend, wie CSU und Linke meinten, handstreichartig die Grundmandatsklausel gestrichen. Beide sahen sich in ihrer Existenz durch den Wegfall der Grundmandatsklausel direkt gefährdet, weil die Fünf-Prozent-Sperrklausel beibehalten wurde. Nach der Grundmandatsklausel erhält eine Partei bei Erringung von drei Direktmandaten entsprechend ihrem Zweitstimmenanteil Mandate zugeteilt, auch wenn sie nicht fünf Prozent der Zweitstimmen erreicht. Der Gewinn an Wahlrechtsgleichheit wurde durch die Streichung der Grundmandatsklausel also sogleich konterkariert.

Das Urteil zur Wahlrechtsreform

Mit seinem Urteil vom 31. Juli 2024 hat das BVerfG das Zweitstimmendeckungsverfahren und damit den Wegfall der Überhangmandate bestätigt. Der in Artikel 38 Absatz 3 GG begründete Gestaltungsauftrag verschaffe dem Gesetzgeber weitgehend freie Hand (Rn. 169). Dass ein Wahlkreismandat nur noch diejenige Person erhält, die in einem Wahlkreis auch die meisten durch Zweitstimmen gedeckten Erststimmen vorweisen kann, sei kein Verstoß gegen die Wahlrechtsgrundsätze aus Artikel 38 Absatz 1 Satz 1 GG und auch keine Verletzung der Chancengleichheit der Parteien aus Artikel 21 Absatz 1 GG. Das Grundgesetz enthalte kein Gebot der Regionalisierung bzw. der Wahlkreisrepräsentation (Rn. 179).

Die Streichung der Grundmandatsklausel jedoch wurde als verfassungswidrig verworfen, weil dadurch die Fünf-Prozent-Sperrklausel verfassungswidrig werde. Gemeint ist, dass die Fünf-Prozent-Sperrklausel durch die Grundmandatsklausel in gewissen Umfang korrigiert werden muss, um die Wahlrechtsgleichheit nicht zu verletzen. Bis zur Neuregelung wurde die Fortgeltung der Grundmandatsklausel angeordnet. Die Begründung dazu befremdet. Die Fünf-Prozent-Sperrklausel wurde trotz langer verfassungsrechtlicher Kritik an ihr und ihrer Aufhebung für die Europawahl weiter für eine gerechtfertigte Einschränkung der Wahlrechtsgleichheit gehalten (Rn. 221 ff.). Ihre Höhe von fünf Prozent blieb unbeanstandet (Rn. 240 ff.). Je pluralistischer aber das Parteienspektrum wird, desto höher wird der Anteil an Stimmen, der aufgrund der Sperrklausel nicht berücksichtigt wird. Bei der letzten Bundestagswahl waren dies knapp vier Millionen Zweitstimmen, bei Anwendung des neuen Wahlrechts hätten etwa 20 Prozent der Zweitstimmenanteile nicht zu Bundestagssitzen führen können. So unbeeindruckt der 2. Senat von der sperrklauselbedingten Nichtberücksichtigung der Stimmen war, so detailliert stellte er jedoch Erwägungen zum Zweitstimmenanteil der CSU bei der nächsten Bundestagswahl an (Rn. 252 ff.). Bereits diese Unwucht bei der verfassungsrechtlichen Prüfung ist irritierend. Vor allem aber überzeugt die Begründung für die Verfassungswidrigkeit der Streichung der Grundmandatsklausel nicht. Die Kooperation zwischen CSU und CDU, bestehend aus den besonderen drei Elementen gleichgerichteter politischer Ziele, Bildung einer einheitlichen Fraktion und Verzicht des Wettbewerbes müsse zum Wegfall der Fünf-Prozent-Sperrklausel für die CSU führen, wenn sie mit der CDU gemeinsam über fünf Prozent komme. Damit wird dem Vortrag der CSU gefolgt, dass die bisherige politische Praxis der CSU die Funktionsfähigkeit des Bundestages auch dann nicht beeinträchtigt, wenn sie unter fünf Prozent bleibt. Das BVerfG entscheidet hier parteiisch für die CSU, es erhebt ihre Praktiken zur verfassungsrechtlichen Begründung dafür, dass für die CSU die Streichung der Grundmandatsklausel bei Beibehaltung der Fünf-Prozent-Sperrklausel verfassungswidrig ist. Für alle anderen politischen Mitbewerber*innen, die die Grundmandatsklausel nutzen konnten, blieb die Streichung verfassungsrechtlich unbeanstandet. Der Chancengleichheit der Parteien aus Artikel 21 Absatz 1 und der Wahlrechtsgleichheit aus Artikel 38 Absatz 1 Satz 1 GG entspricht eine solche verfassungsgerichtliche Prüfung und Begründung nicht. Auch ein im Ergebnis richtiges Urteil, das juristisch falsch begründet wird, schwächt das Vertrauen in die Unabhängigkeit der Justiz.

Demokratisches Wahlsystem nur unzureichend gesichert

Der aktuelle Wahlrechtsstreit hat sehr konkret gezeigt, wie auch unter dem Grundgesetz Wahlrechtsänderungen zur Veränderung politischer Kräfteverhältnisse instrumentalisiert werden können. Ihre einfache Mehrheit hat die Ampelkoalition nicht nur zur Abschaffung von Überhang- und Ausgleichsmandaten genutzt, um damit eine Verkleinerung des Bundestages zu bewirken. Sie hat zugleich mit der Streichung der Grundmandatsklausel bei gleichzeitiger Beibehaltung der Fünf-Prozent-Sperrklausel vorgeführt, dass auch der demokratische Gesetzgeber Wahlrechtsänderungen gegen politische Konkurrent*innen nutzen kann. Die Langzeitwirkungen der damit erfolgten Aufkündigung des seit Gründung der Bundesrepublik bestehenden Wahlrechtskonsenses sind noch nicht absehbar. Nach dem Urteil hieß es, man wolle nach den Bundestagswahlen das Zweitstimmendeckungsverfahren wieder rückgängig machen. Politische Instabilität und Konflikte wären die Folgen, das Verfassungsgericht müsste erneut entscheiden. Bei der Lösung von Wahlrechtskonflikten kommt es auch zukünftig auf das Verfassungsgericht an. Es hat die Macht, Wahlrechtsgleichheit so oder anders zu interpretieren und anzuwenden. Die Urteilsbegründung zur Streichung der Grundmandatsklausel lässt daran zweifeln, ob es mit seiner Macht unparteiisch zur Stärkung der Wahlrechtsgleichheit und der Chancengleichheit aller Parteien und Wähler*innen umgehen kann.

Literatur

Thorsten Kingreen: Sperrwirkungen der Sperrklausel, Verfassungsblog v. 1.10.2024.

Halina Wawzyniak: Keine Rechtfertigung für Sperrklauseln, Verfassungsblog v. 7.11.2023.

> Artikel 101 (1) **Ausnahmegerichte sind unzulässig. Niemand darf seinem gesetzlichen Richter entzogen werden.**

Hanna Göken

Langer Atem
Verfassungswidrige Ablehnung eines Wiederaufnahmegesuchs nach EMRK-Verstoß

2014 steht Frau M. wegen des Vorwurfs des Mordes an ihrem Ehemann vor dem Landgericht Darmstadt. Der Verhandlung sitzt ein Richter vor, der zuvor schon in einem anderen Verfahren als Beisitzer mitgewirkt hatte. Dieses wurde gegen den ehemaligen Lebensgefährten der Frau geführt, der 2011 wegen Mordes an ihrem damaligen Ehemann zu einer lebenslangen Freiheitsstrafe verurteilt wurde.

Das Urteil gegen den damals allein angeklagten Lebensgefährten enthielt dabei auch Ausführungen über die Beteiligung von M. an der Tat, weshalb sie in dem zweiten Verfahren vor dem Landgericht Darmstadt zutreffend von einer Befangenheit des Richters ausging. Das Gericht wies das Ablehnungsgesuch der Angeklagten zurück und verurteilte sie im April 2014 wegen Mordes zu einer lebenslangen Freiheitsstrafe.

Erst ein Urteil des Bundesverfassungsgerichts (BVerfG) vom Dezember 2023 eröffnet der Angeklagten nun ein neues Strafverfahren.

Eine Frage des Durchhaltevermögens

2023 kam es – neun Jahre später – zur Wendung in diesem Fall, die zu einer Neuverhandlung der damaligen Mordanklage führte, und zwar mit anderer Besetzung des Gerichts. Dies ermöglichte das Rechtsinstitut der Wiederaufnahme des Strafverfahrens. Dadurch kann ein Verfahren in bestimmten gesetzlich geregelten Ausnahmefällen auch nach Rechtskraft des Urteils wieder aufgerollt werden. Bis dahin war es für die Beschwerdeführerin M. allerdings ein langer Weg.

Nachdem M. 2016 erfolglos Revision zum Bundesgerichtshof eingelegt hatte und eine Verfassungsbeschwerde beim Bundesverfassungsgericht nicht angenommen wurde, wandte sie sich an den Europäischen Gerichtshof für Menschenrechte (EGMR). Dieser bewertete 2021 die Teilnahme des Richters am Vorverfahren gegen den Lebensgefährten der Frau strenger und stellte wegen der Mitwirkung einen Verstoß gegen das Recht auf ein faires Verfahren nach Artikel 6 Absatz 1 der Europäischen Menschenrechtskonvention (EMRK) fest. Der Richter hätte also wegen einer Besorgnis der Befangenheit (§ 24 Absatz 2 StPO) nicht mitverhandeln dürfen.

Diese Bewertung durch den EGMR ließ M. auf ein neues Verfahren hoffen, weshalb sie noch im Jahr 2021 die Wiederaufnahme ihres Verfahrens gestützt auf § 359 Nr. 6 der Strafprozessordnung (StPO) beantragte. Danach ist eine Wiederaufnahme vorgesehen, wenn der EGMR eine Verletzung der EMRK festgestellt hat und das Urteil auf dieser Verletzung beruht. Trotz des Urteils des EGMR und der festgestellten Menschenrechtsverletzung durch den »befangenen« Richter lehnte das Landgericht Kassel 2022 die Wiederaufnahme ab: Es sei nicht hinreichend dargelegt, dass das Urteil auch auf dem EMRK-Verstoß beruhe, also dass die Möglichkeit bestehe, dass das Urteil ohne den Verstoß anders ausgefallen wäre. Gegen die Ablehnung des Wiederaufnahmeantrags legte M. Verfassungsbeschwerde ein – und zwar erfolgreich.

Die Verletzung des Justizgewährungsanspruchs

Das Bundesverfassungsgericht (BVerfG) stellte mit Beschluss vom 4. Dezember 2023 (Az. 2 BvR 1699/22) eine Verletzung des allgemeinen Justizgewährungsanspruchs der Beschwerdeführerin M. fest. Dieses Recht folgt aus dem Rechtsstaatsprinzip in Verbindung mit den Grundrechten und soll den Zugang zu den Gerichten und zu verbindlichen Entscheidungen gewährleisten. Es garantiert, dass behauptete Rechtsverletzungen gerichtlich geltend gemacht werden können. Das BVerfG entschied im konkreten Fall, dass die vom Landgericht Kassel zur Begründung der Ablehnung herangezogenen Voraussetzungen den Zugang zu einer neuen Hauptverhandlung unzumutbar erschweren und aus Sachgründen nicht gerechtfertigt sind.

Die Angeklagte begründete das Beruhen des Urteils auf dem EMRK-Verstoß damit, dass ohne den Verstoß die Besetzung des Gerichts anders gewesen wäre, womit auch das Urteil anders hätte ausfallen können. Dem Landgericht Kassel sowie dem daraufhin aufgrund der Beschwerde von M. mit dem Fall befassten Oberlandesgericht Frankfurt am Main genügte dieser Verweis auf die Ausführungen in der früheren Entscheidung nicht. Sie forderten die Darlegung konkreter Anhaltspunkte dafür, dass sich die fehlerhafte Besetzung des Gerichts auf die Verurteilung ausgewirkt haben könnte. Einen solchen Nachweis konnte M. aber nicht erbringen, weil in der Urteilsbegründung nicht ausdrücklich auf das frühere Urteil gegen den Lebensgefährten Bezug genommen wurde.

Nach der Rechtsprechung des EGMR können hinreichende Anhaltspunkte aber auch allein aus dem früheren Urteil entstehen, wenn hierin objektive Zweifel an der Unparteilichkeit geweckt werden. Diese Zweifel reichen für die Verletzung des Rechts auf ein faires Verfahren aus. Dem schloss sich auch das BVerfG an, indem es eine Verletzung des Rechts auf den gesetzlichen Richter (Artikel 101 Absatz 1 Satz 2 GG) als nationale Schutznorm bejahte, weil auch hierfür bereits die Möglichkeit genüge, dass ein Verfahrensverstoß den Urteilsinhalt beeinflusst hat. Dies kommt bei einer anderen Besetzung des Gerichts immer in Betracht.

Stärkung der Rechtsstaatlichkeit durch objektive Betrachtung?

Mit der erfolgreichen Verfassungsbeschwerde hat M. erreicht, dass vor dem Landgericht Kassel nun das Wiederaufnahmeverfahren eröffnet wurde. Es bleibt allerdings abzuwarten, ob das neue Verfahren zu einer anderen Beurteilung der Tat führt.

Unabhängig davon verdeutlicht die Entscheidung des BVerfG, wie bedeutsam die Wahrung der Unparteilichkeit und Sachlichkeit der Gerichte schon nach objektiven Gesichtspunkten ist. Unabhängig davon, ob eine Befangenheit tatsächlich vorlag oder sich ausgewirkt hat – dies wird häufig auch schwer nachzuweisen sein –, ist es für die Wahrung der rechtsstaatlichen Anforderungen nötig, dass schon objektiv keine gerechtfertigten Zweifel an der Unparteilichkeit bestehen. Im vorliegenden Fall entstanden solche Zweifel noch nicht per se durch die Beteiligung des Richters an dem vorherigen Urteil, aber dadurch, dass in diesem Urteil gegen den Lebensgefährten rechtliche Einordnungen bezüglich der Mittäterschaft von M. getätigt wurden.

Diese durch das BVerfG klargestellten Maßstäbe hinsichtlich des Beruhens i. S. d. § 359 Nr. 6 StPO müssen auch in künftigen Verfahren berücksichtigt werden, weshalb es für Kläger*innen einfacher werden sollte, eine Wiederaufnahme zu erreichen, wenn eine Auswirkung des geltend gemachten Verstoßes auf das Urteil nicht ausgeschlossen werden kann.

Nichtsdestotrotz wird nach dem Urteil auch weiterhin nicht automatisch ein neues Verfahren ermöglicht, wenn der EGMR einen EMRK-Verstoß festgestellt hat. Die Wiederaufnahmevoraussetzungen werden im Einzelfall geprüft und in der Regel werden sich andere Fälle in Details unterscheiden. Dies lässt zukünftige Kläger*innen mit einer Unsicherheit zurück, die mit Blick auf Verfahrensdauer und Kosten sehr belastend sein kann. Der vorliegende Fall könnte sich für die Zukunft aber schon auf früherer Verfahrensebene auswirken, denn es zeigte sich, dass der EGMR großzügigere Maßstäbe im Hinblick auf die Beurteilung der Befangenheit zugrunde legt. Das deutsche Recht muss grundsätzlich vom BVerfG auch in Einklang mit der EMRK ausgelegt werden. Eine deutliche Rechtsprechungsänderung der deutschen Strafgerichte hin zu einer großzügigeren Beurteilung der Befangenheit entsprechend dem EGMR ist dennoch (noch) nicht unmittelbar zu erwarten. Denn die Gerichte ordnen die Maßstäbe des EGMR als kompatibel mit denen der nationalen Gerichte ein oder sprechen die Relevanz von strengeren Maßstäben nur dem in Rede stehenden Einzelfall zu. Womöglich müssen Betroffene also auch in Zukunft zunächst vor den EGMR ziehen, um eine Verletzung nach dessen Maßstäben feststellen zu lassen. Dabei kann sich ein langer Atem lohnen und zu einem neuen Verfahren führen, Sicherheit hierüber besteht im Vorhinein aber nicht.

Literatur

Sauer, Heiko: Befangenheit wegen Vorbefassung im Strafprozess – neue verfassungsrechtliche Dynamik, in: Neue Juristische Wochenschrift 2024, S. 931 ff.

> Artikel 104 (1) **Die Freiheit der Person kann nur auf Grund eines förmlichen Gesetzes und nur unter Beachtung der darin vorgeschriebenen Formen beschränkt werden. Festgehaltene Personen dürfen weder seelisch noch körperlich mißhandelt werden.**

Rolf Stahmann

Bestellung anwaltlichen Beistands in Abschiebungshaftverfahren
Ein Jahr Praxis

Im Februar 2024 verankerte der Gesetzgeber in § 62 Aufenthaltsgesetz (AufenthG) die Pflicht, anwaltlich nicht vertretenen Ausländer*innen bei Anordnung der Abschiebungshaft anwaltlichen Beistand zu bestellen. Diese Forderung der Zivilgesellschaft wurde in das sogenannte Rückführungsverbesserungsgesetz eingefügt.

Die Einführung der verpflichtenden Bestellung anwaltlichen Beistands in Abschiebungshaftsachen hat gute – verfassungsrechtliche – Gründe: Die Einschränkung des Freiheitsgrundrechts aus Artikel 2 Absatz 2 Satz 2 GG durch den Staat ist einer der schärfsten Grundrechtseingriffe in einer freiheitlichen Gesellschaft. Eben deshalb sieht das Grundgesetz in Artikel 104 Absatz 1 und 2 GG vor, dass eine solche Freiheitsentziehung auf der Grundlage eines förmlichen Gesetzes unter Beachtung der Verfahrensvorschriften grundsätzlich nur auf der Grundlage eines richterlichen Beschlusses erfolgen darf. Das Bundesverfassungsgericht hat mehrfach betont, dass die Verletzung von Formvorschriften gleichzeitig auch ein Verstoß gegen die materielle Freiheitsgarantie ist.

Es sind aber nicht nur die Verfahrensvorschriften einzuhalten, Betroffene haben vielmehr auch Anspruch auf ein faires

Verfahren. Das Recht auf ein faires Verfahren gehört zu den wesentlichen rechtsstaatlichen Grundsätzen. Dies gilt nicht nur für das Strafprozessrecht, für das es entwickelt wurde, sondern auch für das ausländerrechtliche Freiheitsentziehungsverfahren. Der Anspruch auf faires Verfahren bedeutet, dass sich jede*r von einer Freiheitsentziehung betroffene Ausländer*in anwaltlichen Beistandes bedienen darf.

Anwaltlicher Beistand nicht oder nur zu spät gewährt

Bis zur Gesetzesänderung wurde allerdings anwaltlicher Beistand im Verfahren nicht oder nur zu spät gewährt oder es wurde nur eine Verfahrenspflege bestellt. Die Möglichkeit der Beiordnung gemäß den Regelungen über die Verfahrenskostenhilfe passt nicht zu dem auf Beschleunigung ausgelegten Abschiebungshaftverfahren. Die Bestellung einer Verfahrenspflege gemäß § 419 Gesetz über das Verfahren in Familiensachen und in den Angelegenheiten der freiwilligen Gerichtsbarkeit (FamFG) genügte ebenfalls nicht, da diese nicht unabhängige Beratung und Vertretung der betroffenen Person gemäß § 3 Absatz 1 Bundesrechtsanwaltsordnung (BRAO) ist. In der Regel fanden die notwendigen persönlichen Anhörungen beim Haftgericht früher häufig ohne anwaltlichen Beistand statt, so dass sich die Betroffenen in einer ihnen unbekannten Verfahrenssituation bei gleichzeitig hochkomplexer Sach- und Rechtsmaterie »um Kopf und Kragen redeten«. Sie begründeten damit häufig erst selbst die Annahme einer für den Haftbeschluss erforderlichen Fluchtgefahr, waren aber nicht in der Lage, sich gegen die beabsichtigte Freiheitsentziehung sachgerecht zu verteidigen. Die Möglichkeit der Ausübung des prozessualen Grundrechts auf rechtliches Gehör war damit sehr begrenzt.

Massenhaft rechtswidrige Freiheitsentziehung

2014 stellte die damalige für die Abschiebungshaft zuständige Bundesrichterin Johanna Schmidt-Räntsch fest, dass es sich bei 85 bis 90 Prozent aller vom Bundesgerichtshof (BGH) seit 2009 entschiedenen Fälle um rechtswidrige Freiheitsentziehung gehandelt hat. 2022 sind es nach den Feststellungen des Haftrichters Nicolai Kaniess immer noch über 59,5 Prozent. Der Vorschlag der Innenministerkonferenz im November 2024, § 62d AufenthG wieder abzuschaffen, war angesichts dieser Zahlen massenhafter rechtswidriger Inhaftierungen ein bemerkenswerter Vorgang, der wenig Beachtung grundrechtlicher Vorgaben erkennen ließ.

Nun erfolgte die Einführung des sogenannten Pflichtanwalts in Abschiebungshaftverfahren zwar völlig zu Recht, allerdings wurde die Regelung erst sehr kurz vor Abschluss des Gesetzgebungsverfahrens zum sogenannten Rückführungsverbesserungsgesetz aufgenommen. Die gewünschte verpflichtende Bestellung anwaltlichen Beistands wurde wegen fehlender Einholung von Stellungnahmen fachkundiger Sachverständiger mangelhaft umgesetzt.

Kein anwaltlicher Beistand für Zurückweisungshaft

§ 62d AufenthG wurde leider nicht auf die sachlich und rechtlich komplizierte Zurückweisungshaft ausgedehnt. Im Hinblick auf die im Rahmen des Gemeinsamen Europäischen Asylsystems (GEAS) geführten Diskussionen um das Erfordernis rechtlichen Beistands in Asylverfahren an den Außengrenzen hätte dies allerdings nahegelegen. Der 5. Senat des BGH hatte hinsichtlich des Erfordernisses eines Haftgrundes für die Zurückweisungshaft ausdrücklich von einem »abschließendem Sonderregime« des § 15 AufenthG gesprochen, der einen Haftgrund entbehrlich mache. Dabei hatte der BGH aber übersehen, dass sich Ausländer*innen, die an Binnengrenzen zurückgewiesen werden sollen und zu diesem Zweck unter Annahme einer dem Europarecht unbekannten Nichteinreisefiktion (§ 13 Absatz 2 Satz 2 AufenthG) im Bundesgebiet in Haft genommen werden, unter dem schützenden Dach des Europarechts befinden. Der inzwischen zuständige 13. Senat des BGH hat dies korrigiert, indem er in diesen Fällen die analoge Prüfung der Haftgründe aus der Rückführungsrichtlinie oder der Dublin-III-Verordnung vorschrieb. Trotz dieser komplizierten Rechtslage sieht der BGH allerdings nicht die Erforderlichkeit der Ausdehnung des § 62d AufenthG auf die Zurückweisungshaft.

Gesetzgeberischer Mangel: Fachunkundiger Beistand

In der Praxis zeigt sich allerdings auch in den geregelten Fällen ein gesetzgeberischer Mangel. Der Gesetzgeber hatte ausweislich der Gesetzesbegründung durchaus erkannt, dass fachunkundiger Beistand dem Anspruch auf ein faires Verfahren nicht genügt, deswegen besondere Fachkunde des anwaltlichen Beistandes verlangt und dazu auf die Vermittlung durch die Bundesrechtsanwaltskammer verwiesen. In der Folge hat die Arbeitsgemeinschaft Migrationsrecht im Deutschen Anwaltverein im Frühjahr 2024 eine bundesweite Fortbildungsreihe zum Abschiebungshaftrecht mit über 20 Fortbildungen und etwa 400 Teilnehmer*innen durchgeführt. Bedauerlicherweise hat die Bundesrechtsanwaltskammer daraufhin aber selbst keine Liste fachkundiger Rechtsanwält*innen erstellt, wie es von der Bundesregierung erdacht war, sondern auf die Rechtsanwaltskammern der Bundesländer verwiesen, die teilweise Listen führen, aber eine Fachkunde nicht prüfen.

Keine Regelung des Bestellungsverfahrens

Das Bestellungsverfahren ist vom Gesetzgeber nicht geregelt worden. Wenig souveräne Haftrichter*innen bestellen mangels rechtlicher Vorgaben zum Bestellungsverfahren mitunter, ausgerechnet besonders häufig an den ortsnahen Gerichten der Abschiebungshaftanstalten, willfährige, mindestens jedenfalls fachlich unkundige anwaltliche Beistände, von denen sie keine konfliktfreudige Verteidigung erwarten. Leider lassen sich auch immer wieder Rechtsanwält*innen dazu einbinden. Etliche Teilnehmende der Fortbildungsreihe berichten von solchen Vorgängen. Aktuell ist dies in vielen Beschwerde- oder Rechtsbeschwerdeverfahren Anlass für den Vorwurf der Verletzung eines fairen Verfahrens.

Um dem Anspruch auf faires Verfahren Geltung zu verschaffen, besteht deswegen gesetzgeberischer Nachbesserungsbedarf.

Mindestens muss auch für den Fall der Zurückweisungshaft anwaltlicher Beistand zu bestellen sein. Das Bestellungsverfahren muss zudem gesetzlich geregelt werden. Dabei sollte ein Fachanwaltstitel Migrationsrecht oder mindestens ein Fortbildungsnachweis zur Abschiebungshaft Zugangsvoraussetzung für die Eintragung in eine bei der Bundesrechtsanwaltskammer zu führende Liste sein. Nur so kann ein verfassungsrechtlich gebotenes faires Verfahren in allen Abschiebungshaftverfahren sichergestellt werden.

Literatur

Kaniess, Nicolai: Abschiebungshaft, Rechtshandbuch für die Praxis, 2. Aufl., Baden-Baden 2024.

Marschner, Rolf / Lesting, Wolfgang / Stahmann, Rolf: Freiheitsentziehung und Unterbringung, 7. Aufl., München 2024.

Schmidt-Räntsch, Johanna: Freiheitsentziehungssachen gem. §§ 415 ff. FamFG, in: Neue Zeitschrift für Verwaltungsrecht 2014, S. 110 ff.

Stefan Keßler

Abschiebungshaft: Kein Ende des Trauerspiels

Abschiebungshaft ist ein Freiheitsentzug, der die Abschiebung der betroffenen Person in das Herkunftsland oder in einen anderen europäischen Staat sichern soll. Unter dem Sammelbegriff »Abschiebungshaft« werden inzwischen 17 verschiedene Formen der Inhaftierung zusammengefasst, die auf unterschiedlichen Rechtsgrundlagen beruhen. Dazu gehören etwa neben der Sicherungshaft der Ausreisegewahrsam und die Mitwirkungshaft. Ihnen allen gemeinsam ist, dass die betroffenen Menschen in der Regel keine Straftaten begangen haben, sondern sich nur in Haft befinden, damit sie abgeschoben werden können.

Abschiebungshaft greift erheblich in das durch Artikel 2 Absatz 2 Satz 2 GG geschützte Jedermann-Grundrecht auf Freiheit der Person ein. Deshalb unterliegt sie dem Verhältnismäßigkeitsgrundsatz: Die Haft muss zum Erreichen eines legitimen Zweckes geeignet und erforderlich sein und darf die betroffene Person nicht übermäßig belasten. Sie darf nur als letztes Mittel eingesetzt werden. Ihr Vollzug darf nicht dem Vollzug einer Strafe gleichen.

Mehr Haftplätze

Seit 2020 hat sich die Gesamtzahl der Plätze für den Vollzug von Abschiebungshaft in ihren verschiedenen Formen in Deutschland von 573 auf 800 in insgesamt 18 Hafteinrichtungen erhöht (BT-Drs. 20/6636; 20/8340; 20/10520 S. 20 f.). Es gibt aber keine Statistik darüber, wie viele Menschen pro Jahr einen solchen Freiheitsentzug erdulden mussten.

Abschiebungshaft fügt den betroffenen Menschen Leid zu. Dabei entspricht die Praxis der Anordnung und des Vollzugs oftmals nicht verfassungs- oder europarechtlichen Vorgaben. Nach Berechnungen der Juristin Hannah Franz hat der Bundesgerichtshof von 2015 bis Ende 2022 in rund 60 Prozent der ihm vorgelegten Fälle die Rechtswidrigkeit einer Abschiebungshaftanordnung festgestellt. Häufig waren die Voraussetzungen für eine Haftanordnung nicht erfüllt oder die Haftbedingungen strenger als für den Zweck einer Abschiebungssicherung erforderlich.

Neues Gesetz mit Verschärfungen

Verbesserungen sind nicht in Sicht. Das von der Ampelkoalition im Schnelldurchgang beschlossene »Gesetz zur Verbesserung der Rückführung« ist im Wesentlichen am 27. Februar 2024 in Kraft getreten und enthält zahlreiche Verschärfungen, aber keine Lösung bestehender Probleme.

Steht fest, dass die zu sichernde Abschiebung innerhalb einer bestimmten Frist nicht durchgeführt werden kann, und beruht die Unmöglichkeit auf Gründen, »die der Ausländer nicht [selbst] zu vertreten hat«, ist nach § 62 Absatz 3 Satz 3 des Aufenthaltsgesetzes (AufenthG) die Sicherungshaft unzulässig und die Freiheitsentziehung deshalb nicht erforderlich.

Die für die Prognose der Durchführbarkeit relevante Frist ist nun von drei auf sechs Monate verdoppelt worden. Nachvollziehbare Angaben zur Notwendigkeit einer solchen drastischen Erweiterung des Prognosezeitraums sind der Gesetzesbegründung nicht zu entnehmen. Das Verhältnismäßigkeitsprinzip ist damit nicht mehr gewahrt.

Abschiebungshaft und Asylantrag

Bei der Abschiebungshaft wird auch eine Änderung des Asylgesetzes (§ 14 Absatz 3 AsylG) durch das Rückführungsverbesserungsgesetz vom Februar 2024 bedeutsam: Zuvor galt, dass das Stellen eines Asylantrages der Abschiebungshaft nicht entgegenstand, wenn die betroffene Person sich in einer der drei Haftarten (Untersuchungs-, Straf- oder Abschiebungshaft) befand. Die Aufzählung ist durch einen generellen Verweis auf »Haft oder sonstigen öffentlichen Gewahrsam« ersetzt worden. Auch wenn sich die Person (noch) nicht in Haft befindet, aber »zum Zeitpunkt der Stellung des Asylantrags die Voraussetzungen der Abschiebungshaft« vorgelegen haben, soll nun der Asylantrag der Haftanordnung nicht entgegenstehen. Damit könnten Schutzsuchende schon in Haft genommen werden, wenn sie unerlaubt eingereist bzw. vor der Asylantragstellung vollziehbar ausreisepflichtig geworden sind. Dies ist weder mit dem Verhältnismäßigkeitsgrundsatz noch mit Unionsrecht vereinbar. Denn die Richtlinie 2013/33/EU erlaubt Haft gegen Asylsuchende nur unter bestimmten Voraussetzungen; die unerlaubte Einreise gehört nicht dazu.

Die Neufassung des AsylG ermöglicht außerdem die Fortdauer der Abschiebungshaft auch bei einer Ablehnung des Asylantrags als »einfach unbegründet«. Bislang endete die Abschiebungshaft grundsätzlich vier Wochen nach Eingang des Asylantrags beim Bundesamt für Migration und Flüchtlinge oder mit der Zustellung des Bescheids. Ausnahmen hiervon bestanden bisher, wenn die betroffene Person in einen anderen europäischen Staat abgeschoben werden sollte, um dort das Asylverfahren zu betreiben, oder wenn der Asylantrag als »unzulässig« oder als »offensichtlich unbegründet« abgelehnt wurde. Die beiden letztgenannten Einschränkungen fallen nun weg. Dies könnte dazu führen, dass auch ein länger andauerndes verwaltungsgerichtliches Verfahren, in dem die Ablehnung des Asylantrags als »nur« unbegründet überprüft wird, aus der Haft geführt werden müsste. Viele Betroffene dürfte dies vor unüberwindbare Hürden stellen.

Erweiterung von Mitwirkungshaft und Ausreisegewahrsam

Nach § 62 Absatz 6 AufenthG kann eine Person, die bestimmte Mitwirkungspflichten bei der Vorbereitung ihrer Abschiebung verletzt, auf richterliche Anordnung für bis zu vierzehn Tagen in Haft genommen werden. Die Vorschrift wurde nun dahingehend erweitert, dass auch das Unterlassen erforderlicher Angaben vor der Vertretung des mutmaßlichen Herkunftslandes zur Verhängung der Mitwirkungshaft führen kann. Hintergrund dieser Änderung ist der – nie belegte – Verdacht, Personen würden ihre Abschiebung dadurch verhindern, dass sie vor der Auslandsvertretung ihres Herkunftslandes falsche oder keine ausreichenden Angaben machen und dadurch die Ausstellung der erforderlichen Reisedokumente vereiteln. In der Regel ist es jedoch nicht möglich, gerichtlich nachprüfbar festzustellen, welche Angaben vor der Vertretung eines bestimmten Landes zur Ausstellung von Dokumenten geführt haben. Bei vielen Vorsprachen vor Botschaften oder angereisten Delegationen ist das Verhalten der ausländischen Behörden nicht nachvollziehbar. Dritte dürfen, auch wenn sie sich als Verfahrensbeistände legitimieren, oftmals nicht an den Befragungen teilnehmen. Mithin ist das ganze Verfahren intransparent. Zur Verhängung der Mitwirkungshaft muss aber der betroffenen Person nachgewiesen werden, dass sie durch die Verweigerung von Angaben aktiv die Identitätsklärung verhindert hat.

Die Höchstdauer des Ausreisegewahrsams ist von zehn auf 28 Tage verlängert worden. Nach § 62b AufenthG kann eine ausländische Person auf richterliche Anordnung zur Sicherung der Abschiebung in Gewahrsam genommen werden, wobei die Voraussetzungen sehr vage formuliert sind und noch nicht einmal Fluchtgefahr bestehen muss. Bestehen schon Zweifel an der Vereinbarkeit des § 62b AufenthG mit Unions- und Verfassungsrecht, werden diese durch die verlängerte Höchstdauer des Gewahrsams nicht verringert.

Probleme für den Rechtsstaat bleiben

Rechtslage und Praxis der Abschiebungshaft in Deutschland werfen auch nach den jüngsten Gesetzesänderungen erhebliche rechtsstaatliche Probleme auf. Die Inhaftierung kann für Menschen, die keine Straftat begangen haben und meistens auch nicht begreifen, weshalb sie festgenommen worden sind, psychisch und physisch sehr belastend sein. Hier sollte die Gesetzgebung ansetzen, anstatt immer weiter an der Verschärfungsschraube zu drehen.

Literatur

Franz, Hannah: Ein Pflichtanwalt für die Abschiebungshaft?, in: Neue Zeitschrift für Verwaltungsrecht 2024, S. 216.

Hofmann, Rainer M. (Hrsg.): Ausländerrecht, 3. Aufl., Baden-Baden 2023.

Keßler, Stefan: Anmerkungen zu Änderungen durch das Rückführungsverbesserungsgesetz, in: Asylmagazin 2024, S. 160 ff.

Anhang

Kurzporträts der herausgebenden Organisationen

Humanistische Union

Die Humanistische Union (HU) wurde 1961 als kultur- und rechtspolitische Vereinigung gegründet, die sich gegen konservative und klerikale Einflüsse in Kultur und Medien wehrte. Heute ist die HU eine bundesweit tätige Bürgerrechts- und Lobbyorganisation für den Schutz und den Ausbau der Menschen- und Bürgerrechte. Der Protest gegen Einschränkungen der Meinungsfreiheit sowie die Forderung nach einer Trennung von Staat und Kirchen gehören nach wie vor zu ihren Anliegen. Darüber hinaus setzt sie sich ein für die Begrenzung der Macht staatlicher Institutionen, das Recht auf Meinungsfreiheit, Frieden, die Abschaffung des Verfassungsschutzes, für Datenschutz und Akteneinsichtsrecht, für die Entkriminalisierung von Drogen, die Gleichstellung von Frauen, ein selbstbestimmtes Sterben und den Schutz von Minderheiten. Die HU steht für eine umfassende Transparenz und Kontrolle staatlichen Handelns, sowie für mehr politische Partizipationsmöglichkeiten. Die HU vertritt den Anspruch einer freien Entfaltung und Selbstbestimmung der Menschen in sozialer Verantwortung. Mitglieder der Humanistischen Union engagieren sich in Projektgruppen, Orts- und Landesverbänden. Viermal jährlich erscheinen die von der HU herausgegebenen »Vorgänge. Zeitschrift für Bürgerrechte und Gesellschaftspolitik« sowie die Vereinszeitschrift HU-Mitteilungen. Alle zwei Jahre verleiht die HU im Gedenken an ihren Mitbegründer den »Fritz-Bauer-Preis« für Verdienste um Recht und Gerechtigkeit. 2009 fusionierte die Gustav Heinemann-Initiative (GHI) mit der HU.

Humanistische Union
Bundesgeschäftsstelle
Haus der Demokratie und Menschenrechte
Greifswalder Str. 4, 10405 Berlin
Tel: 030/204 502 56, Fax: 030/204 502 57
E-Mail: info@humanistische-union.de
Internet: www.humanistische-union.de

Spendenkonto: IBAN: DE53 1002 0500 0003 0742 00,
BIC: BFSWDE33BER

Komitee für Grundrechte und Demokratie

Das Komitee für Grundrechte und Demokratie verteidigt politische
und soziale Grund- und Menschenrechte in Deutschland und darüber hinaus. Ausgehend von radikaldemokratischen Prinzipien
geht es uns darum, Gewaltverhältnisse abzuschaffen und Freiheit,
Gleichheit und Menschenrechte für alle Menschen, weltweit, zu rea-
lisieren. Hierfür müssen Gesellschaft und Ökonomie grundlegend
umgestaltet und demokratisiert werden.

Als Grundrechtekomitee kombinieren wir analytische Grundlagen-
arbeit, menschenrechtlichen Aktivismus und Unterstützungsarbeit
für Betroffene. Wir publizieren kritische Analysen und Stellungnahmen, organisieren Veranstaltungen und beteiligen uns an au-
ßerparlamentarischen Bündnissen und ihren Aktionen. In Demons-
trationsbeobachtungen dokumentieren wir Einschränkungen der
Versammlungsfreiheit durch die Polizei. Wir schaffen Öffentlichkeit
gegen staatliche Repression, analysieren die Ursachen und Trieb-
kräfte autoritärer Tendenzen und arbeiten an Zukunftsperspektiven
sozial-ökologischer und radikaldemokratischer Transformation.
Auf diese Weise bringen wir Aktive aus Zivilgesellschaft, sozialen
Bewegungen und kritischer Wissenschaft zusammen. Das Grundrechtekomitee verbindet die Verteidigung konkreter Grundrechte
mit einer abolitionistischen Perspektive: Wir streiten zugleich für
die Abschaffung von Herrschaftsverhältnissen und für den Aufbau
solidarischer und selbstbestimmter Alternativen.

Das Grundrechtekomitee betreibt seit 1994 das Projekt »Wi.e.der-
sprechen«, das Dialoge zwischen jungen Menschen aus Kriegs- und
Krisengebieten ermöglicht und damit eine exemplarische Friedens-
praxis etablieren will und seit 2021 das Projekt »Abschiebungs-
reporting NRW«. Gegründet wurde das Grundrechtekomitee im
Februar 1980 aus einem Netzwerk undogmatischer »68er« aus Wissenschaft, Publizistik und Gewerkschaften.

Interessierten senden wir gerne nähere Informationen zu.

Komitee für Grundrechte und Demokratie e. V.
Aquinostr. 7–11, 50670 Köln
Tel: +49 221 97269 30
E-Mail: info@grundrechtekomitee.de

Internet: www.grundrechtekomitee.de, X: @grundrechte1
Instagram: https://www.instagram.com/grundrechtekomitee/
Bluesky: https://bsky.app/profile/grundrechtekomitee.bsky.social
Spendenkonto: IBAN: DE76 5086 3513 0008 0246 18,
BIC: GENODE51MIC

BAKJ – Bundesarbeitskreis Kritischer Juragruppen

Der BAKJ ist die bundesweite Vernetzung der linken kritischen Initiativen im juristischen Ausbildungsbereich. Der BAKJ bildet dabei eine Plattform für studentische Gruppen an juristischen Fachbereichen sowie für RechtsreferendarInnen und interessierte Einzelpersonen, um sich gemeinsam zu vernetzen, zu koordinieren und bei verschiedensten regionalen und überregionalen Projekten zu unterstützen. Hochschulpolitisch setzt sich der BAKJ für eine Ausbildung ein, die Theorie und Praxis verknüpft und so die sozialen Bezüge des Rechts reflektiert und den kritischen Umgang mit Recht fördert. Viele Gruppen des BAKJ verfolgen diese Ziele auch im Rahmen der universitären »Selbstverwaltung«. Der BAKJ tritt für eine antifaschistische, basisdemokratische und emanzipatorische Gesellschaft ein und wendet sich gegen jede Form von Diskriminierung, insbesondere Antisemitismus, Rassismus und Sexismus. Rechtspolitisch beschäftigt sich der BAKJ deshalb mit folgenden Themen: BürgerInnenrechten, Migrations- und Asylpolitik, Kapitalismuskritik, Feministische Rechtspolitik, Globalisierungskritik, Umweltpolitik und Antimilitarismus. Seit der Gründung des BAKJ 1989 veranstaltet der BAKJ regelmäßig rechtspolitische Kongresse zu den obengenannten Themen. Daneben ist der BAKJ Mitherausgeber der Zeitschrift Forum Recht und gibt seit 1997 jährlich mit verschiedenen BürgerInnenrechtsorganisationen den Grundrechte-Report heraus.

E-Mail: bakj@bakj.de
Internet: www.bakj.de

PRO ASYL – Bundesweite Arbeitsgemeinschaft für Flüchtlinge

PRO ASYL ist eine unabhängige Menschenrechtsorganisation, die sich seit mehr als 30 Jahren für die Rechte verfolgter Menschen in Deutschland und Europa einsetzt. In einem bundesweiten Zusammenschluss von Mitarbeiter*innen landesweiter Flüchtlingsinitiativen, Kirchen, Gewerkschaften, Wohlfahrts- und Menschenrechtsorganisationen kämpft PRO ASYL in Deutschland und auf europäischer Ebene dafür, dass Flüchtlinge den benötigten Schutz bekommen, und engagiert sich dabei gegen Versuche, die völkerrechtlichen Grundlagen der Asylgewährung auszuhöhlen.

PRO ASYL macht sich für eine demokratische und offene Gesellschaft stark, in der Flüchtlinge die Chance auf ein menschenwürdiges Leben haben. Neben Öffentlichkeitsarbeit, Recherchen, Rechtsgutachten und Analysen begleitet PRO ASYL Flüchtlinge in ihren Asylverfahren und steht ihnen mit konkreter Einzelfallhilfe zur Seite.

Gemeinsam mit internationalen Partnern dokumentiert PRO ASYL die Menschenrechtsverletzungen gegen Flüchtlinge an Europas Außengrenzen und setzt sich für eine menschliche europäische Flüchtlingspolitik ein.

PRO ASYL
Postfach 160624, 60069 Frankfurt/Main
Tel: 069/242 314 10, Fax: 069/242 314 72
E-Mail: proasyl@proasyl.de
Internet: www.proasyl.de
Spendenkonto: IBAN: DE70 3702 0500 5050 5050 50,
BIC: BFSWDE33XXX

Republikanischer Anwältinnen- und Anwälteverein (RAV)

Der RAV gründete sich 1979 als politische Anwält*innenorganisation neben den Strafverteidigervereinigungen. In einer Zeit von öffentlichen Angriffen sowie Straf- und Ehrengerichtsverfahren vor allem gegen Anwält*innen, die in politischen Strafverfahren verteidigten, sollte eine schlagkräftige Interessenvertretung aufgebaut werden. Republikanisch, das waren und sind radikale Demokrat*innen, die auf dem Vorrang der Menschen- und Bürgerrechte gegenüber den Interessen staatlicher und wirtschaftlicher Institutionen bestehen und stets mehr Demokratie wollen, als gerade erreicht ist. Für den Anwält*innenberuf heißt das, Recht als Waffe zu verstehen, es für Schwächere gegen Herrschaft einzusetzen. Gegenüber 1979 hat sich die Rechtswirklichkeit stark verändert. Engagierte Anwält*innen sind in der Öffentlichkeit weitgehend akzeptiert. Die Probleme der Mandant*innen sind jedoch ähnliche wie zu Gründungszeiten. Gerade deswegen ist die Satzung des RAV von ungebrochener Aktualität, wenn es dort heißt: »Der Rechtsanwalt ist

ein einseitig gebundener Interessenvertreter seines Mandanten und ausschließlich diesem und sich selbst verantwortlich.«
Der RAV streitet insbesondere

- gegen die ständige Verschärfung des Straf- und des Strafprozessrechts,
- gegen Polizeigewalt und die ständige Ausweitung polizeilicher Befugnisse,
- gegen ein rassistisches Asyl- und Ausländerrecht.

Er vertritt eine konsequent antimilitaristische Position in internationalen Konflikten, er unterstützt verfolgte ausländische Kolleginnen und Kollegen und betreibt anwaltliche Fortbildung.

Republikanischer Anwältinnen- und Anwälteverein e. V.
Haus der Demokratie und Menschenrechte
Greifswalder Str. 4, 10405 Berlin
Tel: 030/417 235 55, Fax: 030/417 235 57
E-Mail: kontakt@rav.de
Internet: www.rav.de

Vereinigung Demokratischer Juristinnen und Juristen e. V.

Die Vereinigung Demokratischer Juristinnen und Juristen e. V. (VDJ) wurde am 25. März 1972 gegründet. Sie ist die einzige parteipolitisch unabhängige und berufsübergreifende Jurist*innenorganisation, der neben Praktiker*innen aus allen Berufssparten und Hochschullehrer*innen ebenso Studierende und Referendar*innen angehören.
Die VDJ bietet kritischen Jurist*innen ein interdisziplinäres Aktions- und Diskussionsforum für Menschen- und Freiheitsrechte, die Geschlechtergleichstellung, zur Verteidigung und Ausbau des demokratischen und sozialen Rechtsstaats, Frieden, gegen Rassismus und Diskriminierung.

- Sie tritt gegen Überwachung ein, insbesondere gegen staatliche und private Vorratsdatenspeicherung.
- Sie wendet sich gegen die Menschenrechts- und Völkerrechtsverletzungen gegenüber Flüchtlingen durch die EU und FRONTEX im Mittelmeer und die weitere Aushöhlung des Asylrechts durch Abschottung der Außengrenzen (»Festung Europa«) sowie gegen Waffenexporte und Militärinterventionen zum Menschenrechts-

schutz. Hierfür arbeitet sie mit anderen internationalen Organisationen – u. a. EJDM, IALANA und attac –, in denen sie auch Mitglied ist, zusammen.

- Sie setzt sich ein für den Erhalt arbeits- und sozialrechtlicher Normen und gegen neoliberale Flexibilisierung und Deregulierung des Arbeitsrechts. Hierfür organisiert sie rechtspolitischen Erfahrungsaustausch und arbeitnehmerorientierte Fortbildung, u. a. im Arbeitskreis Arbeitsrecht.
- Für außerordentliches rechtspolitisches Engagement zur Verteidigung von Demokratie und Menschenrechten verleiht sie den Hans-Litten-Preis.
- Die Arbeit der VDJ findet regional (Regionalgruppen) und auf Bundesebene im Bundesvorstand sowie in den Arbeitskreisen Arbeitsrecht und Familienrecht/Sozialpolitik statt.

Vereinigung Demokratischer Juristinnen und Juristen e. V.
Bundessekretariat der VDJ
Saalgasse 10, 60311 Frankfurt am Main
Tel: 069/711 634 38, Fax: 069/711 639 66
E-Mail: bundessekretaer@vdj.de
Internet: www.vdj.de, X: @VDJinfo
Spendenkonto: IBAN: DE22 8509 5004 7485 7310 02,
BIC: GENODEF1MEI

Neue Richter*innenvereinigung

Die Neue Richter*innenvereinigung (NRV) wurde am 7. März 1987 in Frankfurt am Main gegründet. Sie ist ein Zusammenschluss von Richterinnen und Richtern, Staatsanwältinnen und Staatsanwälten, der auf Bundesebene als eingetragener Verein organisiert ist. In den meisten Bundesländern ist die NRV durch Landesverbände vertreten, die durch Landessprecher*innengremien repräsentiert werden. Die NRV tritt ein für

- die innere Demokratisierung von Gesellschaft und Justiz,
- die Freiheitsrechte und soziale Gerechtigkeit,
- die Gleichheit aller, die Gleichberechtigung der Geschlechter und den Schutz von Minderheiten,
- die Solidarität der Menschen gegen ihre Vernichtung durch Krieg,
- die Bewahrung der Lebensgrundlagen.

Die NRV setzt sich ein für sozial ausgewogene Lösungen im materiellen und Verfahrensrecht im Interesse der Rechtssuchenden und für die Unabhängigkeit der Justiz von Einflüssen, die die Justizgewährung für die Bürger*innen beeinträchtigen könnten. Darauf bauen auf

- die grundlegenden Entwürfe der NRV für eine möglichst hierarchiefreie Justizstruktur als eigenständige dritte Staatsgewalt,
- die Forderung nach hinreichenden Arbeitsbedingungen,
- die Konzepte zum Richterinnen- und Richterbild mit Konsequenzen für Ausbildung und Einstellungsverfahren.

Zahlreiche Mitglieder der NRV wirken daher aktiv in justizinternen Gremien (Richterräte, Präsidialräte), politischen Parteien oder anderen gesellschaftlich engagierten Organisationen mit.

Neue Richter*innenvereinigung e. V.
Haus der Demokratie und Menschenrechte
Greifswalder Str. 4, 10405 Berlin
Tel: 030/420 223 49
E-Mail: bb@neuerichter.de
Internet: www.neuerichter.de

Internationale Liga für Menschenrechte
Im Geiste von Carl von Ossietzky

Die Internationale Liga für Menschenrechte ist eine unabhängige Nichtregierungsorganisation und ein gemeinnütziger Verein mit Sitz im Haus der Demokratie und Menschenrechte in Berlin. Sie setzt sich für die Verwirklichung und Erweiterung der Menschenrechte ein. Sie arbeitet auf der Basis der Allgemeinen Erklärung der Menschenrechte von 1948, der Europäischen Menschenrechtskonvention von 1950 sowie des UN-Zivil- und Sozialpaktes von 1966.
Die Liga kooperiert mit 178 Schwester-Ligen aus über 100 Nationen in der weltweiten Dachorganisation – der Internationalen Föderation der Ligen für Menschenrechte, FIDH (Paris), und hat Beratungsstatus bei den Vereinten Nationen. Was wir tun:

Wir setzen uns für die Einhaltung und Weiterentwicklung der Bürger- und Menschenrechte ein: in der Bundesrepublik Deutschland, in Europa und weltweit.
Wir widersetzen uns jeder Einschränkung oder Rücknahme rechtsstaatlicher Prinzipien und bürgerrechtlicher Errungenschaften.

- Wir fordern die Wiederherstellung des uneingeschränkten Grundrechts auf Asyl in der Bundesrepublik Deutschland.
- Wir protestieren gegen die Militarisierung der »Inneren Sicherheit« und lehnen die Bundeswehrbeteiligung an militärischen Interventionen sowie Kriegshandlungen in anderen Ländern ab.
- Wir kämpfen aktiv gegen jede Form der Ausgrenzungsdiskriminierung in Staat und Gesellschaft.
- Wir setzen uns politisch und kritisch mit Strukturen, Vorgängen und Praktiken von Justiz, Polizei, Geheimdiensten und Militär auseinander.
- Eine vorrangige Aufgabe sehen wir in der demokratischen Kontrolle der Exekutive und ihrer Institutionen. Dabei sind wir bemüht, über problematische legislative Entscheidungen und exekutive Maßnahmen und ihre Auswirkungen aufzuklären, eine kritische Öffentlichkeit herzustellen und nötigenfalls demokratischen Widerstand zu organisieren.
- Die Liga kooperiert mit anderen Bürger- und Menschenrechtsorganisationen in Berlin und bundesweit.

Seit 1962 verleiht die Liga die Carl-von-Ossietzky-Medaille für Zivilcourage bei der Verwirklichung, Verteidigung und Fortentwicklung der Menschenrechte und des Friedens. Die Liga finanziert sich ausschließlich über Mitgliedsbeiträge und Spenden. Neue Mitglieder und Aktivist_innen sind herzlich willkommen.

Internationale Liga für Menschenrechte e. V.
Haus der Demokratie und Menschenrechte
Greifswalder Str. 4, 10405 Berlin
Tel: 030/396 2122, Fax: 030/396 2147
E-Mail: vorstand@ilmr.de
Internet: www.ilmr.de
Spendenkonto: IBAN: DE20 1002 0500 0003 3171 00,
BIC: BFSWDE33BER
Beiträge / Spenden sind steuerlich absetzbar.

FIfF – Forum InformatikerInnen für Frieden und gesellschaftliche Verantwortung

Das FIfF ist ein Zusammenschluss von Menschen, die sich kritisch mit Auswirkungen der Digitalisierung und des Einsatzes der Informatik und Informationstechnik in der Gesellschaft auseinandersetzen. Wir denken bei unserer Arbeit auch über deren Konsequenzen nach und wissen, dass nicht alle Probleme technisch lösbar sind.

Das FIfF will, dass Informationstechnik und Digitalisierung im Dienst einer lebenswerten Welt stehen. Deshalb

- setzen wir uns für die Grund- und Menschenrechte ein und engagieren uns besonders für den Datenschutz als Grundlage der persönlichen Entfaltung und gesellschaftlichen Freiheit,
- kämpfen wir gegen den Einsatz der Informationstechnik zur Kontrolle und Überwachung und setzen dem konstruktive Vorstellungen entgegen,
- engagieren wir uns für Frieden und Abrüstung und gegen die Anwendung der Informatik im Militär,
- setzen wir der Vorherrschaft der Ökonomie eine konviviale Orientierung entgegen, fördern die Entwicklung von ökologisch verträglichen Wirtschaftskreisläufen und unterstützen die menschengerechte Gestaltung von Arbeitsprozessen,
- setzen wir uns für Diversität und die Gleichberechtigung aller Menschen ein, wir wehren uns gegen Rassismus und Sexismus oder jede andere diskriminierende Nutzung der Informationstechnik.

Das FIfF wirkt durch die vierteljährliche Herausgabe der Zeitschrift FIfF-Kommunikation, durch die jährliche FIfF-Konferenz und die Mitorganisation weiterer Fachtagungen, durch die Verleihung der Weizenbaum-Medaille und des Weizenbaum-Studienpreises, durch Stellungnahmen, Vorträge, Publikationen und Kampagnen.

Das FIfF heißt alle willkommen, die Informationstechnik gestalten, fördern oder verwenden und dabei ihre gesellschaftliche Rolle reflektieren und daraus Konsequenzen ziehen wollen.

Forum InformatikerInnen für Frieden und gesellschaftliche
Verantwortung (FIfF) e. V.
Villa Ichon
Goetheplatz 4, 28203 Bremen
Tel: 0421/336 592 55, Fax: 0421/336 592 56
E-Mail: fiff@fiff.de
Internet: www.fiff.de, X @FIfF_de
Spendenkonto: IBAN: DE79 3702 0500 0001 3828 03,
BIC: BFSWDE33XXX

GFF – Gesellschaft für Freiheitsrechte

Die Gesellschaft für Freiheitsrechte e. V. (GFF) ist eine spenden-
finanzierte Organisation, die Grund- und Menschenrechte mit juristischen Mitteln verteidigt. Der Verein fördert Demokratie und
Zivilgesellschaft, schützt vor unverhältnismäßiger Überwachung
sowie digitaler Durchleuchtung und setzt sich für gleiche Rechte
und die soziale Teilhabe aller Menschen ein. Dazu führt die GFF
strategische Gerichtsverfahren, geht mit Verfassungsbeschwerden
gegen grundrechtswidrige Gesetze vor und bringt sich mit ihrer juristischen Expertise in gesellschaftliche Debatten ein.

Der gemeinnützige Verein mit Sitz in Berlin wurde 2015 gegründet
und finanziert sich vor allem durch Einzelspenden und die Beiträge
seiner Fördermitglieder.

Gesellschaft für Freiheitsrechte e. V.
Boyenstr. 41, 10115 Berlin
Tel: +49 30 549 081 00, Fax: +49 30 549 081 099
E-Mail: info@freiheitsrechte.org, X: @freiheitsrechte
Spendenkonto: IBAN: DE 88 4306 0967 1182 9121 00,
BIC: GENODEM1GLS

Autor*innen, Herausgeber*innen und Redaktionsmitglieder

Arzt, Clemens, geb. 1958, Prof. Dr. jur., unterrichtete bis März 2023 Polizei- und Versammlungsrecht am Fachbereich Polizei- und Sicherheitsmanagement der HWR Berlin. Gründungsdirektor des dortigen Forschungsinstituts für öffentliche und private Sicherheit (FÖPS Berlin). Einschlägige Veröffentlichungen, Vorträge und Forschungsaufenthalte in Indien, Italien, Kanada, Namibia und den USA.

Auer, Peter von, geb. 1971, rechtspolitischer Referent bei PRO ASYL, Veröffentlichungen zum Asyl- und Aufenthaltsrecht.

Behrends, Imke, geb. 1990, Volljuristin, Leitung der Projektsäule Antidiskriminierungs-Beschwerderecht der Fachstelle DOKE, Berlin.

Busl, Anna Magdalena, geb. 1984, Fachanwältin für Migrationsrecht, Fachanwältin für Strafrecht.

Diarra, Nina, geb. 1999, studierte Rechtswissenschaft an der Universität Hamburg mit Schwerpunkt Europa- und Völkerrecht, Mitglied der Kritischen Jurastudierenden Hamburg. Für den BAKJ Mitglied der Redaktion des Grundrechte-Reports.

Ellinghaus, Charlotte, geb. 1999, studiert Rechtswissenschaft in Hamburg, Mitglied des Vorstands der Vereinigung Demokratischer Jurist:innen (VDJ), Mitglied der Redaktion des Grundrechte-Reports.

Engelmann, Andreas, geb. 1985, Dr. jur., Professor für Arbeits- und Sozialrecht an der University of Labour und Rechtsanwalt in Frankfurt/M, Bundessekretär der Vereinigung Demokratischer Jurist:innen (VDJ), Mitglied der Redaktion des Grundrechte-Reports.

Ewering, Elena, geb. 1993, wissenschaftliche Mitarbeiterin im von der DFG geförderten Projekt »Natur als Rechtsperson« (Leitung: Andreas Fischer-Lescano) an der Universität Kassel. Veröffentlichungen v. a. zu Rechten der Natur im deutschen und europäischen Kontext.

Feest, Johannes, geb. 1939, Prof. Dr. Soz.-Wiss., Mitglied des Vorstands der Humanistischen Union.

Förster, Claus, geb. 1968, Rechtsanwalt und Fachanwalt für Strafrecht; Mitarbeiter des Projekts »Menschenrechte in Aktion«; Mitglied des Vorstands der Internationalen Liga für Menschenrechte.

Frerichs, Lena, geb. 1987, Dr. jur., Volljuristin und Verfahrenskoordinatorin im Schwerpunkt »Gleiche Rechte und Soziale Teilhabe« bei der Gesellschaft für Freiheitsrechte.

Fröhlich, Wiebke, geb. 1989, Dr., Rechtsanwältin mit Schwerpunkt Medienrecht; zahlreiche Veröffentlichungen im Medienrecht (insbesondere Datenschutzrecht) und Antidiskriminierungsrecht.

Galli, Thomas, geb. 1973, ehemaliger JVA-Leiter, Rechtsanwalt in Augsburg, Autor von »Wie wir das Verbrechen besiegen können: Ideen für eine Überwindung der Strafe« (Edition Einwurf 2024).

Georgi, Fabian, geb. 1978, Dr. phil., politischer Referent beim Komitee für Grundrechte und Demokratie mit den Schwerpunkten Antimilitarismus und materialistische Menschenrechte; nebenberuflich Geschäftsführer der Assoziation für kritische Gesellschaftsforschung (AkG); Redaktionsmitglied der Zeitschrift movements. Journal für kritische Migrations- und Grenzregimeforschung.

Göken, Hanna, geb. 2000, Dr., Rechtsreferendarin am OLG Düsseldorf, wissenschaftliche Mitarbeiterin am Lehrstuhl für Strafrecht, Strafprozessrecht und Rechtsphilosophie an der Universität Erlangen-Nürnberg, Fachbereich Rechtswissenschaften. Veröffentlichungen v. a. zu Strafprozessrecht, Sterbehilfe und Kriminalpolitik.

Goldmann, Matthias, Prof. Dr. iur., LL.M. (NYU), Inhaber des Lehrstuhls für Internationales Recht an der EBS Universität Oestrich-Winkel und Wissenschaftlicher Referent am Max-Planck-Institut für ausländisches öffentliches Recht und Völkerrecht. Forscht zur Geschichte des kolonialen Völkerrechts und der politischen Ökonomie der Finanzverfassung.

Görlitz, Franziska, geb. 1995, Juristin und Projektkoordinatorin bei der Gesellschaft für Freiheitsrechte für das Projekt »Mach Meldung!«. Das Projekt unterstützt Polizist*innen, die im Dienst auf Fehlverhalten hinweisen, und begleitet die Umsetzung des Hinweisgeberschutzgesetzes in der Polizei.

Gössner, Rolf, geb. 1948, Dr. jur., Jurist und Publizist, 40 Jahre als Rechtsanwalt tätig, war stellv. Richter am Staatsgerichtshof der Freien Hansestadt Bremen. Er ist Kuratoriumsmitglied der Internationalen Liga für Menschenrechte (Berlin), wurde mehrfach ausgezeichnet, zuletzt mit dem Hans-Litten-Preis der Vereinigung Demokratischer Juristinnen und Juristen (VDJ). Autor und Herausgeber zahlreicher Bücher zum Themenbereich Demokratie, Innere Sicherheit und Menschenrechte. Vier Jahrzehnte unter Beobachtung des Bundesverfassungsschutzes – grundrechtswidrig, wie das Bundesverwaltungsgericht nach 15-jährigem Gerichtsverfahren Ende 2020 rechtskräftig urteilte.

Greisner, Malte Christian, geb. 1976, Rechtsanwalt und Strafverteidiger, Berlin. Mitglied im Vorstand der Vereinigung der Berliner Strafverteidiger*innen, Veröffentlichungen und Urteilsbesprechungen zu ausgewählten Themen im allgemeinen Strafrecht.

Gutmann, Andreas, geb. 1991, Dr., wissenschaftlicher Mitarbeiter am Fachgebiet Just Transitions am Kassel Institute for Sustainability und am Fachbereich Humanwissenschaften der Universität Kassel. Arbeitsschwerpunkte sind Rechte der Natur, Extraktivismus, (lateinamerikanisches) Verfassungsrecht, Versammlungsrecht und Rechtstheorie.

Heiming, Martin, geb. 1953, Rechtsanwalt in Heidelberg, 2010–2016 Vorsitzender des Republikanischen Anwältinnen- und Anwältevereins RAV, für den RAV in der Redaktion, diverse Veröffentlichungen im Grundrechte-Report.

Heyer, Karl, geb. 1988, Doktorand am Institut für Migrationsforschung und Interkulturelle Studien Osnabrück.

Hruschka, Constantin, geb. 1969, Dr. phil., Professor für Sozialrecht an der Evangelischen Hochschule Freiburg. Zahlreiche Veröffentlichungen zum nationalen, europäischen und internationalen Migrationsrecht mit einem Schwerpunkt auf dem Gemeinsamen Europäischen Asylsystem.

Hügel, Stefan, geb. 1967, Dipl.-Informatiker, IT-Berater, Vorsitzender des Forum InformatikerInnen für Frieden und gesellschaftliche Verantwortung und Bundesvorsitzender der Humanistischen Union; arbeitet zu gesellschaftlichen Aspekten der Digitalisierung, Künstliche Intelligenz, Datenschutz und IT-Sicherheit sowie militärische Nutzung der Informatik.

Keßler, Stefan, geb. 1964, M. A., Direktor des Jesuiten-Flüchtlingsdienstes Deutschland, zahlreiche Veröffentlichungen zum Migrations- und Flüchtlingsrecht.

Klein, Laura Anna, geb. 1992, wissenschaftliche Mitarbeiterin und Habilitandin am Lehrstuhl für Öffentliches Recht und Rechtsphilosophie an der Johannes Gutenberg-Universität Mainz sowie wissenschaftliche Mitarbeiterin am Bundesverfassungsgericht, Veröffentlichungen zu reproduktiven Rechten.

Kley, Benjamin, geb. 1998, studiert Informatik an der Humboldt-Universität zu Berlin, seit 2020 in verschiedenen Gremien der studentischen und akademischen Selbstverwaltung engagiert.

Kling, Anne, geb. 1986, Juristin, Veröffentlichungen v. a. zum Klimaschutzrecht.

König, Anna-Katharina, geb. 1997, Rechtsreferendarin am OLG Köln, zuvor wissenschaftliche Mitarbeiterin an der Professur für Öffentliches Recht, Migrationsrecht und Menschenrechte (Prof. Anuscheh Farahat) der Friedrich-Alexander-Universität Erlangen-Nürnberg. Veröffentlichungen v. a. zu Urbaner Ungleichheit im Verfassungsrecht, Vergesellschaftung und Recht des Wohnens.

Kothen, Andrea, geb. 1971, Dipl.-Pädagogin, Referentin mit Schwerpunkt auf sozialen und frauenpolitischen Fragen bei PRO ASYL e. V.

Kruck, Sarah, geb. 1994, Doktorandin am Institut für Sozialforschung, Frankfurt a. M.

Kuttler, Laura, geb. 1987, Juristin und Projektkoordinatorin bei der Gesellschaft für Freiheitsrechte. Schwerpunkte im Bereich Whistleblowing, Polizeirecht/öffentliches Dienstrecht und strategische Prozessführung.

Laven, Timo, geb. 1997, wissenschaftlicher Mitarbeiter und Doktorand an der Akademie für europäischen Menschenrechtsschutz, Universität zu Köln (Prof. Dr. DDr. h.c. Angelika Nußberger, M. A.). Veröffentlichungen v. a. zu Grundrechten, Verfassungsgeschichte und Wirtschaftsverfassungsrecht.

Lehrian, Melina, Richterin auf Probe, Verwaltungsgericht Berlin, Teamsupervisorin für die Refugee Law Clinic Berlin e. V., Veröffentlichungen im Asyl- und Aufenthaltsrecht.

Lincoln, Sarah, geb. 1982, Rechtsanwältin und Schwerpunktleitung »Gleiche Rechte und Soziale Teilhabe« bei der Gesellschaft für Freiheitsrechte. Seit 2023 ist sie stellvertretende Richterin am Hamburgischen Verfassungsgericht.

Luczak, Anna, geb. 1976, Dr. iur., seit 2007 Rechtsanwältin in Berlin, vorrangig in den Bereichen Polizei-, Straf- und Verfassungsrecht tätig, besonderer Schwerpunkt »Polizeidatenbanken« (siehe: https://polizeidatenbanken.de).

Mehrens, Ali, geb. 2001, studiert Rechtswissenschaft an der Humboldt-Universität zu Berlin, seit 2021 in verschiedenen Gremien der studentischen und akademischen Selbstverwaltung engagiert.

Michaels, Ralf, geb. 1969, Prof. Dr. iur., Direktor am Max-Planck-Institut für ausländisches und internationales Privatrecht, Chair in Global Law an der Queen Mary University London, Professor an der Universität Hamburg.

Möller, Athena, Studentin der Politikwissenschaften am Otto-Suhr-Institut der Freien Universität zu Berlin und Mitglied der Internationalen Liga für Menschenrechte e. V.

Putzer, Max, geb. 1983, Dr. jur., Richter am Verwaltungsgericht, derzeit abgeordnet als wissenschaftlicher Mitarbeiter an das Bundesverfassungsgericht, Mitglied der Neuen Richter*innenvereinigung sowie der Redaktion des Grundrechte-Reports, Veröffentlichungen im Verfassungs-, Verwaltungs- und Strafrecht.

Raabe, Benjamin, geb. 1964, Rechtsanwalt und Fachanwalt für Mietrecht. Langjährig anwaltlich und als Referent tätig im Bereich des Jugendhilferechts und der Ausbildungsförderung. Aktiv im Vorstand bei mehreren Jugendhilfeträgern sowie als Mitglied des Fachbeirates der Brandenburgischen Ombudsstelle Beobe. Er kommentiert im Hauck/Noftz zum SGB VIII.

Rabe, Britta, geb. 1971, Dr. phil., Referentin beim Komitee für Grundrechte und Demokratie in Köln mit den Schwerpunkten Haftbedingungen/Politiken des Strafens sowie Grenzen/Migration. Mitglied der Redaktion des Grundrechte-Reports.

Rakowitz, Nadja, Medizinsoziologin und Geschäftsführerin des Vereins demokratischer Ärzt*innen, der Teil des Bündnisses Krankenhaus statt Fabrik ist; sie macht Bildungsarbeit für ver.di und die RLS.

Rehak, Rainer, Diplom-Informatiker, wissenschaftlicher Mitarbeiter am Weizenbaum-Institut für die vernetzte Gesellschaft/WZB & Ko-Vorsitzender des Forums InformatikerInnen für Frieden und gesellschaftliche Verantwortung (FIfF), arbeitet zu systemischer IT-Sicherheit, gesellschaftlichem Datenschutz mit Grundrechtsorientierung, Digitalisierung & Nachhaltigkeit, KI- & Technikzuschreibungen.

Schulte, Philipp, geb. 1984, Rechtsanwalt für Umwelt- und Verwaltungsrecht in Berlin, seit vielen Jahren aktiv in der Klimagerechtigkeitsbewegung und Mitglied im RAV.

Siegel, Johannes, geb. 1990, Volljurist, wissenschaftlicher Mitarbeiter im 2024 abgeschlossenen Projekt zu Institution & Rassismus (InRa) am Forschungsinstitut Gesellschaftlicher Zusammenhalt (FGZ) sowie bis März 2025 an der Universität Konstanz; Veröffentlichungen v. a. zu Racial Profiling, Gleichheitsrechten und institutioneller Diskriminierung & institutionellem Rassismus.

Skiljan, Amela, geb. 1989, LLM.Eur., Doktorandin an der Universität Kassel, Fach Rechtswissenschaften, Co-Vorsitzende der IALANA – Vereinigung für Friedensrecht (Deutsche Sektion), Veröffentlichungen zu Kernwaffen und Völkerrecht, Neutralitätsrecht.

Stahmann, Rolf, Fachanwalt für Migrationsrecht; Mitglied des Ausschusses Migrationsrecht im Deutschen Anwaltverein; Mitherausgeber und Autor im Handbuch »Freiheitsentziehung und Unterbringung«; Autor im Nomos-Kommentar zum Ausländerrecht.

Thurn, John Philipp, geb. 1982, Dr. jur., Sozialrichter in Berlin, aktiv bei der Gesellschaft für Freiheitsrechte (GFF) und beim Forum Justizgeschichte. Veröffentlichungen v. a. zu verfassungsrechtlichen und rechtspolitischen Themen.

Volkmann, Marie, geb. 2000, Studium der Rechtswissenschaften an der Humboldt-Universität zu Berlin, vertritt in der Redaktion den BAKJ.

Weigelt, Thomas, Dr. iur., LL.M. (King's College London), Richter am Verwaltungsgericht.

Wenglarczyk, Fynn, geb. 1993, wissenschaftlicher Mitarbeiter und Doktorand am Institut für Kriminalwissenschaften und Rechtsphilosophie der Goethe-Universität Frankfurt; forscht zur Bedeutung und Funktion des Strafrechts in Krisen. Er arbeitet ehrenamtlich als Mentor im Hessischen Mentoring-Programm zur Resozialisierung jugendlicher Strafentlassener (ArJuS).

Wiese, Kirsten, Prof. Dr., seit April 2024 Professorin für Recht der Sozialen Arbeit und der Kindheitspädagogik an der HAW Hamburg, davor Tätigkeiten in der Bremer Landesverwaltung und an der Hochschule für Öffentliche Verwaltung Bremen, Veröffentlichungen zu Religionsverfassungsrecht und Antidiskriminierungsrecht.

Wihl, Tim, geb. 1984, Vertretungsprofessor für Öffentliches Recht und Grundlagen des Rechts, sonst wissenschaftlicher Mitarbeiter an der Universität Erfurt, Publikationen: »Aufhebungsrechte«, 2019; »Wilde Demokratie«, 2024.

Will, Rosemarie, geb. 1949, Prof. Dr. jur., Professorin a. D. an der Humboldt-Universität zu Berlin, Richterin am Landesverfassungsgericht Brandenburg a. D., Bundesvorsitzende der Humanistischen Union 2005–13, Mitglied der Grundwertekommission der SPD, Mitherausgeberin der Blätter für deutsche und internationale Politik.

Abkürzungen

AA	Auswärtiges Amt
AG	Amtsgericht
AGH (Berlin)	Berliner Abgeordnetenhaus
AGO	Allgemeine Geschäftsordnung für die Behörden des Freistaates Bayern
AI Act	EU-Verordnung über künstliche Intelligenz
AsylbLG	Asylbewerberleistungsgesetz
AsylG	Asylgesetz
AufenthG	Aufenthaltsgesetz
Az.	Aktenzeichen
BAB	Berufsausbildungsbeihilfe
BAföG	Bundesausbildungsförderungsgesetz
BAMF	Bundesamt für Migration und Flüchtlinge
BayEUG	Bayerisches Gesetz über das Erziehungs- und Unterrichtswesen
BayHIG	Bayerisches Hochschulinnovationsgesetz
BerlHG	Berliner Hochschulgesetz
bfg	Bund für Geistesfreiheit
BbgJAG	Brandenburgisches Juristenausbildungsgesetz
BfV	Bundesamt für Verfassungsschutz
BGB	Bürgerliches Gesetzbuch
bgH	besonders gesicherte Haft räume
BGH	Bundesgerichtshof
BKAG	Bundeskriminalamtgesetz
BMBF	Bundesministerium für Bildung und Forschung
BMI	Bundesministerium des Innern und für Heimat
BMJ	Bundesministerium der Justiz
BND	Bundesnachrichtendienst
BRAO	Bundesrechtsanwaltsordnung
BRK	Behindertenrechtskonvention
BT	Bundestag
BVerfG	Bundesverfassungsgericht
BVerfGE	Entscheidungen des Bundesverfassungsgerichts
BVerwG	Bundesverwaltungsgericht

BvE	Registerzeichen beim BVerfG für Verfassungs-streitigkeiten zwischen Bundesorganen
BvF	Registerzeichen beim BVerfG für Normenkon-trollverfahren auf Antrag von Verfassungsorga-nen (abstrakte Normenkontrolle)
BvL	Registerzeichen beim BVerfG für Normen-kontrollverfahren auf Vorlage eines Gerichts (konkrete Normenkontrolle)
BvO	Registerzeichen beim BVerfG für Verfahren über das Fortgelten vorkonstitutionellen Rechts als Bundesrecht
BvR	Registerzeichen beim BVerfG für Verfassungs-beschwerden
BW	Bundeswehr
DIW	Deutsches Institut für Wirtschaftsforschung
DRG	Diagnosis Related Group (diagnosebezogene Fallgruppierung)
Drs.	Drucksache
EGMR	Europäischer Gerichtshof für Menschenrechte
EMRK	Europäische Menschenrechtskonvention
EuGH	Europäischer Gerichtshof
FamFG	Gesetz über das Verfahren in Familiensachen und in den Angelegenheiten der freiwilligen Gerichtsbarkeit
FU Berlin	Freie Universität Berlin
GEAS	Gemeinsames Europäisches Asylsystem
GenStA	Generalstaatsanwaltschaft
GEW	Gewerkschaft Erziehung und Wissenschaft
GG	Grundgesetz
GRCh	Charta der Grundrechte der Europäischen Union
HinSchG	Hinweisgeberschutzgesetz
IAO	Internationale Arbeitsorganisation
i.e.S.	im engeren Sinn
IFG	Informationsfreiheitsgesetz

IGH	Internationaler Gerichtshof
IHRA	International Holocaust Remembrance Alliance
IRG	Gesetz über die internationale Rechtshilfe in Strafsachen
i. S. d.	im Sinne des
IStGH	Internationaler Strafgerichtshof
i. V. m.	in Verbindung mit
JVA	Justizvollzugsanstalt
jW	junge Welt (Tageszeitung)
KI	Künstliche Intelligenz
KG	Kammergericht
KHVVG	Krankenhausversorgungsverbesserungsgesetz
KrWaffKontrG	Kriegswaffenkontrollgesetz
LBG	Beamtengesetz für das Land Brandenburg (Landesbeamtengesetz)
LG	Landgericht
LG	Leistungsgruppen
LKA	Landeskriminalamt
MAD	Militärischer Abschirmdienst
MilNW	Militärisches Nachrichtenwesen
OLG	Oberlandesgericht
ÖPNV	öffentlicher Personennahverkehr
OVG	Oberverwaltungsgericht
PassG	Passgesetz
PKH	Prozesskostenhilfe
PKK	Arbeiterpartei Kurdistans
PsychKG	Psychisch-Kranken-Gesetze
RAF	Rote Armee Fraktion
Rn.	Randnummer
RStGB	Reichsstrafgesetzbuch
SächsPVDG	sächsisches Polizeivollzugsdienstgesetz
SächsVerfGH	sächsischer Verfassungsgerichtshof
SGB	Sozialgesetzbuch

StA   Staatsanwaltschaft
StGB   Strafgesetzbuch
StPO   Strafprozessordnung
StVollzG   Strafvollzugsgesetz

ÜbIAO   Übereinkommen über Zwangs- oder Pflichtar-
                    beit der Internationalen Arbeitsorganisation

VersG   Versammlungsgesetz
VG   Verwaltungsgericht
VGH   Verwaltungsgerichtshof
VVN-BdA   Vereinigung der Verfolgten des Naziregimes –
                    Bund der Antifaschistinnen und Antifaschisten

WiStrG   Wirtschaftsstrafgesetz

ZPS   Künstlerkollektiv Zentrum für politische Schön-
                    heit

Sachregister